Biologische Arbeitsbücher

17

Manfred Diehl

Abstammungslehre

Eine Einführung in die Methoden und Ergebnisse der Phylogenetik
und ihre Behandlung im Unterricht

Quelle & Meyer · Heidelberg

CIP-Kurztitelaufnahme der Deutschen Bibliothek

Diehl, Manfred
Abstammungslehre : e. Einf. in d. Methoden u.
Ergebnisse d. Phylogenetik u. ihre Behandlung
im Unterricht. — Heidelberg : Quelle und Meyer,
1976. (Biologische Arbeitsbücher ; 17)
ISBN 3-494-00662-8

2., durchgesehene Auflage 1980

Printed in Germany. Satz und Druck: Druckhaus Darmstadt GmbH.

ISBN 3-494-00662-8

Inhaltsverzeichnis

Vorwort

Ist es ein Anachronismus, zu einer Zeit, in der bedeutende Probleme und Forschungsergebnisse neuer Wissenschaftszweige alle Lehrenden herausfordern, in der Verhaltenslehre, Kybernetik, Biochemie und Molekulargenetik Inhalte des Biologie-Unterrichtes geworden sind, sich noch Gedanken über die Behandlung von *Morphologie* und *Phylogenetik* zu machen? Da die Abstammungslehre keine junge Teildisziplin innerhalb anderer Spezialgebiete ist, sondern die zentrale Tatsachensammlung und Theorie der Biologie schlechthin, bleibt gerade heute neu zu durchdenken, wie wir dem jungen Menschen einen Zugang in dieses fundamentale Wissenschaftsgebäude eröffnen, der sich nicht in oberflächlicher Sachinformation erschöpft, sondern bis in die personale Sphäre des Weltverständnisses führt.

Nachdem nunmehr die Thematik „Abstammung" aus dem einstigen emotionalen Spannungsfeld befreit ist und die Prinzipien der Evolutionsforschung klar vor uns aufgezeichnet liegen, können die Grundzüge der Stammesentwicklung in einer an der Wissenschaft orientierten Methodik dem Lernenden angeboten werden. In dieser Richtung versucht der vorliegende Band der *Biologischen Arbeitsbücher* eine unterrichtsgemäße Aufbereitung der wissenschaftlichen Denk- und Untersuchungsweise unter gleichzeitiger Loslösung von herkömmlichen mitteilend-deduktiven Lehrverfahren.

Für die Aufteilung des Stoffes sind einmal die logische Struktur der Deszendenztheorie, dann aber vornehmlich pädagogische Gesichtspunkte maßgebend. Im Kern wird die Evolutionslehre nach ihrem heutigen Stand absichtlich weiter ausgeführt, als wir es vom Rahmen der Schule gewohnt sind. In enger Verflechtung mit den wissenschaftlichen Daten sind diejenigen Themen in den Vordergrund gerückt, welche nach meinen Erfahrungen für ein nachvollziehend-induktives Unterrichtsverfahren am besten geeignet sind. Verschiedenartige Beispiele in Tabellen und Abbildungen sind als Anregung zur Auswahl bzw. Abwandlung entsprechend der jeweiligen Unterrichtssituation und den persönlichen Interessengebieten von Lehrenden und Lernenden zu verstehen; zahlreiche Lehr- und Lernmittelhinweise sollen die Beschaffung und den Einsatz erleichtern.

Ich hielt es nicht für angebracht, den laufenden Text mit allen Autorennamen und Zitatreferenzen zu überladen. Naturgemäß sind die wissenschaftlichen Abschnitte Autoritäten wie MAYR, RENSCH, SIMPSON, vor allem aber OSCHE und meinen Lehrern REMANE und ZIMMERMANN bis in wichtige Formulierungen hinein verpflichtet.

Meiner Frau danke ich herzlich für ihre stete Anteilnahme und Förderung aller pädagogischen und wissenschaftlichen Aktivitäten sowie besonders für die Hilfe bei der Ausarbeitung dieses Manuskriptes.

M. Diehl

Alles uns jetzt Bekannte fügt sich ihr zwanglos ein, nichts spricht gegen sie und sie besitzt alle Werte, die einer Schöpfungslehre zukommen können:

erklärende Kraft, poetische Schönheit und eindrucksvolle Größe.

Vor allem glaube ich zuversichtlich, daß keiner, der über das stammesgeschichtliche Werden der Organismenwelt genügend weiß, innere Widerstände gegen die Erkenntnis haben kann, daß auch er selbst diesem großartigsten aller Naturgeschehen sein Dasein verdankt ...

Konrad Lorenz über die Abstammungslehre in „Das sogenannte Böse“ (1963)

Einleitung: Abstammungslehre und Schulunterricht

„Wie, aus welchen Ursachen, d. h. hier zunächst historischen Wurzeln, ist die heutige, empirisch erfahrbare Gestalten- und Funktionsmannigfaltigkeit der individuellen Lebensträger zu verstehen oder zu erklären?“

Die Antwort auf diese Grundfrage, die jeder Naturbeobachter einmal stellt, ist die Grundaussage der Abstammungslehre:

„Alle heute lebenden Organismenformen haben sich in den durch lange geschichtliche Zeiten aufeinander folgenden Generationen in schrittweise allmählicher Umbildung aus andersgearteten Organismen entwickelt. Hierbei müssen für die empirisch festgestellten, engeren oder weiteren Verwandtschaftskreise der heute lebenden Organismen jeweils gemeinsame – bei enger Verwandtschaft in jüngerer, bei weitläufiger Verwandtschaft in weiter zurückliegender Erdvergangenheit anzunehmende – Ausgangs- oder Ahnenformen als Abstammungswurzel gefordert werden. Daher ist schließlich für alle Lebensträger oder Organismen auf unserer Erde eine gemeinsame Ursprungsform in freilich sehr weit zurückliegender Erdvergangenheit anzunehmen.“ (Günther 1967)

Die Abstammungslehre oder *Evolutionstheorie* ist das Ergebnis einer integrierenden Forschungsrichtung *(Phylogenetik)*. Zu ihren Untersuchungsbereichen zählen alle Eigenschaften eines Lebewesens, die als Folge einer jahrmillionenlangen Stammesgeschichte verstanden werden müssen: also nicht nur die äußere Gestalt und der innere Bau, sondern ebenso die Leistung der Organe, das Verhalten der Arten oder ihr Bezug zur Umwelt. Dabei sucht die Evolutionsforschung Ursachen aufzuhellen, welche die Wandlung und Vermehrung der Organisationstypen bewirken. Ihr Fernziel ist es, alle Prozesse der Artumbildung und Stammesentfaltung deskriptiv und kausal zu erfassen.

Da die Phylogenetik Resultate aller biologischen Disziplinen zu berücksichtigen hat, bietet sie umgekehrt vielen Forschungszweigen anregende Leitlinien. Darüber hinaus schlägt gerade sie eine Brücke zu den Geisteswissenschaften, indem sie die geschichtswissenschaftliche Quellenauswertung mit der naturwissenschaftlichen Kausalanalyse verbindet. Wegen ihrer methodischen Mittlerstellung ist die Abstammungslehre hervorragend geeignet, den Synthesecharakter der Biologie aufzuzeigen. Hinzu kommt, daß der Gehalt dieses umfassenden Tatsachen- und Gedankengebäudes unser heutiges Weltbild entscheidend mit bestimmt. Sind das nicht gewichtige Gründe, der Abstammungslehre einen festen Platz im Unterricht einzuräumen und sie in einer an der aktuellen Wissenschaft orientierten Methodik anzubieten?

a) Welche Teilaspekte sind in der Abstammungslehre enthalten?

I. *Die Verwandtschaft von Organen und Organismen*

II. *Das Werden und Verwandeln der Organismen*

III. *Die Ursachen der Umwandlung*

Jeder Problem-Komplex ist unabhängig vom folgenden, die nachgeordneten sind aber nur auf der Basis der vorstehenden zu lösen. Dieser logische Aufbau bietet sich auch für die Gliederung der Abstammungslehre als Unterrichtseinheit an. Einige Lehrbücher benennen die drei Hauptprobleme folgendermaßen: das *Daß*, das *Wie* und das *Warum* (I – III)

Ia. Ob die Lebewesen auf gemeinsame Vorfahren zurückgehen, war ehemals eine kühne Frage, *daß* eine Evolution stattgefunden hat, eine revolutionäre Behauptung, über die es heute unter Einsichtigen keine Diskussion mehr gibt.

Ib. *Daß* die Organismen sich verändert haben, kann bereits dem jüngeren Schüler (Sekundarstufe I) durch eine reichhaltige Pflanzen- und Tierkunde nahegebracht werden. In der Studienstufe (Sekundarstufe II) sollte unser Kurs den Schüler durch eigene Untersuchungen so ansprechen, daß ihm die Stammesentwicklung der Lebewesen zur Gewißheit wird. (s. I. Teil)

IIa. Vom tatsächlichen *Ablauf* der Organismengeschichte kennen wir heute eine Anzahl von Stammeslinien so gut, daß wir daraus allgemeingültige Entwicklungstrends ableiten können.

IIb. *Wie* die Lebewesen sich gewandelt haben, muß der Lehrgang an mehreren Beispielen verfolgen, um die induktive Methode der Wissenschaft nachzuvollziehen. (s. II. Teil)

IIIa. Die *Kausalanalyse* der kleinsten Evolutionsschritte (Rassen- und Artbildung) ist mit Hilfe der modernen Populationsgenetik weitgehend vollzogen; Aufgabe der Evolutionsforschung bleibt es, die Ursachen für tiefgreifende Wandlungen der Organisation (Entstehung neuer Stämme, Klassen etc.) aufzudecken.

IIIb. *Warum* sich eine Form so und nicht anders herausgebildet hat, vermögen wir durch Beobachtungen und Experimente zur Selektion und Speziation zu veranschaulichen; eine ausführliche Faktorenanalyse ist im Unterricht durchaus möglich und begründet sicher die moderne „Synthetische Theorie der Evolution". (s. III. Teil)

b) Ist mit Abstammungslehre eine Hypothese, eine Theorie oder eine geordnete Tatsachensammlung gemeint?

Noch zu Anfang unseres Jahrhunderts galt die Abstammungslehre als *Hypothese;* inzwischen ist die Fülle isolierter Phänomene, welche nur durch die Abstammungslehre eine befriedigende zusammenhängende Erklärung finden, derart angewachsen, daß sie heute als *Theorie* zu gelten hat. Zwar ist die Phylogenese in ihren einmalig abgelaufenen Teilen direkt nicht zu verfolgen; doch die Indizienbeweise lassen keine Alternativentscheidung zu (vergl. I. Teil). Die Rekonstruktion einzelner Stammeslinien hat einen an Sicherheit grenzenden Wahrscheinlichkeitsgrad erreicht, mit dem das Stammbaumproblem auf die ihm adäquate Weise als verifiziert angesehen werden kann (vergl. II. Teil).

Dieselbe Sicherheit wird nicht von allen Lösungsversuchen zum Faktorenproblem erreicht, doch dürfen sie keineswegs als ungewisse Spekulationen hingestellt werden. Die Kausalanalyse ist prinzipiell durchführbar, sofern man voraussetzt, daß sich die Evolutionsphasen in der Gegenwart wiederholen und Modellsituationen vergangener langfristiger Prozesse abgeben (Aktualismus) (vergl. III. Teil).

Für den Biologie-Unterricht ist entscheidend, daß die Abstammungslehre in diesem Sinne als wissenschaftlicher Aussagenkomplex ersten Ranges hingestellt wird. Trotz ihres Realitätscharakters ist es aus erkenntnistheoretischen und wissenschaftshistorischen Gründen angemessen, bei dem Terminus Evolutions*theorie* zu bleiben.

Je nach der herausgeblendeten Teilfrage spricht man mehr von Phylogenese, wenn der Ablauf, meist in großen Entwicklungslinien, gemeint ist, mehr von Evolution, wenn der Ursache-Wirkungs-Zusammenhang im Vordergrund steht. Da beide sich auf ein- und denselben Naturvorgang beziehen, lassen sie sich nicht scharf gegeneinander abgrenzen. Den Ausdruck Phylogenie sollte man heute gänzlich vermeiden, da nicht zu erkennen ist, ob der Ablauf der Stammesentwicklung (Phylogenese) oder die wissenschaftliche Beschäftigung damit (Phylogenetik) gemeint ist.

I. Teil: Vergleichende Morphologie als Grundmethode der Phylogenetik

In der Biologie wird der vergleichend-formenkundliche Frageansatz durch die *abgestufte Gestaltenmannigfaltigkeit* der Organismen geradezu herausgefordert. Besonders für die Evolutionsforschung hat sich der Vergleich in Bezug auf den Bau und die Konstruktion vielfältig bewährt.

Wir nutzen dabei das uns angeborene Vermögen zu integrierend-ordnender „Gestaltwahrnehmung als Quelle wissenschaftlicher Erkenntnis" (LORENZ 1959). Gewisse „Konstanzmechanismen" leiten uns bei dem vergleichend-morphologischen Verfahren ebenso wie im Kunsterlebnis (Verfolgen abgewandelter räumlicher und musikalischer Motive) oder bei elementaren psychischen Funktionen (Erkennen von Figuren, Assoziieren).

Dabei läuft im Beobachter ein rational-empirischer Erkenntnisprozeß ab, der von kausal-analytischem Erfassen in seinem Wesen verschieden und zunächst unabhängig ist (M. HARTMANN: Generalisierende Induktion). So ist z. B. die Feststellung, daß die Knochenfisch-Schwimmblase der Tetrapoden-Lunge homolog sei, ohne Beantwortung der Ursachenfrage zu treffen (Abb. 10). Trotzdem erlaubt die Methode Einzel*voraussagen* über Lage, Verknüpfung und Baueigentümlichkeiten noch nicht sezierter Arten. Derartige Schlüsse sind keinen Deut weniger exakt als etwa in Gleichungen abgefaßte Aussagen der Chemie oder Physik. Alle beruhen auf objektiven Daten. Nur ist es eben bei vielen biologischen Angaben unzweckmäßig (vielleicht vorerst!), sie zu mathematisieren, da sie einem höheren, komplexeren Integrationsniveau angehören. (Abb. 1)

Die vergleichende Morphologie liefert für die Evolutionstheorie nicht einen „Beweis" unter anderen. Sie stellt vielmehr die *Schlüsselmethode* dar, welche bei phylogenetischen Untersuchungen auf fossile, rezente ausgewachsene oder sich entwickelnde Lebewesen anzuwenden ist. Ihre Ergebnisse können durch andere Forschungszweige bereichert und überprüft werden (Cytochemie, Serologie, Vergleichende Parasitologie, Biogeographie, Populationsgenetik, Vergleichende Ethologie); sie selbst bilden aber die Grundlage unserer Kenntnisse vom Ablauf der Stammesgeschichte.

A. Einstieg in die Abstammungslehre

A 1. Vergleich von Extremitäten

Ohne theoretische Vorerörterungen wagen wir sogleich den Sprung mitten in das Homologie-Phänomen. Dadurch rücken wir den Zentralbegriff der Morphologie in den Vordergrund und leiten Prinzipien der phylogenetischen Hauptmethode daran ab.

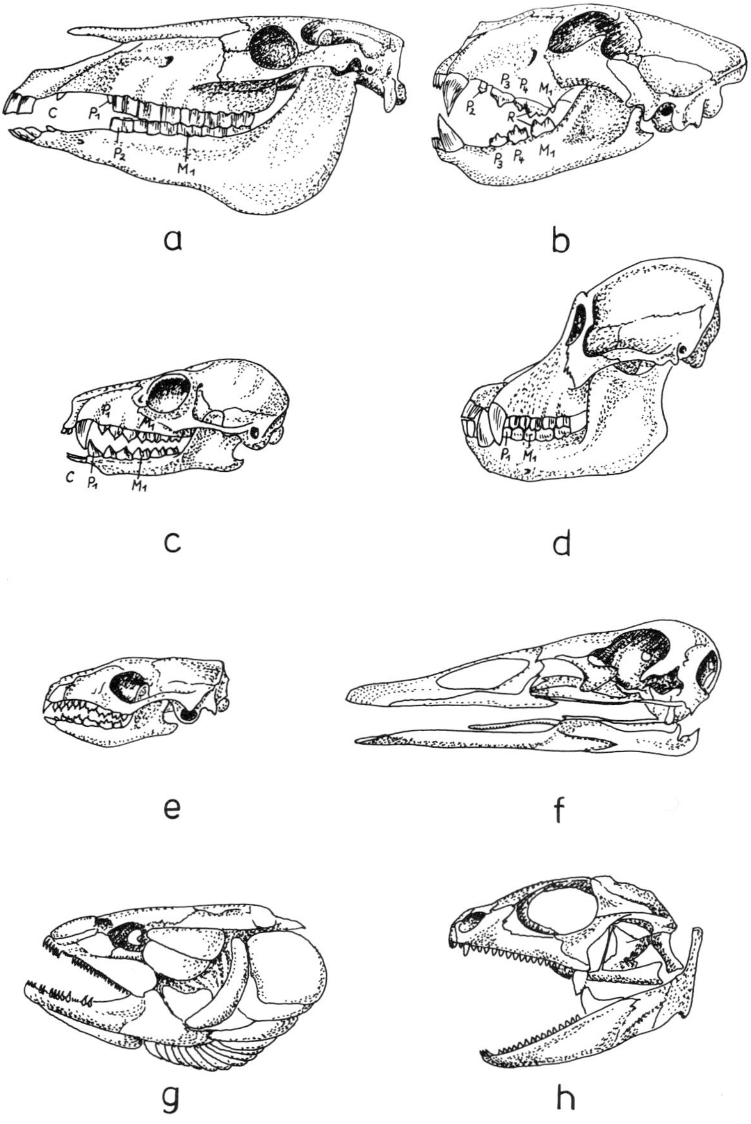

Abb. 1: Kopfskelette verschiedener Wirbeltiere (zugleich Schülerarbeitsbogen: Welche Schädelknochen sind einander homolog?) a) Pferd, b) Löwe, c) Lemur, d) Orang-Utan, e) Igel, f) Schwan, g) Schlammfisch *(Amia)*, h) Eidechse *(Teju)*. (Nach KÜHN, ROMER und WURMBACH).

a) Untersuchungsmaterial (Abb. 2)

An jede Arbeitsgruppe werden zwei verschiedene Vorderextremitäten bzw. Teile in Form von Präparaten, ersatzweise auch als Wandkarten oder unbeschriftete Zeichnungen, ausgegeben, z. B. in folgender Kombination:

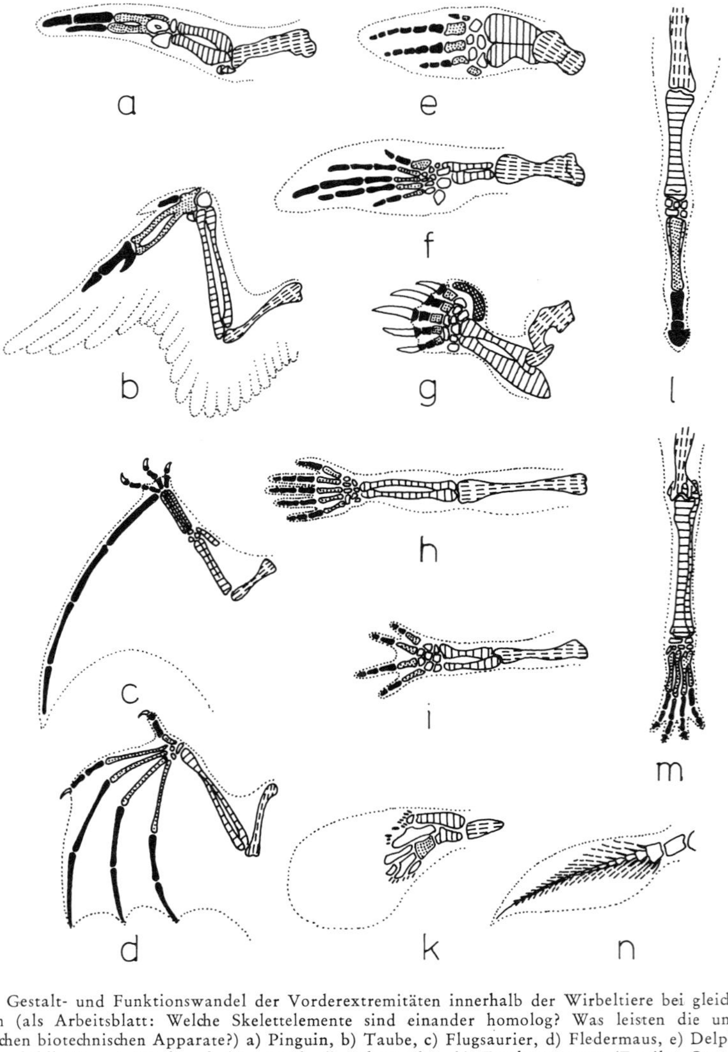

Abb. 2: Gestalt- und Funktionswandel der Vorderextremitäten innerhalb der Wirbeltiere bei gleichem Bauplan (als Arbeitsblatt: Welche Skelettelemente sind einander homolog? Was leisten die unterschiedlichen biotechnischen Apparate?) a) Pinguin, b) Taube, c) Flugsaurier, d) Fledermaus, e) Delphin, f) Lederschildkröte, g) Maulwurf, h) Mensch, i) Salamander, k) *Eusthenopteron* (Fossiler Quastenflosser, Devon), l) Pferd, m) Fuchs, n) *Neoceratodus* (Australischer Lungenfisch). (Nach LINDER u. a.).

Fledermaus	– Eidechse	Wal	– Schwimmkäfer
Vogel	– Frosch	Salamander	– Mistkäfer
Katze	– Pferd	Laufkäfer	– Honigbiene
Hund	– Rind	Heuschrecke	– Tagfalter
Salamander	– Pinguin	Libelle	– Wasserwanze
Landschildkröte	– Seehund	Schwimmkäfer	– Laufkäfer
Maulwurf	– Maulwurfsgrille	Maulwurfsgrille	– Küchenschabe

Die Vergleichspaare lassen sich je nach den örtlichen Gegebenheiten abändern bzw. ihre Glieder anders kombinieren. Wegen des begrenzten Sachwissens des Lernenden ist es besser, höchstens zwei systematische Gruppen heranzuziehen (z. B. Wirbeltiere und Insekten) als den Vergleich auf zu viele Einheiten auszudehnen. Die heterogenen Vergleichspaare (analoge Strukturen) sind ohnehin nicht einfach zu analysieren.

b) Aufgabe (Formulierung als Rahmenthema)

„Vergleichen Sie die Vorderextremitäten von ... und ... in bezug auf Bau und Funktion!"

Dabei werden die Schüler ausdrücklich zum Zeichnen ihrer Präparate aufgefordert, so daß der Vergleich nicht im unverbindlichen Mal-Ansehen und Mal-Diskutieren stecken bleibt. Natürlich soll die Untersuchung ohne Lehrbuch oder solche Abbildungen, welche Teilergebnisse vorwegnehmen, durchgeführt werden. Auch wäre bereits in einer zweiten Stunde die Aufgabe problemleer, weil dann sicherlich einige Wissensdurstige sich mit anschaulichen Buchabbildungen vertraut gemacht hätten. Damit bliebe aber gerade den forschend Interessierten das Erlebnis selbsttätigen Erkenntnisgewinns verwehrt.

c) Bearbeitung in Gruppen

Während der Beobachtung tauchen bei einigen Schülern früher erworbene Kenntnisse aus der Tier- und Menschenkunde langsam wieder auf. Nur mit Sachwissen können Angaben über die Funktion der toten Skelettelemente erbracht werden. Trotzdem sollte man auf den Vergleich der Funktionsweisen in der Aufgabenstellung nicht verzichten, denn er lenkt den Blick schärfer auf die Eigenart der Morphologie. Es kommt jetzt nicht darauf an, eine Wiederholung zu veranstalten, sondern diesmal ist es angebracht, die Schüler bei ihren Beobachtungsskizzen sachlich und technisch zu beraten. Ebenso können Gespräche innerhalb der Arbeitsgruppen das Auffinden der wesentlichen Teilstrukturen fördern.

Um gleich nach der ersten Untersuchung zu einer zielweisenden Problemstellung zu gelangen, ist es notwendig, die Arbeit der Schüler am Objekt zeitlich zu begrenzen; dies allerdings nicht, bevor sich die Mehrzahl auch dem zweiten Objekt zugewendet hat. Gegen Ende der Arbeitszeit kann man Wandkarten aufhängen, welche am Präparat schwer sichtbare strukturelle Einzelheiten zu erkennen gestatten, nicht aber das hier angestrebte Ergebnis vorwegnehmen (z. B. Fledermaus, Maulwurf, auch Pferd und Rind). Es ist zweckmäßig, daß mehrere Schüler ihre Befunde schließlich an die Tafel zeichnen oder an Karten erläutern, weil damit eine breitere Induktionsbasis für die nun einsetzende Abstraktion erstellt wird.

d) Theoretische Auswertung

Meistens wird bereits bei der allerersten Erörterung des Vergleichs der Kerngehalt des Homologie-Begriffes berührt: „gleicher Bauplan", „geringe Abweichungen", „dasjenige, was sich entspricht", „es stimmt trotz verschiedener Aufgaben überein". Dann muß der Begriff *Homologie* – ohne endgültige Definition – eingeführt werden. Diejenigen Arbeitsgruppen, welchen man die Untersuchung von Extremitäten aus verschiedenen Tierstämmen übertragen konnte (Analogie-Beispiele), erkennnen erst nach der Besprechung von Vergleichspaaren mit Bauplanübereinstimmung (Homologie-Beispiele) vollends, daß bei ihren zwei Objekten „das Gleiche, was sich nur in der Funktion, nicht im Bau entspricht" vorliegt. Kommt die funktionelle Übereinstimmung bei baulicher Verschiedenheit bei der ersten Auswertung schon zur Sprache, dann müßte zu dem neuen Terminus ›Homologie‹ auch gleich der Gegenbegriff *›Analogie‹* genannt werden. Überhaupt empfiehlt es sich, den Analogie-Begriff recht bald – nicht unbedingt in der Einführungsstunde – dem Homologie-Begriff gegenüberzustellen. Damit wird vermieden, daß das Homologie-Phänomen zu einer Selbstverständlichkeit verblaßt.

Wie lassen sich die homologen Strukturen verstehen?

Unmittelbar nach der praktischen Konfrontation mit der Homologie sollte eine Diskussion über die Ursachen angeregt werden. Dabei ergibt sich in den meisten Klassen die Vermutung, daß bauliche Übereinstimmung durch eine gemeinsame Stammesentwicklung zu erklären sei. Andere Deutungen sollten von uns nicht abgewiesen werden; Gegensätze erhellen bisweilen die heute wahrscheinlichste Interpretation.

Auf jeden Fall muß das Ziel der Tatsachenermittlung für jeden verständlich aufgezeigt werden: Die Aufklärung der durch Homologien angezeigten realen Verwandtschaftsverhältnisse.

e) Zusammenfassung

Um die Erkenntnis des Phänomens zu vertiefen und auf die Ursache der Homologie hinzusteuern, kann eine schriftliche Ausarbeitung dienen, bei der jeder Schüler auf seine eigene Untersuchung die neu eingeführten Begriffe anzuwenden hat. Das eingangs formulierte Rahmenthema wird speziell ausgefüllt: z. B. „Vergleich der Vorderextremitäten von Zauneidechse und Langohrfledermaus in bezug auf Bau und Funktion".

Selbst wenn noch keine einwandfreie wissenschaftliche Fassung der Begriffe und ihre phylogenetische Interpretation erreicht werden kann, bringt die propädeutische Zusammenfassung doch eine erste Stufe stammesgeschichtlicher Erkenntnisse als Lernkontrolle.

A 2. Andere Vorschläge

a) STEINECKE empfiehlt zu Anfang eine Untersuchung verschiedener Stadien aus der *Embryonalentwicklung* von Seeigel, Frosch und Huhn, welche dann mit der Organisation von Einzellerkolonien und Nesseltieren verglichen werden sollen. Zweifellos kann die genaue Betrachtung sich entwickelnder Organe, deren umweghafte Strukturveränderungen funktionell unverständlich sind, einen problemgeladenen Einstieg bilden. Der Erfolg einer Beschäftigung mit der *Ontogenese* im Hinblick auf die beabsichtigte Folgerung einer Phylogenese hängt entscheidend von der praktischen Vorübung der Teilnehmer ab (bes. Präparieren und Mikroskopieren).

b) Wählt man zu Beginn *Rudimente*, die zunächst eine Deutung in beiden Richtungen offen lassen (Beckengürtel, Parietalauge), also nicht die eindeutig „degenerative Evolution“ (wie Höhlentiermerkmale), dann ergibt sich ebenso zwingend die Annahme einer Stammesgeschichte. Allerdings ist die Organrückbildung ein Sonderfall in der Phylogenese. (Vergl. Kap. C.)

c) Auch *versteinerte Lebewesen* ermöglichen einen geradezu spannenden Einstieg in die Deszendenztheorie. Die Sammlungen mancher Schulen und Museen können mit erdgeschichtlichen Dokumenten die Veränderung der Organismen unmittelbar belegen und so ganze Floren- und Faunenbilder lebendig werden lassen. Der Neuanfang mit paläontologischen Daten birgt jedoch die Gefahr in sich, daß der Schüler später nicht mehr von der Vorstellung loskommt, stammesgeschichtliche Tatsachen seien nur durch günstige Fossilfunde festzustellen. Es wird bisweilen übersehen, daß die Paläontologie zwar vorzüglich auszuwertendes Material liefert, ihre Methodik aber hauptsächlich die vergleichende Morphologie ist.

d) Wenig tragfähig erscheint der Einstieg über die an sich erregende Frage: Stammt der Mensch vom Affen ab? Die Stammesgeschichte der Hominiden sollte erst nach einer methodischen Grundlegung erarbeitet werden. (Vergl. IV. Teil)

e) Weitere Einstiegsmöglichkeiten liegen in der *Physiologie, vergleichenden Ethologie* oder in der *Molekulargenetik* (G. MEYER). Als sogenannte „physiologische Beweise“ für die Evolution können angeführt werden:

1. Die Universalität des genetischen Code
2. Die weitgehend übereinstimmende Aminosäuresequenz der Enzym-Proteine
3. Die Ähnlichkeiten von Mitose und Meiose im Pflanzen- und Tierreich
4. Die Übereinstimmung der chemischen und physikalischen Prozesse bei der Erregungsleitung im Nervensystem verschiedenster Metazoen
5. Die bei allen höheren Pflanzen prinzipiell gleich ablaufenden Assimilationsprozesse

Alle Einführungen über diese „physiologischen Beweise“ setzen einige Kenntnisse aus den entsprechenden Gebieten voraus. Es kann mit ihnen nicht gleichzeitig (wie bei a bis c) ein ertragreicher Einstieg in das spezielle Thema erfolgen. Überdies sollte zuvor erwogen werden, ob ein Sachgebiet wirklich zu den Grundaussagen der Evolutionstheorie oder nur zu einer interessanten Diskussion führt.

A 3. Wissenschaftshistorische Einleitung

Wie für andere Gebiete der Biologie, so wird auch für die Abstammungslehre von manchen Methodikern geraten, „eine geschichtliche Darstellung des Evolutionsgedankens“ den Beweisen vorauszuschicken, um „Perspektiven in die Zukunft zu eröffnen“. Die Relativität der wissenschaftlichen Theorienbildung, der „die Deutung biologischer Gegebenheiten in Abhängigkeit von dem jeweiligen Stand der Erkenntnis, dem herrschenden Zeitgeist und der persönlichen Einstellung der Forscher unterworfen war“, dem jungen Menschen bewußt zu machen, ist gewiß ein wertvolles Bildungsteilziel; doch dürfte es frühestens *nach* Kenntnisnahme einiger Ergebnisse und Probleme der Phylogenetik erreichbar sein. In Lehrbüchern mag ein geschichtlicher Abriß auf den ersten Seiten am Platze sein, lebendigen Unterricht sollte er m. E. nicht einleiten. Denn wie kann ein Jugendlicher die geistigen Leistungen eines DARWIN, ST. HILAIRE oder die Verdienste LAMARCKS und LINNÉS würdigen, bevor er mit den Methoden und Fakten der Deszendenztheorie vertraut ist?

Für völlig verfehlt halte ich eine verfrühte Gegenüberstellung der Evolutionstheorie mit der Schöpfungsauffassung; allen Weltentstehungsmythen wird man überhaupt nicht gerecht, wenn durch einen derart schiefen Vergleich an sie die Maßstäbe eines Wirklichkeitsberichtes angelegt werden (Näheres bei BAVINK 1952, ZIMMERMANN 1967).

Die Einwände bedeuten jedoch nicht, daß eine wissenschaftshistorische Betrachtung gänzlich abzulehnen sei. Im Gegenteil sollten wir dem Leben und Suchen großer Biologen nachspüren, wenn wir ihre Forschungsergebnisse als solche kennen, also im Anschluß an einzelne Kapitel oder an die gesamte Unterrichtseinheit, um auch die „weltanschaulichen Folgen eines der erregendsten Stoffgebiete der Allgemeinen Biologie“ (LINDER) übersehen zu können. (Hier bietet sich Gelegenheit, interessierten Schülern Referate aufzutragen oder die aus vielerlei Gründen selten praktizierte Zusammenarbeit mit anderen Fachvertretern anzustreben.) Lektüren: FELS, HEBERER, VON BUDDENBROCK.

Literatur

BUDDENBROCK, W. v.: Bilder aus der Geschichte der biologischen Grundprobleme. Berlin 1951.

HEMLEBEN, J.: Charles Darwin in Selbstzeugnissen und Bilddokumenten. pp. 183 Rowohlt, Hamburg 1968.

FELS, G.: Abstammungslehre dargestellt anhand von Quellentexten. pp. 47 Klett-Studienbuch, Stuttgart 1965.

MEYER, G.: Ein Unterrichtsversuch zum Aufbau der Abstammungslehre auf der Genetik. MNU *22*, 8 Bonn–Frankfurt 1969.

B. Homologie

B 1. Das Homologie-Phänomen

Es liegt am erkenntnispraktischen Weg zur Evolutionstheorie, daß sie ihre Sicherheit aus der überwältigenden Fülle zusammenlaufender Einzeldaten schöpft („Generalisierende Induktion"); gleichfalls ist die Überzeugungskraft unseres Kurses nicht unabhängig von der Vielfalt seiner farbigen Anschauungsgrundlage. Zur Ableitung einer Definition und der methodischen Kriterien der Homologie wäre vom wissenschaftlichen Standpunkt eine beträchtliche Erweiterung der Induktionsbasis mit Hilfe von Beispielen aus den verschiedensten Pflanzen- und Tiergruppen zu fordern. Didaktisch ist vorerst ein systematischer Schwerpunkt günstiger (etwa Wirbeltiere [Abb. 1, 2 und 3], Insekten, Blütenpflanzen [Abb. 4] oder Gefäßkryptogamen), vielleicht mit einigen fossilen „Brückenformen" (dem Dachschädler *Ichthyostega,* dem sog. Urvogel *Archaeopteryx,* der Urlibelle *Stenodictya,* den Urlandpflanzen Rhyniaceae). (Tab. 1)

Ungünstig für Schüleruntersuchungen am Objekt sind komplizierte Strukturen, deren Homologie von der Wissenschaft erst durch diffizile Untersuchungen an Entwicklungsstadien aufgedeckt wurde (saugende Mundwerkzeuge der Insekten, Exkretionsorgane der Wirbeltiere, Generationswechsel und Fortpflanzungszellen der Samenpflanzen).

Sollte das Homologie-Phänomen einige Anfänger trivial anmuten, so wäre zu überlegen: „Was würde ein Bau-Ingenieur sagen, wenn er ein Hochhaus, einen Bahnhof, eine Brücke nach dem gleichen Grundbauplan konstruieren sollte?" (Wie etwa Blauwal, Gazelle, Fledermaus).

B 2. Der Homologie-Begriff

Eine exakte Definition des Homologie-Begriffes zu erarbeiten, die empirisch abgesichert und logisch widerspruchslos den Anforderungen der Phylogenetik genügt, fällt nicht leicht. „Homologie ist ja keine in die Wissenschaft eingeführte Größe, für die man eine Maßeinheit festlegen könnte. Sie ist vielmehr ein in jahrzehntelanger induktiver Forschung gewonnener Be-

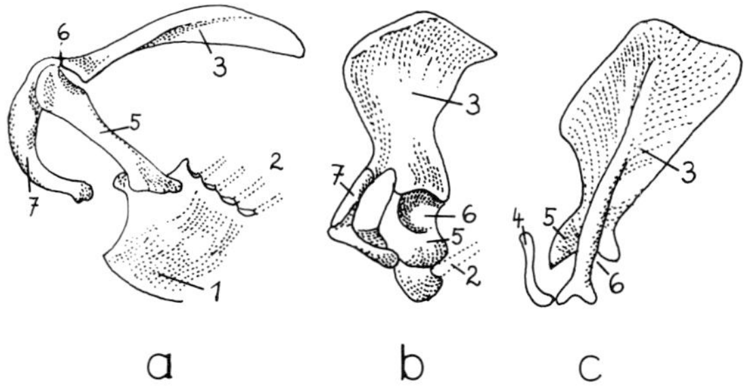

Abb. 3: Der Schultergürtel von Landwirbeltieren. a) Vögel (Adler), b) Kloakentiere, c) Säuger (Nager). 1 Brustbein, 2 Rippen, 3 Schulterblatt, 4 Schlüsselbein, 5 Rabenschnabelbein bzw. -fortsatz, 6 Gelenkgrube des Oberarms, 7 Gabelbein. (Nach PORTMANN 1959).

Tabelle 1: Beispiele zur Homologisierung von Strukturen nicht eng verwandter Arten

Strukturkomplex	Arten bzw. system. Gruppen	Lehrmittel
Vorder- oder Hinter-Extremitäten	Landwirbeltiere (Tetrapoden)	Skelettpräparate, Lieder-Dias 88.21, 88.20, 88.19, Wandkarten Jung-Koch-Quentell, Saietz
Vorderste oder hinterste E. (weil meist typisch)	Insekten	Dias Lieder, V-Dia, FWU
Mundwerkzeuge	große Krebsarten: Flußkrebs, Garnelen, große Insekten mit kauenden Mundwerkzeugen	Wandkarte Garnelen in Fischgesch. käuflich
Schulter- u. Beckengürtel	Vögel-Säuger-Reptilien auch Archaeopteryx	Totalskelette PORTMANN Abb. 60, 62, 63, 64
Einzelabschnitte von Wirbelsäulen, auch Hals- u. Schwanzwirbel (nach Sondermerkmalen)	Katze, Hund, Mensch; Wal, Spitzmaus, Giraffe	Skelette, isolierte Wirbel, Wandkarten
Schädel u. verschiedene Gebißtypen von Säugern (Vergleich mit Nichtsäugern möglich, aber schwieriger)	Katze (Hund)-Kaninchen-Rind (Pferd) -Mensch-Tümmler auch fossile Sauropsiden	Abb. 1 Schädel-Serien oder Schädel-Modelle Unterstufen-Lehrbücher
Flügeladerung	Libellen, große Hautflügler, Fliegen, Kleinschmetterlinge, Netzflügler	Genadelte u. gespannte Präparate
Flossen bes. Verlagerung der Bauchflossen bis vor die Brustflossen	Weißfische (Cypriniden) z.B. Karpfen-Barsche, auch trop. Buntbarsche-Schellfische (Gadiden); Lachs-Karpfen-Zander-Rutte oder bis zu Schlammspringern; Hering-Makrele-Köhler-Plattfische	Karte Jung-Koch-Quentell, Saietz Wandkarten: RÜHMER, Süßwasserfische RÜHMER, Seefische
Körpergliederung und Skelett	verschiedene Gruppen der Gliederfüßler (Arthropoda) Imagines und Larven von Insekten, z.B. Libellen, Heuschrecken, Käfer. Lang- u. kurzschwänzige Zehnfußkrebse Skelett von Schnecken, Muscheln, Tintenfischen "Donnerkeil" eines Belemniten. Dorn des Schulps von Sepia Skelett von Stachelhäutern einschl. Seegurken	genadelte Insekten, auch leere Häute geeignet Garnelen als "Krabben" käuflich Ergebnis Abb. 8 Phywe 25 Skelette od. Abbildungen Mikropräparate

Strukturkomplex	Arten bzw. system. Gruppen	Lehrmittel
Finger- und Zehennägel, Krallen, Hufe	Huftiere, Robben, Mensch	Skelettpräparate Lichtb. Phywe
Gehirne mit Nervenabzweigungen	Kaninchen, Taube, Frosch	Modelle, Lieder-Dia 88.08
Chorda-Region	Lanzettfisch oder Neunaugen, Amphibien, z.B. Axolotl	Mikropräparate oder Dias Lieder 88.02 u. 88.03
Zähne als ektodermale Bildung	Säuger- u. Rept.-Zähne, Haut von Haien	Mikropräparate bzw. Dias von Längsschliffen, Haihaut
Lunge - Schwimmblase	Molche, Barsche, Lungenfische u.a. "Altfische"	Abb. 10, Karten Saietz PORTMANN Abb. 161, 162
Abschnitte d. Magen- u. Darmtrakts Drüsen, Bau der Wandung	Säuger untereinander vergleichen, Säuger mit Vögeln schwieriger, Arthropoden	Wandkarten u. Mikropräparate mit Histologie der Epithelien
Haare, Stacheln, Schuppen	Igel, Stachelschwein, Schuppentier, andere Säuger, Reptilien mit Brückenechse	Balg u. Hautpräparate
Körperschichten als Keimblätter	Nesseltiere (Cnidaria) (nicht Schwämme u. Rippenquallen) Scheibenmeduse - Becherpolyp	gut gefärbte Mikropräparate Ergebnis auf Lieder-Dia 88.16
Netzhaut, Aderhaut und harte Augenhaut	alle Wirbeltierklassen	Mikropräparate
Kelch- und Kronblätter bei Vielfrüchtigen (Polycarpicae)	Hahnenfuß, Rittersporn, Akelei,	Lebende Blüten Blütenmodelle nur bedingt geeignet
Lippenblüte oder Rachenblüte - radiäre Blüte	Taubnessel, Löwenmäulchen, Ehrenpreis, Königskerze, auch andere Tubifloren	ersatzweise Wandkarten
Früchte der Rosengewächse (Rosaceae)	Spiraea, Erdbeere, Hagebutte, Himbeere, Apfel	
Blüten der Buchengewächse (Fagales)	Birke oder Hasel - Eiche	
Blüten und Blütenorgane bei Einkeimblättlern	Liliengewächse - Binsen - Gräser	Abb. 4
Korbblütenstand - Einzelblüte	Glockenblume - Kornblume - Sonnenblume	
Schwertlilienblüte - Rachenblüte (Analogien)	Iris - Löwenmäulchen	Abb. 5

griff, dessen strenge Anwendung es gestattet, die stammesgeschichtliche Identität organischer Strukturen aufzuweisen." (REMANE).

Trotz wiederholter Bemühungen, Verwandtschaftsgrade durch numerische Merkmalsanalyse zu bestimmen, wurde erst neuerdings wieder bestätigt, daß sich das Wesenhafte der Homologie mathematisch nicht sinnvoll fassen läßt. Denn Homologie erstreckt sich primär auf das Integrationsniveau von Organen und Organismen; deren Evolutionsweg ist einmalig und nicht berechenbar.

Unsere morphologisch-anatomischen Untersuchungen werden von folgenden Überlegungen begleitet:

Was ergibt sich aus dem Vergleich von Teilen verschiedener Organismen?

Ausgestaltung / Strukturelemente	verschiedenartig	gleichartig
im Bauplan entsprechend	Homologie	a) primär gleich: problemlos b) sekundär gleich: Homoiologie (z. B. Flossenarme von Walen und Pinguinen)
im Bauplan nicht entsprechend	keine sinnvolle Verknüpfung miteinander möglich	Analogie „Konstruktionsanalogie"

Über das Terminologische hinaus knüpfen sich an jedes der festgestellten Phänomene zwei biologische Frageweisen an, welche in entgegengesetzte Richtungen zielen, die *finale* und die *kausale*. Sie lauten für die Homologie:

1. Welche *Bedeutung* hat die verschiedenartige Ausgestaltung homologer Strukturen?
2. Welche *Ursache* hat die bauplanmäßige Übereinstimmung verschiedener Funktionselemente?

(zu 1) Die biologische Bedeutung der verschiedenartigen Ausgestaltung homologer Strukturen

Aus der Beschäftigung mit Skelettelementen von Wirbeltieren und Gliedertieren oder mit vegetativen Organen und Blüten der Samenpflanzen (Abb. 4) liegen Antworten nahe; ja, sie werden herausgefordert, wenn wir uns an Bewohner extremer, einheitlicher Lebensräume erinnern (Tümmler, Maulwurf, Fledermäuse). „Die Erfordernisse des Lebensraumes", „Anpassung an die Umweltbedingungen", „die Harmonie von Organismus und Umwelt", „die Organe sind zweckmäßig" sind Ausschnitte aus Schüler-Antworten auf die Frage 1. Es könnte hierbei das Angepaßtsein als Charakteristikum der Organismen herausgestellt werden. Eine exakte Fassung (Umwelt als Informationsspender) wird besser vorerst aufgeschoben, weil damit eine Definition des biologisch Zweckmäßigen zu verbinden wäre (vergl. III. J).

Ältere, weiterdenkende Schüler (Studienstufe) sehen schon ohne Hinweise des Lehrers die Bedeutung der verschiedenartigen Ausgestaltung darin, daß den Arten desselben Bautyps in der Erdgeschichte auch neue Lebensräume und Zonen eröffnet werden. Damit wären wir nahe am Ursachenkomplex zur Entstehung dieses Anpassungsgefüges angelangt. Die Faktorenfrage dürfte aber bei dem derzeitigen Erkenntnisstand in diesem Kurs noch verfrüht sein. Sie läßt sich nach der „Rekonstruktion der Stammesgeschichte" (Kap. F) eingehender beantworten (siehe III. Teil). Das ist keine schulmeisterliche Gängelung; darin kommt im voraus die logische Unabhängigkeit des Stammbaumproblems vom Faktorenproblem der Evolution zum Ausdruck. Jetzt ist es angebracht, die Fragestellung in den morphologischen Bereich zurückzuwenden und damit die entgegengesetzte Zielrichtung einzuschlagen.

(zu 2) Die Ursache der bauplanmäßigen Übereinstimmung verschiedener Funktionselemente

(z. B. die Laufbeine des Pferdes, die Grabbeine des Maulwurfes)

„Es hat eine gemeinsame Entwicklung stattgefunden", „die gemeinsame Abstammung", oder seltener „es manifestiert sich ein beherrschendes Bauprinzip", hören wir als Antworten. Sogar das letztere berührt den Kern. Die Wissenschaft deutet die anschaubare Formverwandtschaft als genealogische Verwandtschaft.

„Wir sehen in der Gegenwart, daß bauliche Übereinstimmungen, wie sie der Homologie zugrunde liegen, nur durch Zeugungszusammenhang zustande kommen. Wir sehen gleiche Übereinstimmungen bei Organismen, die heute nicht mehr im Zeugungszusammenhang stehen; wir schließen daraus, daß sie in der Vergangenheit durch Abstammung von einer gemeinsamen Ahnenart in Zeugungszusammenhang gestanden haben, und so die homologen Ähnlichkeiten erklärbar sind als gemeinsames Erbgut von dem gemeinsamen Ahn. Diese phyletische Erklärung besteht solange zu Recht, bis eine andere, wahrscheinlichere Erklärung gegeben werden kann (und dazu ist z. Z. nicht die geringste Aussicht vorhanden) oder bis durch andere stammesgeschichtliche Methoden gezeigt wird, daß sichere homologe Ähnlichkeiten ohne stammesgeschichtlichen Zusammenhang entstanden sind." (Remane 1952)

Zum letzten Gedanken kann man die abweichenden Thesen Wicklers 1967 aus dem Blickwinkel des Verhaltensforschers zur Diskussion heranziehen, wenn Erfahrungen in der Ethologie bereits vorliegen.

c) Definitionen

α) Homologie

Homolog sind Strukturen gemeinsamer phylogenetischer Herkunft.

Zwar ist der Sachverhalt richtig, allein die Verknüpfung taugt nicht für die Verwandtschaftsforschung. Indem man die zunächst hypothetische Annahme gemeinsamer Stammesentwicklung mit in die Definition einbezieht, wird die Theorie des Phänomens zu seinem Erkennungszeichen erklärt. Eben diese Theorie gilt es ja erst zu beweisen. Damit entstünde erneut jener widersprüchliche ›circulus vitiosus‹, mit dem früher gegen die gesamte Deszendenztheorie polemisiert worden ist (O. HERTWIG, O. KUHN).

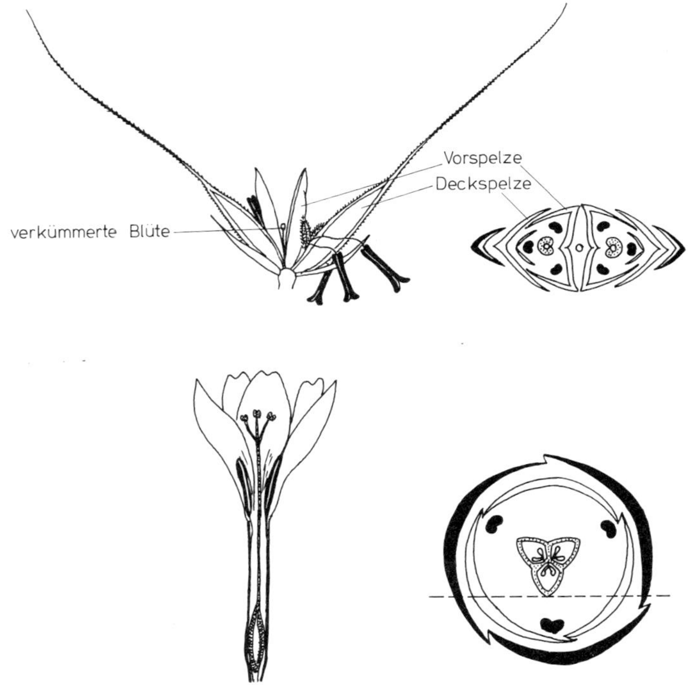

Abb. 4: Homologe Strukturen in verschiedenartigen Blüten. Oben: Roggen, unten: Krokus, links: Blütenansicht bzw. -längsschnitt, rechts: Blütendiagramme. (Nach EWALD).

Die Unterrichtserfahrung zeigt, daß der reale Zeugungszusammenhang allzu leicht mit dem Faktum der Homologie gleichgesetzt wird. Daher kann nicht genug betont werden, daß die Stammesverwandtschaft die angenommene Ursache des Homologie-Phänomens ist. Die rechte Einsicht in diese Beziehung ist für eine verständnisvolle Anwendung der Homologie-Kriterien unerläßlich. Der rein morphologische Homologie-Begriff beinhaltet zunächst nichts anderes als die zugängliche Erscheinung:

Homologie ist die Gleichwertigkeit von Strukturen im Bauplan verschiedener Lebewesen.

Schon jetzt sollten wir auf den Zusatz „verschiedener Lebewesen" nicht verzichten, denn dadurch verhindern wir eine Vermengung mit dem Phänomen der „intraindividuellen Homologie“ (Homonomie). Lernpsychologisch ist es von Vorteil, wenn man Schülern nebenbei eine Kurzdefinition anbietet: *Homologie ist morphologische Identität.* Da diese Bestimmung jedoch ein Vertrautsein mit morphologischen Methoden voraussetzt, ist sie für den Lernenden mit einer schlagwortartigen Begriffsentleerung belastet. Die endgültige Definition wird zweckmäßigerweise in mehreren Merksätzen formuliert.

Homologe Strukturen entsprechen einander im Bauplan verschiedener Arten als gleichwertig. Sie können äußerlich weitgehend unähnlich sein und verschiedene Funktionen ausüben. Ursache der Homologie ist eine gemeinsame Entwicklung aus demselben Strukturelement im Laufe einer langen Stammesgeschichte.

Demnach sind solche Organe homolog, deren Übereinstimmungen auf gleicher genetischer Information beruhen, wobei der Informationsfluß durch Vererbung stattfindet.

ß) Analogie

Ebenso wie für den Homologie-Begriff könnten die finale und kausale Fragestellung für den Analogie-Begriff aufgewiesen werden (Flugfrosch, Fliegender Fisch, Flughörnchen). Es scheint indessen günstiger, beide Begriffe gleichzeitig antithetisch zu gewinnen. Deshalb sollten sich Schüler mit beiden Beispielgruppen in einem Arbeitsgang beschäftigen. Damit tritt die Analogie als aufgabenbezogene Gleichheit der Homologie von Anfang an gegenüber. (Abb. 5)

Analogie ist die Aufgabengleichheit nicht-homologer Teile im Funktionsganzen verschiedener Lebewesen.

Nun wäre es jedoch nicht ganz richtig, den Analogie-Begriff mit „Anpassungsähnlichkeit“ schlechthin zu übersetzen. Denn es gibt eine Reihe funktioneller Übereinstimmungen nicht-homologer Teile, die nicht als Angepaßtheiten aufgefaßt werden dürfen, sondern im Zuge der allgemeinen Höherentwicklung vieler Tier- und Pflanzengruppen unabhängig voneinander erreicht wurden (Differenzierungen in vegetative und generative Organe, Trennung von Atmungs- und Nahrungsaufnahmeorganen etc.). Doch weist der Analogie-Begriff immer eine Beziehung zu Funktion und Lebensweise auf.

Analoge Strukturen üben bei verschiedenen Arten gleiche Funktion aus. Sie können weitgehend ähnlich sein, entsprechen sich aber nicht im Bauplan. Ursache der Analogie ist eine unabhängige Parallelentwicklung unter gleichen Lebensbedingungen oder mit gleichen Vervollkommnungstendenzen, jedoch ohne gemeinsame Stammesgeschichte.

Natürlich sind letzten Endes auch Lebewesen mit analogen Strukturen, die nicht zu einem engeren Verwandtschaftskreis gehören, miteinander verwandt, aber eben nicht über eine Ahnenform, welche das analoge Merkmal schon besaß. Zwischen analogen Bildungen besteht also kein Informationsfluß im Gegensatz zu homologen Strukturen. Auch die unter gleichen Umweltbedingungen evoluierten Analogien (z. B. Nachtfalterblüten, Schwebeorgane der

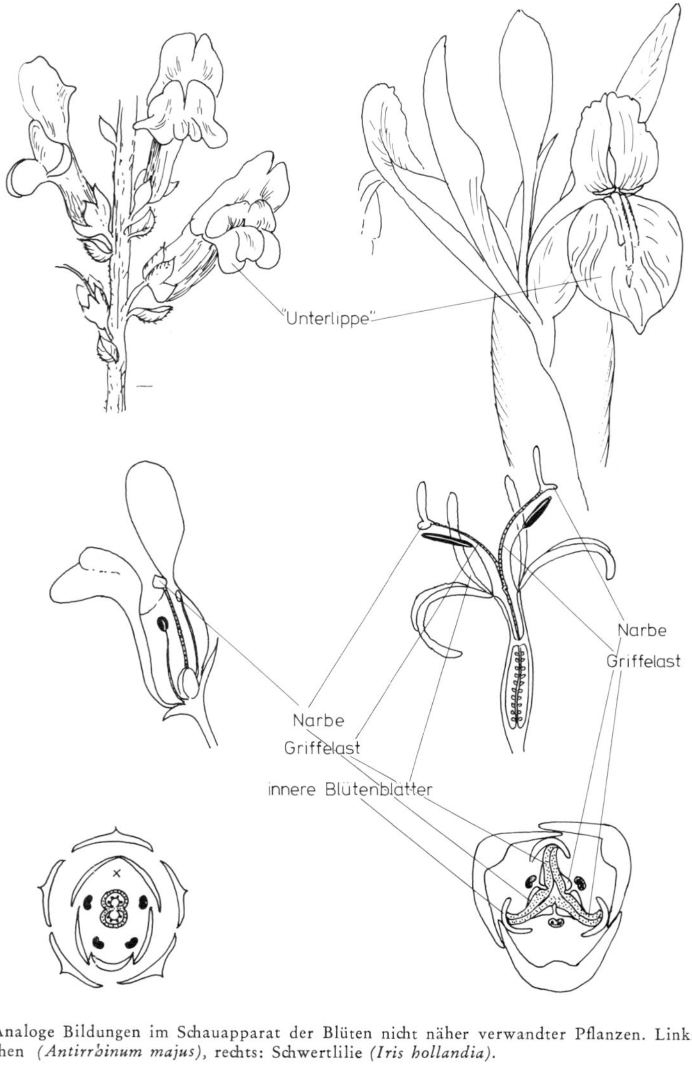

Abb. 5: Analoge Bildungen im Schauapparat der Blüten nicht näher verwandter Pflanzen. Links: Löwenmäulchen *(Antirrhinum majus)*, rechts: Schwertlilie *(Iris hollandia)*.

Plankter) beruhen nicht auf gleicher genetischer Information aus einem gemeinsamen Informationsspeicher (Genom), sondern sind durch gleiche „Umweltinformationen" ausgerichtet worden (genauer: durch gleichen „Selektionsdruck", vergl. III. Teil: Die Ursachen der Evolution).

Früher oder später tauchen in allen Arbeitsgruppen Aussagen oder Fragen auf, welche die Anfangs- und Endgrenzen des Homologie-Begriffes betreffen. „Diese

Blüten sind einander homolog!" oder gar „Sind diese Pflanzen homolog?". Derartige Formulierungen bedürfen bereits der Korrektur. Denn die wissenschaftliche Methodendiskussion hat ergeben, daß die Ausdehnung des Homologie-Begriffs auf Individuen und Arten ins Uferlose führt. Er würde dann mit dem der Verwandtschaft im phylogenetischen Sinne zusammenfallen.

Andererseits kann der Versuch, den Homologie-Begriff auf die letzten Einheiten der Lebensträger zu beziehen, bei Schülern auch zu Fehlvorstellungen führen. „Welche Gene, DNS-Moleküle, Mutone o. ä. sind homolog?" Es ist zu verlockend, die Nukleotidsequenz der DNS bzw. die Aminosäuresequenz der Proteine als Urkriterium der Homologie zur Verwandtschaftsforschung einzusetzen. Sogenannte Stammbäume nach dem Bau von Makromolekülen, wie sie in der wissenschaftlichen Literatur zu finden sind (β-Melanotropin, Cytochrom-c-Peptide, α-Ketten des Globins am Häm), wurden in Anlehnung an die aus der vergleichenden Morphologie sicher bekannten „aufgestellt" und diskutiert. Überdies lehrt die Genetik, daß es nicht selten zu einem „Transfer" der Gene kommt. Beide Gründe wie auch das fehlende Wissen in physiologischer Chemie lassen es angemessener erscheinen, mit Schülern den Homologie-Begriff im anschaubaren Bereich der sich entwickelnden oder reifen Tier- und Pflanzengestalt oder der artspezifischen Verhaltensweisen zu erarbeiten, zumal damit die induktive Methode der Wissenschaft nachvollzogen werden kann.

B 3. Die methodischen Kriterien der Homologie

Wie erkennt man, ob zwei verschiedenartige Organe homolog sind? So einfach es für uns heute ist, die Ursache der Homologie anzugeben, so bleibt die methodisch einwandfreie Feststellung des primär anschaulichen Homologie-Phänomens eine wichtige und lohnende Aufgabe. Die exakte morphologische Identifikation wird nach Remane durch mehrere, in bestimmter Rangfolge anzuwendende Kriterien vollzogen, die wir am besten an bereits bekannten oder leicht zu übersehenden Beispielen ableiten (Tab. 1).

Im Unterricht können zweidimensionale Schemata dem Verständnis entgegen kommen (Abb. 6, 7, 9). Geometrische Figurenpaare mit Gefügeähnlichkeit erlauben, Veränderungen zweier Organismen vereinfacht nebeneinander zu veranschaulichen. Dadurch, daß der Anfänger nicht das komplexe Lebewesen zu überblicken braucht, sondern ein auf wenige Glieder abstrahiertes Strukturbild vor sich sieht, geht ihm das Wesentliche des Vergleichs leichter auf.

a) Das Lage-Kriterium

Eine konkrete Frage, die an die vorausgegangenen Untersuchungen anknüpft, gibt den Anstoß:

1. Auf welche Weise haben wir die Zähne und Schädelknochen der Katze mit denen des Kaninchens homologisiert?
2. Mit welchen Arbeitsschritten wurden Strukturen des Roggenährchens mit Teilen der Lilienblüte gleichgesetzt? (Abb. 4, 5)
3. Wie ließen sich bei der Blindschleiche homologe Bauelemente aus dem Schulter- und Beckengürtel des Menschen wieder finden?

Die Antworten müssen konkrete Tätigkeiten wie Feststellungen beim Vergleichen und hauptsächlich die Schlußfolgerungen in allgemeiner Form zusammentragen.

Im einzelnen: Welche Bedingungen sind erfüllt, daß wir diesen winzigen Zahn der Katze mit dem großen gebogenen Zahn des Kaninchens gleichsetzen konnten, oder daß wir eine Vorspelze des Roggenährchens mit zwei Blütenblättern der Lilie homologisierten? u. ä. Beispiele. (Vgl. Abb. 1, 4, 3)

Allgemein: Wann können wir eine Struktur A mit einer Struktur B homolog erklären? bzw. Wann bezeichnen wir zwei Gebilde als analog?

Schon bei ihren Ansätzen zur Zusammenstellung einer Homologie-Definition bringen die Schüler Beobachtungs- und Denkschritte als Kennzeichen des Begriffs. Was bei der Definition abgewiesen werden muß, gewinnt jetzt wieder Bedeutung. „Organe, die geometrisch ähnlich sind", „die Anwachsstellen müssen gleich sein", „die Organe müssen zusammenpassen". Obzwar begabte Schüler gelegentlich bis zur „gleichartigen Verknüpfung im Gesamtbauplan" abstrahieren, lassen sich von hier ab mit Vorteil die geometrischen Figurenpaare als Hilfsmittel einsetzen.

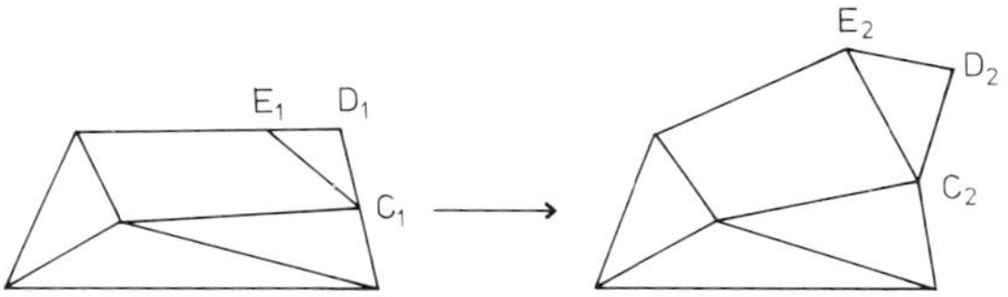

Abb. 6: Bei gleicher Anzahl der Bauelemente lassen sich abgewandelte Strukturen sicher homologisieren, wenn ihre relative Lage im Gefügesystem übereinstimmt. (Zum 1. Methodischen Kriterium der Homologie).

Parallel zur Untersuchung an Lebewesen wird an den Flächen und Strekken dieselbe Fragestellung aufgeworfen: Welche Teile sind einander homolog? (Abb. 6) Die Strecken in der zweiten Figur springen trotz ihrer abweichenden Größe als Entsprechungen so ins Auge, daß uns die Annahme der Homologie förmlich aufgezwungen wird. Von den meisten Schülern wird der Kern des ersten methodischen Kriteriums erkannt: „Die Lage zueinander ist die Hauptsache."

Um einige Bedingungen zu prüfen, fordert man die Klasse auf, etwa das Schläfen- oder das Jochbein eines Säugerschädels im Kopfskelett eines Fisches zu suchen (Abb. 1), ein Kronblatt der Taubnessel in der Blütenhülle der Seerose anzugeben. Ergebnis: Eine sichere Homologisierung ist nur bei gleicher Zahl der Teile möglich.

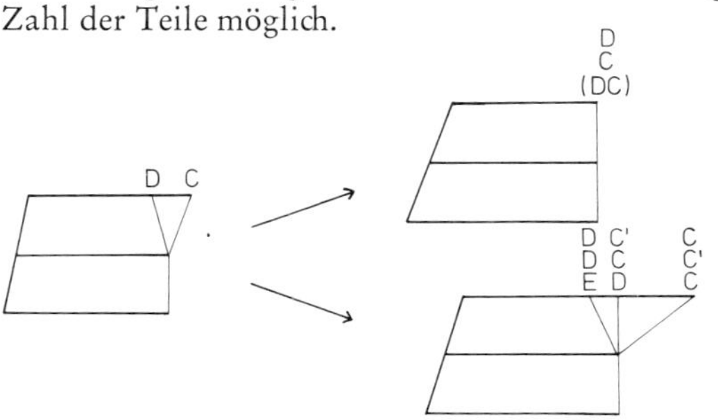

Abb. 7: Neubildung, Verschmelzung oder vollständige Reduktion gleichartiger Strukturen verhindern oft die Möglichkeit einer Homologieentscheidung. (Nach dem 1. Meth. Kriterium).

Zeichnen wir unsere zweite Figur derart um, daß sie weniger oder mehr Strecken und Winkel als die erste enthält, so können wir selbst unter Beibehaltung der übrigen Anordnung keine sichere Entsprechung angeben (Abb. 7).

In vielen Fällen erleichtern aber Verbindungsstrukturen wie Muskeln, Bänder, Blutgefäße und Nerven die Homologisierung. Während Muskeln und Bänder ihre Ansatzstellen bisweilen verlassen und auch Blutgefäße andere Bahnen einschlagen, „ist die Beziehung zwischen Nerv und innerviertem Organ so konservativ" (REMANE), daß sie uns die ursprüngliche Verknüpfung verrät. (Abb. 8)

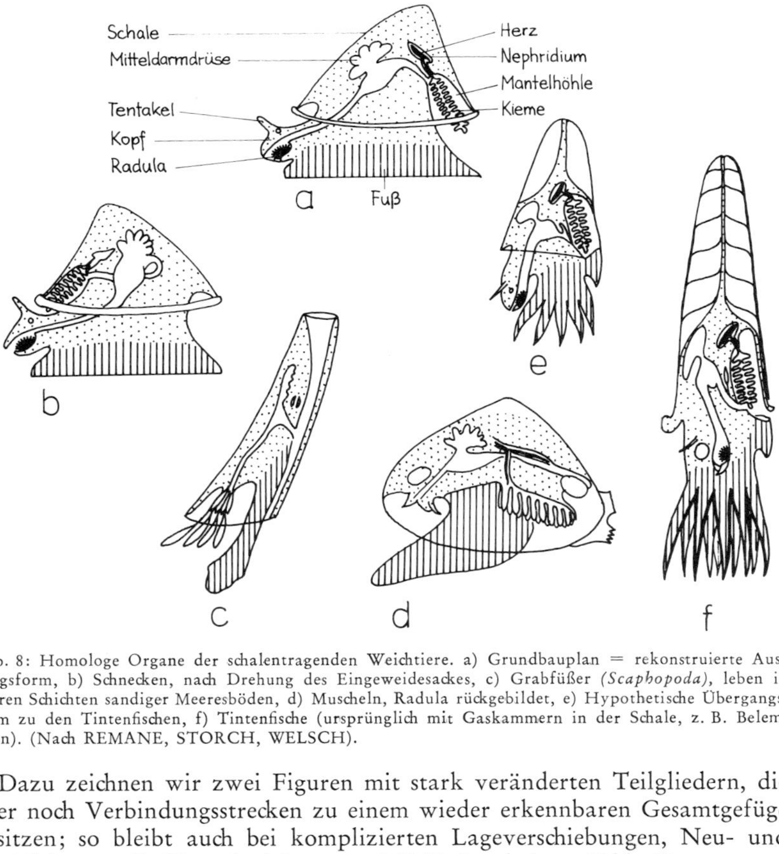

Abb. 8: Homologe Organe der schalentragenden Weichtiere. a) Grundbauplan = rekonstruierte Ausgangsform, b) Schnecken, nach Drehung des Eingeweidesackes, c) Grabfüßer *(Scaphopoda)*, leben in oberen Schichten sandiger Meeresböden, d) Muscheln, Radula rückgebildet, e) Hypothetische Übergangsform zu den Tintenfischen, f) Tintenfische (ursprünglich mit Gaskammern in der Schale, z. B. Belemniten). (Nach REMANE, STORCH, WELSCH).

Dazu zeichnen wir zwei Figuren mit stark veränderten Teilgliedern, die aber noch Verbindungsstrecken zu einem wieder erkennbaren Gesamtgefüge besitzen; so bleibt auch bei komplizierten Lageverschiebungen, Neu- und Umbildungen die Homologisierungsmöglichkeit erhalten. (Abb. 9)

Kriterium der relativen Lage im vergleichbaren Gefügesystem:
Strukturen verschiedener Arten sind homolog, wenn sie bei gleicher Anzahl in gleicher relativer Verknüpfung vorhanden sind.

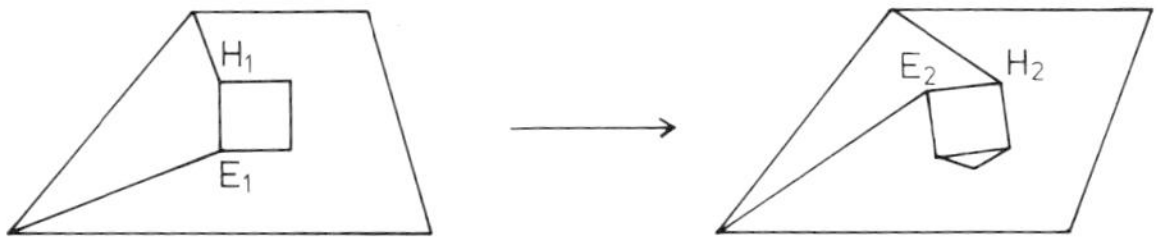

Abb. 9: Auch komplizierte Lageverschiebungen und Neubildungen können die Möglichkeit zur Homologisierung nicht aufheben, solange Verbindungsstrukturen erhalten geblieben sind, welche die relative Lage im Gefügesystem anzeigen.

b) Das Qualitätskriterium

Auch wenn wir darauf bedacht sind, für die morphologisch-phylogenetische Arbeit zunächst nur solche Beispiele auszuwählen, die mit dem ersten methodischen Kriterium zu bewältigen sind, stoßen wir doch bald auf Rück-

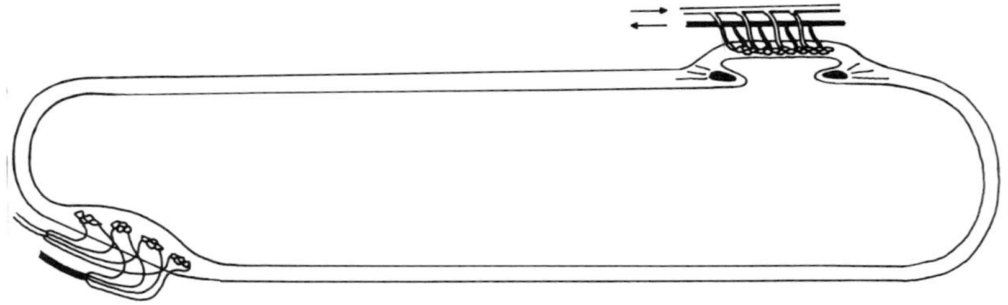

Abb. 10: Feinbau der Schwimmblase eines Knochenfisches ohne Schwimmblasengang als Sondermerkmale zur Homologisierung. Links: Wundernetz der Gasdrüse, rechts: Gefäßnetz und Muskeln des Ovals. (Nach PORTMANN 1959, Abb. 161).

bildung, Lösung und Neuverknüpfung von Strukturen: Staub- und Fruchtblatt-Reduktion, Blattstellungsänderungen, Verschiebung von Muskelansatzstellen, Umlagerung von Lunge und Schwimmblase etc. Das erschwert die Identifikation der Teile ungemein, denn nach dem „Kriterium der relativen Lage im Gefügesystem" bleibt die Homologie-Feststellung nur so lange möglich, als sich die verglichenen Gebilde zur Ausgangsfigur verhalten wie Projektionen auf anders geneigte, gebogene oder gedrehte Flächen.

Häufig beurteilt der Wissenschaftler die Anlagegleichheit von Organen nach ihrem Bau im einzelnen: Skelettelemente mit Knochenkämmen, Gelenkhöhlen, Zähnen (vgl. Frage *a*.3); Chorda dorsalis von echten Wirbeltieren, Lanzettfisch und Seescheidenlarven nach ihrem Zelltyp; Fruchtblätter mit Samenanlagen; Zwiebelschuppen mit Spaltöffnungen; Darmtrakt mit Kiemenspalten; Schwimmblasen und Lungen mit Gefäßnetzen. (Abb. 10) „Wären Homologien nur durch Lagegleichheit im Gesamtgefüge erkennbar, so müßte es unmöglich sein, ein zerstörtes Fossil naturgerecht zusammenzusetzen." (REMANE).

Sind in den geometrischen Figuren die Verbindungspunkte nicht durch spezielle Zeichen markiert (Abb. 11), so ist kaum zu entscheiden, ob der rechte obere Eckpunkt sich verschoben, geteilt oder ganz zurückgebildet hat. Wechselt die Anzahl der Teile stärker oder ist die relative Lage im Gefüge-

Abb. 11: Die spezielle Qualität der Strukturen kann über die Homologie-Verhältnisse entscheiden, wenn die Anzahl der Teile wechselt oder die relative Lage im Gefügesystem verändert ist. (2. Methodisches Kriterium).

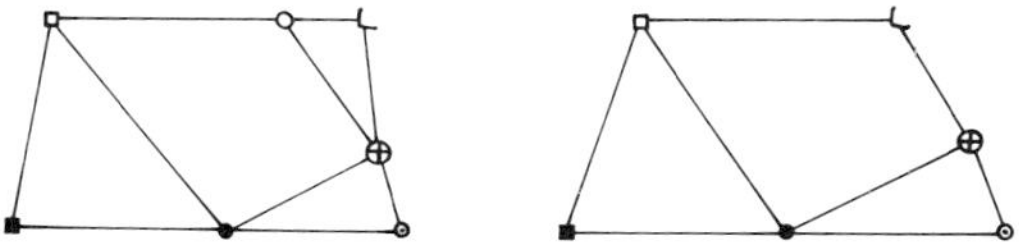

system tiefgreifend verändert, dann läßt sich mit Hilfe besonderer Merkmale einzelner Strukturen eine Entscheidung über die Homologie-Analogie-Verhältnisse herbeiführen.

Kriterium der speziellen Qualität der Strukturen:
Ähnliche Strukturen sind auch ohne gleiche relative Lage homolog, wenn sie in ausgeprägten Sondermerkmalen übereinstimmen.

Die Sicherheit der Verwandtschaftsermittlung nach Feinstrukturierung wächst nicht einfach mit zunehmender Zahl der Detailcharaktere, sondern mit ihrem Differenzierungsgrad (vgl. E 2). Daran wird wiederum deutlich, daß sich die phylogenetische Merkmalsanalyse keiner statistischen Auszählung unterwerfen läßt, daß vielmehr eine Wertung damit verbunden ist.

Aufgaben zu diesem Kriterium legen für den Schüler Verwechslungen mit analogen Strukturen nahe. Darum müssen wir den Unterschied rein funktionell bedingter Ähnlichkeiten von homologen Übereinstimmungen in bezug auf die Feinstruktur von Organen genauestens beachten. In den verschiedensten systematischen Gruppen sind physiologisch notwendige allgemeine Bauprinzipien realisiert: Oberflächenvergrößerungen bei allen Typen von Atmungsorganen, Schichtenbau wachsender Skelettelemente, Resorptionsstrukturen in Darmhöhlen, Linsenbildung bei Lichtsinnesorganen. Beispiele für Analogien: Entstehungsmodus und histologische Gliederung einer Fisch- und Krebskieme, eines Wirbeltier- und Weichtierskeletts; Darmblindsäcke des großen Leberegels, eines Seesterns, eines Säugers; Reflexionsschicht an der Hinterwand des Linsenauges der Katze und der Pilgermuschel.

c) Das Stetigkeits-Kriterium

Nicht selten ist der Phylogenetiker darauf angewiesen, nach Bindegliedern zu suchen, um unsichere Beziehungen zwischen Organen zu klären und damit Zweifel über eine gemeinsame oder getrennte Stammesentwicklung zu entscheiden. Dafür hat die Embryologie bisweilen unerwartete Zusammenhänge enthüllt (siehe D 2). Erst recht hat die Paläontologie „Brückenformen" ans Tageslicht gefördert, Entwicklungsrichtungen angezeigt und darüber hinaus relativ genaue Zeitvorstellungen von der Evolution vermittelt. Doch auch die adulten Stadien von Arten der gleichen systematischen Gruppe repräsentieren morphologische Zwischenformen. Alle genannten Bereiche steuern keine eigenständigen „Beweise" zur Deszendenzlehre bei, sondern liefern eben Untersuchungsmaterial für die Methode der vergleichenden Morphologie.

So ist es möglich, weit abgewandelte Organe, die selbst keine direkte oder eindeutige morphologische Beziehung erkennen lassen, auch dann zu homologisieren, wenn eine Zuordnung über andere Zwischenglieder sichtbar wird.

Abb. 12: Homologe und analoge Blütenstrukturen bei Hahnenfußgewächsen. Erst Zwischenformen vermögen die morphologische Identität zu entscheiden. a) Leberblümchen *(Hepatica nobilis)* mit Hochblättern, die einen Blütenkelch bilden, b) Scharbockskraut *(Ranunculus ficaria)* mit Blütenblättern als Kelch, c) Gartenanemone *(Anemone hortensis)* mit hochstehenden Laubblättern = Hochblättern, d) Sumpfdotterblume *(Caltha palustris)*, e) Christrose *(Helleborus niger)*, einige Blütenblätter sind zu Honigblättern umgewandelt, die Hochblätter zeigen einen Übergang zwischen Laub- und Kelchblättern an. (Nach REMANE).

Hierher gehören Beispiele für die vielen nicht unmittelbar ersichtlichen Homologien: Hochblätter, Kelchblätter und andere Blütenteile bei Hahnenfußgewächsen (Abb. 12), Beziehung von Vorderdarm, Schwimmblasen und Lungen, Chordareste bei allen Wirbeltierklassen (Abb. 13), Kalkkörperchen im Hautmuskelschlauch von Seewalzen, Hypobranchialrinne der Manteltiere und des Lanzettfischchens mit der Schilddrüse der echten Wirbeltiere, Primäres und Sekundäres Kiefergelenk bei Reptilien und Säugern, Mundwerkzeuge der Insekten (Einschränkung vergl. B 1, zweiter Absatz). Gegenbeispiele (nicht homolog): Zirbeldrüse und Parietalauge, Nauplius- und Scheitelauge bei Kleinkrebsen, Kelchblätter von Leberblümchen und Scharbockskraut (Abb. 12).

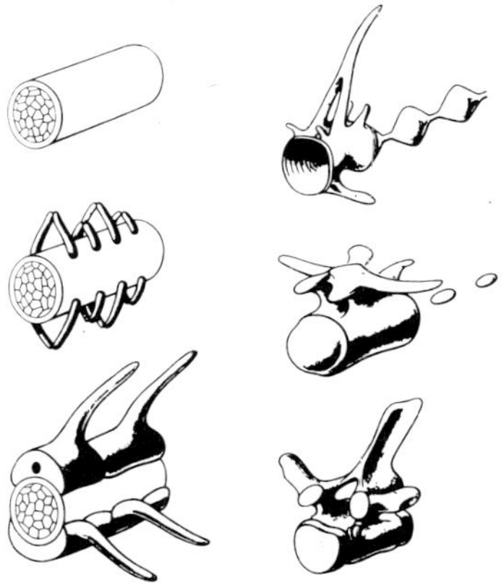

Abb. 13: Anteil und Lageverhältnisse von Chorda und Skelettmaterial am Stützapparat verschiedener Wirbeltiergruppen. Linke Spalte: Lanzettfischchen, Neunauge, Stör; rechte Spalte: Knochenfisch, Amphibien und Reptilien, Säuger. (LIEDER-Dia 88.02).

Auch diesen Homologie-Zusammenhang können wir auf wenige Glieder mit geometrischen Figurenpaaren vereinfachen, indem wir zunächst zwei Endzustände zeichnen, die mehrere Deutungen offenlassen (Abb. 14). Anschließend fügen wir eine Reihe von Zwischenformen hinein, die scheinbar die Identifizierung eindeutig festlegen. Sogleich schieben wir noch weitere Denkmöglichkeiten ein, so daß die methodischen Schwierigkeiten bei diesem Verfahren nicht übersehen werden.

Kriterium der Verknüpfung durch Zwischenformen:

Selbst unähnliche oder verschieden gelagerte Strukturen sind homolog,

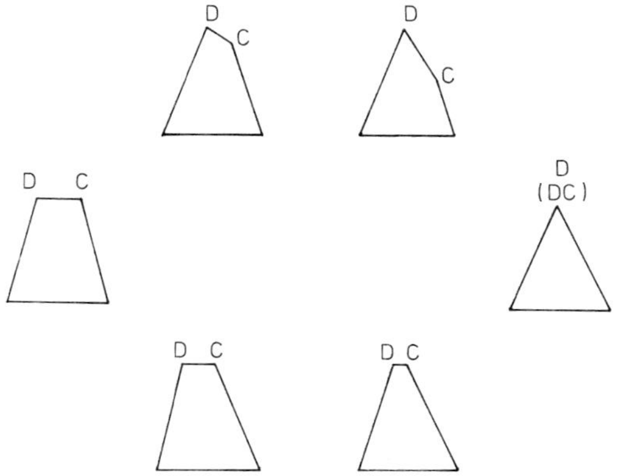

Abb. 14: Zwischenformen ermöglichen erst eine sichere Homologisierung der neuen Struktur mit Teilen der Ausgangsform. (Entsprechend dem 3. Method. Kriterium).

wenn Zwischenformen nachweisbar sind, für welche die Bedingungen eines anderen Kriteriums erfüllt sind.

Streng genommen ist also das dritte methodische Kriterium kein unabhängiges Kriterium der Homologie-Feststellung, sondern eher eine Anweisung, die beiden Hauptkriterien optimal anzuwenden.

Sicherheitshalber sei noch einmal daran erinnert: Alle Homologie-Kriterien verlangen nicht, daß die homologen Strukturen genetisch oder entwicklungsphysiologisch gesehen auf absolut identisches Material zurückgehen (z. B. vom gleichen Keimblatt entstehen), obwohl das häufig der Fall ist.

Anhangsbemerkungen zum Einsatz der geometrischen Figurenpaare: Da die organische Vielfalt den jungen Menschen nicht nur begeistern, sondern auch verwirren und überfordern kann, ist es ratsam, die abgebildeten oder ähnliche „Strukturbilder" skizzenhaft vor den Augen der Schüler jeweils im rechten Moment entstehen zu lassen. Anhand weniger Striche ist augenscheinlich das Wesentliche beim Vergleichen viel leichter zu überblicken, ebenfalls die Unlösbarkeit gewisser Homologie-Probleme besser einzusehen als an einem Tier oder einer Pflanze. So leuchtet manchen Schülern erst mit dieser optischen Hilfe ein, daß es unmöglich ist, ohne Zwischenformen Endstadien von Organen in sichere Beziehung zu setzen, wenn gleichartige Teile vermehrt oder vermindert sind (Abb. 7). Andererseits lassen sich auch komplizierte Homologie-Fälle hiermit modellmäßig nachahmen. Die Figuren regen die Schüler an, diese umzuformen und neue auszudenken. Eine spielerische Manipulation birgt allerdings in manchen Oberklassen die Gefahr der Ablenkung von der Wirklichkeit der Lebensstrukturen in sich. Darum sollten derartige Hilfsmittel nur in enger Objektnähe eingesetzt werden. Ohne Zweifel bieten sie dem visuell Aufnehmenden eine effektive Merkhilfe, so daß die Homologie-Kriterien als Fundamente phylogenetischer Arbeit sinnvoll gefestigt und als Lernwissen jederzeit abgerufen werden können.

Die Bedeutung der methodisch gesicherten Homologie-Ermittlungen liegt in der Wissenschaft wie im Unterrichtsgang in folgendem:

Wenn bei einer Gruppe von Pflanzen oder Tieren sich einige Organe als homolog erwiesen haben, dann sind es erfahrungsgemäß auch andere Strukturelemente. Wenn nun weiterhin die Theorie der Homologie stimmt, also Homologie auf realer Zeugungsverwandtschaft beruht, dann ist die exakte Feststellung von Homologien der erste grundlegende Schritt zur Rekonstruktion der Stammesgeschichte (siehe II. Teil).

B 4. Homologie in der idealistischen Morphologie

Unter den Beispielen für Homologisierungsübungen (Tab. 1) sind die in manchen Lehrbüchern enthaltenen „Metamorphosen" von Pflanzenorganen nicht angeführt. Es mag reizvoll sein, unterschiedlich ausdifferenzierte Gebilde wie Knollen, Zwiebeln, Ausläufer, Ranken, Dornen, Fangeinrichtungen u. a. m. als Sproßachse, Blatt oder Wurzel anzusprechen. Dieses Aufdekken abgewandelter Grundelemente der Samenpflanzen zielt mehr auf einen vorgestellten Typus der Angiospermen hin: die Urpflanze. Die Urpflanze ist jedoch keine Ahnenform, sondern „verkörpert vielmehr das Gestaltungsprinzip des höheren Pflanzenreichs schlechthin." „Ein eigentliches methodisches Hilfsmittel zur Erarbeitung des Typus gibt es aber – mit TROLL – nicht; hierzu bedarf es – nach seiner Ansicht – lediglich der ‚glücklichen Eingebung des Augenblicks'." (ROTH).

Die Rückführung funktionell und anatomisch schwer erkennbarer Organe auf die grundlegenden Bauabschnitte der Blütenpflanzen (Wurzel, Sproßachse und Blatt) liefert für die phylogenetische Fragestellung höchstens eine Antwort wie: Die Kartoffel ist mit der Agave generell, d. h. als Blütenpflanze überhaupt, verwandt. In welcher stammesgeschichtlichen Beziehung das Nachtschattengewächs mit dem Narzissengewächs verknüpft ist, also über den Grad der Verwandtschaft, darüber gestatten derartige Homologisierungen keinerlei Aussagen. Ja, sie verbauen dem Anfänger den Weg zum Aufstellen echter Stammbäume (vgl. II. F).

Es handelt sich hierbei um die Betrachtungsweise der idealistischen Morphologie. Sie sucht die Mannigfaltigkeit auf einen gemeinsamen Bauplan ohne den historischen Aspekt rückzubeziehen. Damit weicht sie dem schwierigsten morphologischen Problem aus: In welcher Richtung sind die Merkmale abgewandelt? Im Gegenteil, es wird auf eine bestimmte Reihenfolge in linearer Anordnung absichtlich kein Wert gelegt. Der als „reine Form" herausdestillierte Typus ist ein geistiges Urbild, das für das Vergleichen als vorgestellte Basis wohl brauchbar ist; es darf jedoch nicht als Ahnenform eingesetzt werden. Der Typus ist seinem Wesen nach Ausdruck einer begrifflich oder ideell geschauten Einheit, die eine Vielzahl unter sich abweichender Ausführungsvarianten zuläßt. Die Phylogenetik hingegen erstrebt in ihrer Endaussage nicht eine Zentralform als Idee oder gedankliche Abstraktion, sondern ein konkretes Wesen, welches tatsächlich existiert hat. Sie sucht diesen Organismus zu rekonstruieren oder ihn in einem geborgenen Fossil aufzufinden.

Diesen Gegensatz zwischen der *heutigen* idealistischen und phylogenetischen Morphologie sollte man den Schülern am besten zunächst vorenthalten, indem man andere Beispiele für die Homologisierungsübungen auswählt.

Für die kausale Fragestellung der Evolutionistik können die für den obigen Zweck eben verworfenen „Metamorphosen" der Angiospermen Musterbeispiele für Konvergenz abgeben. Sukkulente Speicherorgane (Kakteen, tropische Wolfsmilchgewächse, Mittagsblumengewächse), Halteeinrichtungen (Wurzelranken bei Efeu und Vanille, Sproßranken bei der Passionsblume, Blattranken bei Schmetterlingsblütlern), komplizierte Infloreszenzen (von einer einfachen radiären Blüte über eine lockere Synorganisation, z. B. der Kornblume, zur extremen Korbblüte). Jene oft durch gleiche Lebensbedingungen beeinflußte Übereinstimmung entscheidender Organe oder ganzer Organismen unterschiedlicher Anatomie können später als unwiderlegbarer Beweis für das Faktum des Angepaßtseins herangezogen werden (vgl. III J.).

Weiterhin wird an der idealistischen Morphologie offenkundig, daß sich Morphologie auch ohne phylogenetische Interpretation treiben läßt. Dieser primäre Sachverhalt ist demjenigen, der Phylogenetik verstehen lernen soll, zunächst nicht ohne weiteres einsichtig; der Zusammenhang von reiner Morphologie und phylogenetischer Anwendung ist andererseits gerade bei der theoretischen Trennung des Homologie-Phänomens und seiner Ursache wichtig.

Nicht zuletzt kann es wissenschaftshistorisch ergiebig sein, *nach* sachlicher Grundlegung der Abstammungslehre die Wurzeln der Phylogenetik in der genialen Schau GOETHES aufzuspüren. Man sollte aber vermeiden, die vorphylogenetische Entwicklung der morphologischen Methode (CUVIER, DE CANDOLLE, GOETHE) mit der Konzeption jüngerer idealistischer Morphologen (GOEBEL, DACQUÉ, TROLL) zu vermengen, obschon letztere GOETHE als ihren geistigen Ahnherrn gerne zitieren. Denn schließlich liegen die weltbewegenden Veröffentlichungen DARWINS dazwischen.

Literatur

GOETHE, J. W.: Schriften zur Botanik und Wissenschaftslehre dtv Gesamtausgabe 39.

BERCK, K.: Der Homologiebegriff im Biologieunterricht. MNU *23,* 1. Bonn–Frankfurt 1970.

DIEHL, M.: Der Homologie-Begriff im Unterricht über Abstammungslehre. Biologieunterricht *4,* 2. Stuttgart 1968.

PORTMANN, A.: Einführung in die vergleichende Morphologie der Wirbeltiere. pp. 335 2. Aufl., Basel 1965.

REMANE, A.: Gedanken zum Problem: Homologie und Analogie, Praeadaptation und Parallelität, Zool. Anz. *166,* 9/12, 1961.

REMANE, A.: Über die Homologisierungsmöglichkeiten bei Verbindungsstrukturen und Hohlräumen, Zool. Anz. *170,* 11/12, 1963.

REMANE, A., STORCH, V. und WELSCH, U.: Evolution, pp. 241 dtv, München 1973.

C. Rudimente

C 1. Neuentfaltung oder Rückentwicklung?

›Rudimente sind rückgebildete Organe.‹ Diese Auffassung ist dem Biologen geläufig; dem Schüler kann sie nur dann zwingend zur Denknotwendigkeit werden, wenn er vor eine echte Alternative gestellt wird: „Entsteht aus jenem Gebilde ein Organ, dessen Funktion sich schon aus der gegenwärtigen Struktur herauslesen läßt, oder war es ein ehemals funktionstüchtiges Organ, dessen Leistungsrichtung sich noch in seinem speziellen Bau widerspiegelt?" Jedenfalls ist es verfehlt, mit dem Begriff Rudiment vorschnell die Blickrichtung des Lernenden auf Rückbildung festzulegen, selbst wenn er den Inhalt des Begriffes frühzeitig findet. Immer sollte die Problematik in der Deutung solcher Organabwandlungen – Desorganisation oder entwicklungsträchtige Anlage – durch Für und Wider erörtert werden.

Zur ersten Einführung wählt man entweder ein typisches Rudiment, für welches eine Funktion so gut wie ausgeschlossen ist, oder man beginnt gleich mit einem funktionell nicht völlig ausgeschalteten Gebilde, läßt aber die Rest- bzw. Sekundärfunktion vorläufig noch unerwähnt. Typische Rudimente sind wegen ihrer auffallenden Unstimmigkeit zwischen Struktur und Leistung im Gesamtorganismus leichter als Rückbildung anzusprechen und in der tatsächlichen Abwandlungsrichtung phylogenetisch zu interpretieren. Rudimente mit Sekundärfunktionen sind schwieriger einzuordnen und verleiten zu Fehldeutungen; dafür können die in Rede stehenden Strukturen spannungsvolle Alternativentscheidungen herausfordern, zumal wenn die betreffende Pflanzen- oder Tierart den Schülern vorerst gänzlich unbekannt ist.

a) Unterrichtsbeispiel zur ersten Gruppe

Man projiziert ein Lichtbild vom Skelett des Grönlandwales (Abb. 15, Lieder – Dia 88.23), läßt alle Skelettelemente beschreiben und vermeidet sel-

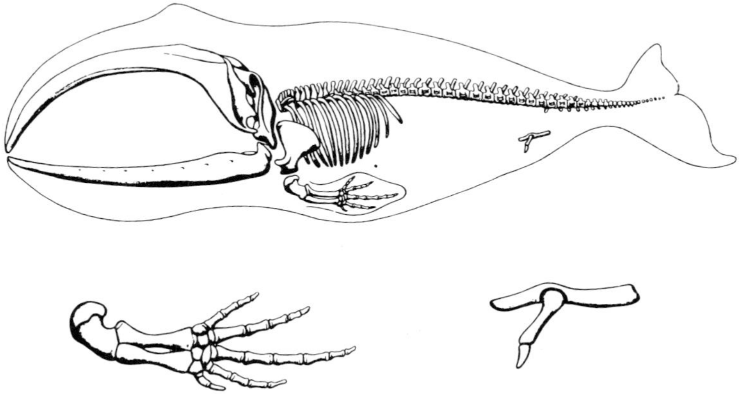

Abb. 15: Skelett des Grönlandwals. (LIEDER-Dia 88.23).

ber Ausdrücke wie „rückgebildetes Becken", „reduzierte Extremität" oder gar „Rudiment". Neutrale Fragen regen eher zum Überlegen an: „Warum hat der waagerecht liegende Knochen, der zu Beginn des hinteren Körperdrittels mitten in das Muskelfleisch eingebettet ist, eine Höhlung? Warum liegt in dieser offenen Kugelschale ein weiterer Knochen?"

Es ist relativ einfach – sofern die ersten beiden Homologie-Kriterien zuvor abgeleitet worden sind –, für die im Verhältnis winzigen Knochenelemente einen exakten Homologie-Beweis zu führen. Man kann dieses Beispiel auch vorteilhaft in die Ableitung des zweiten methodischen Kriteriums der Homologie mit einbeziehen. Kommt der Gedanke an eine Rückbildung sogleich als selbstverständlich auf, so empfiehlt es sich, für die stets vorhandenen Skelettelemente eine Funktion hypothetisch zu konstruieren, etwa: Ansatz für wichtige Muskeln der hinteren Körperregion (wie bei *Delphinapterus* tatsächlich für Bewegungsmuskeln des Genitalapparates). Trotzdem läßt die eindeutige Homologie mit Becken und Oberschenkel von Landsäugern nur die Vorstellung einer Verkümmerung zu. Keinesfalls darf sich hier die Kenntnisvermittlung in einer problemlosen Information erschöpfen.

Die Beispiele der ersten Gruppe lassen sich beliebig anders auswählen (vgl. Tab. 2). Sie haben den Vorteil, daß die Diskrepanz zwischen Feinbau und Funktion den Schülern unmittelbar einsichtig wird. Freilich können Lesefreudige manche Paradebeispiele zur Rudimentation, die in Lehrbüchern angeführt sind, sogleich als solche abstempeln und damit eine echte Diskussion im Keime ersticken. Die reine Hinnahme eines sog. „Beweises" zur Deszendenztheorie ist jedoch zu diesem Zeitpunkt des Kurses verspätet. Besonders in der Kollegstufe sollte man deshalb entweder ein weniger zitiertes Beispiel oder eines aus der folgenden Gruppe zur Ableitung vorstellen.

b) Unterrichtsbeispiel zur zweiten Gruppe

Ohne Vorbereitung oder Kommentar projiziert man ein Bild von der Brückenechse (*Sphenodon punctatus*, Abb. 16). Hat man früher eine zeichne-

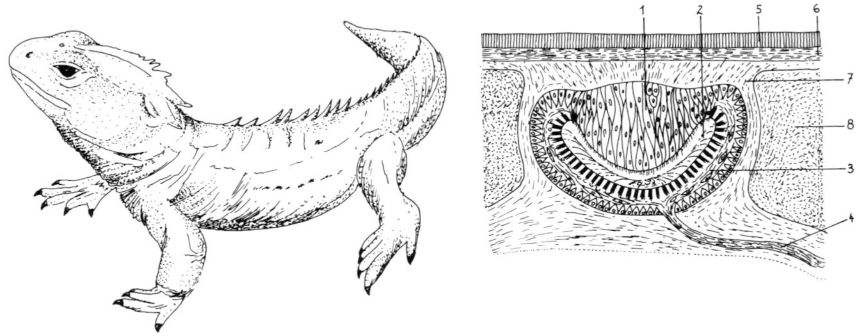

Abb. 16: Brückenechse *(Sphenodon punctatus)*. Daneben: Scheitelorgan einer Eidechse (Medianschnitt). 1 obere Schicht des Bläschens mit etwas Pigment, 2 glaskörperartiger Raum, 3 pigmentreiche Sinnesschicht, 4 Nerv, 5 Epidermis, 6 Cutis, 7 Pinealfenster des Schädels, 8 Hautknochen des Schädeldaches (Scheitelbein). (Kombiniert nach BREHM u. PORTMANN).

risch ähnlich dargestellte Rekonstruktion eines Fossils gezeigt (Archaeopteryx, Saurier, Quastenflosser), bleibt auch nach Beschreibung der Totalansicht vorerst sogar unentschieden, ob es sich um eine ausgestorbene oder heute noch lebende Art handelt. Zumeist wenden die Schüler bald ihre Aufmerksamkeit dem Schnittbild zu.

Nur wenn die Eingliederung nicht gelingt, müßten wir für die Zuordnung an der richtigen Körperregion eine Hilfe geben, etwa auf den Fleck dorsalmedian von den Seitenaugen hinweisen, nicht aber den Terminus Auge nennen. Für Schüler mit guten anatomischen Kenntnissen liegt die Vermutung „Auge" nahe, doch halten wir dieser Deutung die unvollkommene Ausbildung der Struktur im Vergleich zu unserem Auge entgegen, indem wir den histologischen Schnitt genauer betrachten. Damit bleiben der Auswertung andere Versionen offen. Freilich geht das nur, wenn man früher nicht das Parietalauge von Blindschleiche, Grasfrosch oder Dachschädlern (Stegocephalen) besprochen hat.

Schließlich lösen einige Daten über Vorkommen, Lebensweise und Baueigentümlichkeiten wie auch der Name die Spannung um das fragwürdige Tier: Keine Fossilrekonstruktion, Vorkommen heute nur noch auf einigen der Nordinsel Neuseelands vorgelagerten Inselchen; Dämmerungstier, Wohnhöhlen oft zusammen mit Sturmvögeln, klettert und schwimmt behende; Nahrung: Regenwürmer, Heuschrecken, Schnecken, Krabben, Vogeleier; Hornschuppen liegen fest der Haut an, decken sich nicht dachziegelartig, Wirbel beidseitig eingewölbt (amphicoel), dazwischen Chordareste wie bei Fischen, Unterkieferhälften durch ein Faserband verbunden (ähnlich Schlangen), zweite Knochenbrücke (zwei Jochbögen) über der Schläfenöffnung (Name), hakenförmige Rippenfortsätze ähnlich wie bei Vögeln, kein Trommelfell, kein Begattungsorgan; während der Trias und des Jura Formenmannigfaltigkeit auf allen Kontinenten.

Wenn man die altertümlichen Merkmale betont und zuvor schon Fossilien in die Homologisierungsübungen mit einbezogen wurden, können Schüler der Studienstufe jetzt bereits den Inhalt des Begriffes „lebendes Fossil" herausarbeiten (vgl. E 3).

Die Hauptfrage über das Organ, welches fast wie ein Auge gebaut ist, mit dem die Brückenechse aber nicht sehen kann – das müssen wir zunächst vereinfachend mitteilen –, bliebe damit noch ungeklärt: „War das einmal ein Auge oder wird daraus ein Auge?" Das sind die Alternativen, deren denkmögliche Glieder der Schüler selbst abwägen und eine Entscheidung treffen sollte.

Beim Grasfrosch ist für das entsprechende Stirnorgan mit elektrophysiologischen Methoden eine spektrale Sensibilität nachgewiesen, die sogar verschiedene Adaptationszustände zeigt (dunkeladaptiert blaugrün 500 nm, helladaptiert gelbgrün 560 nm). Auch die absolute Reizschwelle, die gerade noch eine Änderung der Impulsfrequenz auszulösen vermag, gleicht derjenigen der Seitenaugen. Grundsätzlich abweichend ist das Erregungsmuster: Belichtung erzeugt Hemmung der Impulse, niemals Erregung der ableitenden Fasern.

Für das Scheitelauge der Brückenechse ist ein ähnlicher Mechanismus anzunehmen.

Form- und Bildsehen ist nach allem bisher Bekannten für Parietalaugen auszuschließen. Die einfache Lichtperzeption und endogene Rhythmik könnte im Prinzip auch ein anderes und einfacher gebautes Organ ausführen. Die Grundfrage bleibt unabweisbar: „Warum ähnelt der Feinbau des Stirnorgans so sehr dem eines Seitenauges?" Die auffallenden Merkmalsübereinstimmungen zwingen uns zu der Annahme, daß hier „historische Reste" eines ehemaligen Organs mit weiterem Leistungsbereich vorliegen. Die andere Alternative, eine jahrmillionenwährende funktionslose und adaptationsfreie Evolution zu einem hochkomplexen Sinnesorgan, widerspricht allen biologischen Erfahrungstatsachen. Die vorgefundene Disharmonie zwischen Struktur und Funktion kann nur durch die Annahme einer Rückbildung, gewissermaßen als „Anpassung von gestern" (Osche), gedeutet werden.

C 2. Rudimentation und Funktionswechsel im Tierreich

Tabelle 2: Rudimentation und Funktionswechsel im Tierreich

Rückgebildete Struktur	Art bzw. Gruppe	Besonderheiten	Lehrmittel
Becken, Hinter- extremität	Wale, bes. Grönlandwal Riesenschlangen Erzschleichen Scheltopusik	sehr kleine Beckenreste noch zwei Oberschenkelreste herausragende Kralle am Platz der "Hinterextremität" winzige Hintergliedmaßen	LIEDER-Dia 88.23 Abb. 15 PHYWE 36, 37
Brustflossen	Muräne Schlammspringer	 Funktionswechsel zu Kriech- und Stemmkletterorganen	
Schulter- und Beckengürtel	Blindschleiche	Bsp. für Homologisierung	R 692 PHYWE 38
Zehen	Pferd, Rind Haushunde Strauß	an Vorder- und Hinterextrem. Griffelbeine "Afterzehen" (Atavismus) "Wolfsklaue" zweite viel kleinere Zehe fast immer krallenlos	Hand- oder Fuß- skelett, L-D 88.26 LIEDER-Dia 88.66
Flügel von Vögeln	Strauß, Nandu, Emu, Kasuar, Kiwi, Inselkor- moran, Eulenpa- pagei Pinguine	Beschattung der Küken keine Schwungfedern Funktionswechsel zu Flossen (Homoiologie)	 FT 810 R 726, 9 FT 593 FT 488 Kaiser- pinguine
Zähne	Eisbär Ameisenbären Schuppentier Honigbeutler Narwal Mensch	winzige Lückenzähne 000(1) | 1000 0000 | 0000 Weisheitszahn	Lieder-Dia 88.29
Flügel von Insekten	Laufkäfer Kurzdecken- flügler Heuschrecken: Metrioptera Pholidoptera Chrysochraon Leuchtkäfer Frostspanner Zwetschgen- und Schlehenspinner Ameisenwespe Mücken, Fliegen	Hinterflügel, fluktuierend artkennzeichnend ♂ Funktionseinengung zum Zirpapparat ♀ kurzflügelig Sexualdimorphismus, nur ♀ stummelflügelig Funktionswechsel zu Schwingkölbchen	genadelte Präpa- rate mit ausge- breiteten Deck- und Hinterflü- geln LIEDER-Dia 88.30 Wandkarten
Kalkskelett	Bernsteinschnecke Ackerschnecke Wegschnecke	glasklares, zartes Gehäuse zartes Kalkplättchen unter dem Mantel Kalkkörnchen im Mantel	an Grabenrändern in Gärten im Laubwald

Augen und Pigment	Maulwurfsratte Grottenolm Brunnenmolch Höhlensalmler	 fertile Bastarde mit oberirdischer Stammform (Astyanax) gezüchtet	GRZIMEKs T. PHYWE 47, 48 im Aquarienhandel
	Höhlenkrebse, -käfer, -spinnen Tiefseefische, -krebse	 manche Arten mit großen Augen	Film: The cave community
	Süßwasserdelphin Blindwühlen	Lebende Fossilien mit einziehbarem Taster vor den Augen	KRUMBIEGEL Abb. 8 PORTMANN Abb. 21
Fortpflanzungsorgane	Vögel (Mehrzahl) außer Taggreife	ohne oder mit winzigem rechtem Hoden	PORTMANN Abb. 192
Sinnesorgane	Blindschleiche, Grasfrosch, Elritze, Brückenechse	Parietalauge, Restfunktion als innersekretorische Drüse Lichtperzeption für einige Wellenlängen	PHYWE 49 V-Dia vergl. C 1 Abb.16 DODT, Umschau 68
Haarkleid	Mensch	Streichrichtung mit Affen vergleichen	
Steißbein	Mensch	gelegentlich äußerer Schwanz	REMANE Abb. 48
Ohrmuschelmuskeln	Mensch	DARWINscher Ohrhöcker	
Nickhaut	Säuger, bes. Homo	vergl. Sauropsiden	
Wurmfortsatz	Mensch u. Affen	Lymphatisches Organ, Appendicitis auch bei Gibbons häufig	KRUMBIEGEL Abb. 3

C 3. Phylogenetische Auswertung

Einige weitere möglichst verschiedenartige Beispiele (Tabelle 2) sollten das erste Rudiment ergänzen, um hinreichend Material für eine Charakterisierung des Rudimentationsprozesses und seines heutigen Momentanzustandes zu gewähren. Damit kann schon jetzt ein Licht auf allgemeine phylogenetische Gesetzmäßigkeiten fallen (Siehe E).

Wenn von Schülern bei der Interpretation einer rückgebildeten Struktur scheinbar schlagkräftige Argumente zugunsten einer sich in Zukunft entfaltenden keimhaften Anlage (Oriment) vorgebracht werden, müssen gesicherte stammesgeschichtliche Merkmalsreihen, die z. T. fossil belegt sind, zur Klärung beisteuern (z. B. Stufenreihen von Napf-, Blasen-, Linsenaugen; diese kommen außer bei Mollusken und Chordaten auch bei Coelenteraten, Anneliden und Arthropoden vor, also sicher unabhängig voneinander).

Daraus ergibt sich dann, daß die phylogenetische Herausbildung komplexer Apparate (Synorganisationen) stets über voll funktionierende Organe geht (REMANE). Es kann angebracht sein, die rückgebildeten Augen und den Pigmentverlust bei Höhlentieren schon hier anzuführen, weil uns die regressive Evolution noch deutlicher anspricht. Wir gelangen zu dem Schluß: Die uns beschäftigenden Strukturen sind nur als desorganisierte Gebilde zu deuten, d. h. sie sind rückläufig von dem ursprünglichen inneren Funktionszusammenhang abgewandelt.

Sind Rudimente funktionslose Organe?

1. Völlige Funktionslosigkeit ist bei einigen zwar wahrscheinlich (Staubgefäße ohne Staubbeutel, Flügel von Frostspannerweibchen, Kasuar, Kiwi), doch nach den Erfahrungen der biologischen Forschung nicht mit absoluter Sicherheit anzugeben (Beckenrudimente bei einigen Walen).
2. Für manche Paradebeispiele der klassischen vergleichenden Anatomie kennen wir heute Funktionen, die durch anatomische Untersuchungen nicht ermittelt werden konnten: Wurmfortsatz mit aktiven Lymphfollikeln, Scheitelauge des Grasfrosches mit Hemmung des autonomen Erregungsmusters durch Lichteinwirkung, Balancehalten und Verhaltensrudimente anderer Flügelreaktionen bei flugunfähigen Vögeln.
3. Andere Strukturkomplexe haben im Verlauf ihrer Rückbildung neuartige Aufgaben übernommen und sich in diesem sekundären Bezug stabilisiert (Funktionswechsel): Legeapparat der Honigbienenarbeiterin als Stachel, Hinterflügel der Mücken als Kreiselstabilisatoren und Stimulatoren für die Flugbewegung, Flügel der Pinguine als Ruder- und Steuerorgane, Hinterleib bei Kurzschwanzkrebsen als Eihaltevorrichtung.
4. Bestimmte Rudimente lassen wegen ihrer weitgehenden Umwandlung nur noch schwierig ihre Ursprungsform erkennen: Stacheln der tropischen Wolfsmilchgewächse, Haarkelch beim Löwenzahn, Schwingkölbchen der Zweiflügler.

Alle Rudimente kennzeichnet jedoch eine gewisse Unstimmigkeit von Struktur und Leistung. Wir können ihren speziellen Bau und ihre Anordnung aus den gegenwärtigen Lebensbedingungen funktionell nicht erklären.

Ein Rudiment ist ein Organ ohne bzw. mit bauabweichender Funktion. Es ist in seiner Anlage stehengeblieben, so daß der volle Ausprägungsgrad, der einst in der Vorfahrenreihe realisiert wurde, heute nicht mehr erreicht wird.

Die Baueigenart rudimentärer Strukturen kann also nur stammesgeschichtlich verstanden werden. Rudimente durchbrechen hiermit ein oberflächliches Bild von der lebendigen Natur: die „Harmonie“ von Organismus und Umwelt. Sie ist eben doch nicht lückenlos.

Evolutionsbiologisch interessant und durchaus verständlich ist (vgl. J.), daß denjenigen Rudimenten, die offenbar ohne Gebrauch „mitgeschleppt“ werden, eine Vielgestaltigkeit innerhalb der Art (geographische Variation), ja Regellosigkeit (Fluktuation) eigentümlich ist, welche die übliche Variabilität der Organe bei weitem übertrifft.

In seltenen Fällen treten individuelle Abweichungen vom Art-Phänotyp zu Tage, die das stammesgeschichtlich abgebaute Merkmal in seiner ursprünglichen Gestalt zum Vorschein bringen, sog. Atavismen: Schwanz beim Menschen, mehrzehiges Pferd (Lieder-Dia 88.66), vierflügelige Mutante *„tetraptera“* bei *Drosophila melanogaster*, radiärsymmetrische Blüten bei Pflanzen mit arttypischer Achsialsymmetrie.

Aufgabengruppe C

Untersuchen Sie die Flügel der vorgelegten Insektenart vergleichend-morphologisch und deuten Sie ihre Ausbildung phylogenetisch!

a) Zeichnen Sie ein Präparat, besonders die Flügelstrukturen, und beschreiben Sie das Exemplar!
b) Wie stellen Sie sich die Fortbewegung dieser Art vor bzw. was wissen Sie über die Lebensweise dieser Tiere?
c) Versuchen Sie, die stammesgeschichtliche Entwicklung dieser Art in bezug auf das Merkmal Flügel zu rekonstruieren!
d) Welche Evolutionsfaktoren können die spezielle Ausbildung derartiger Organe beeinflußt haben?

Objekt:

Laufkäfer, z. B. Goldlaufkäfer (*Carabus auratus*), Körniger Laufkäfer (*C. granulatus*), genadelt unbeschriftet, die winzigen häutigen Flügel und die Deckflügel hochgespannt, ein zweites Exemplar mit zusammengelegten Flügeln mit Beschriftung „Flügelhaltung im Leben“, oder ein lebendes Tier. Zum Vergleich ist ein gespannter Maikäfer oder ein anderer großer flugfähiger Käfer nützlich. Wenn zwei Deckflügel hochgespannt werden und kein flugfähiger Käfer zum Vergleich gegeben wird, nehmen Schüler mit geringen Tierkenntnissen an, die starken Deckflügel dienten als Tragflächen oder Propeller beim Fliegen. Auch ist es wichtig, nur solche Exemplare flugunfähiger Laufkäfer auszugeben, deren Hinterflügel auffallend klein im Verhältnis zum Körper sind, die häutigen rudimentären Flügel variieren nämlich – wie viele Rudimente – in ihrer Größe innerhalb einer Population.

Voraussetzungen: (Wenn als Aufgabe für Sekundarstufe II)
Wiederholung der Insektenmorphologie, Insektenflug. Homologie, Rudimentation an andersartigen Beispielen, allenfalls rudimentäre Flugorgane bei Vögeln. Funktionswechsel.

zu c) Besonders ertragreich, wenn Merkmals- und Sippengeschichte unterschieden.

zu d) Ergiebig nur auszuschöpfen, nachdem Kausalanalyse der Evolution behandelt, andernfalls Gefahr simplifizierenden Selektionismus'.

Ergänzungs- und Abwandlungsmöglichkeiten:

Vergleich von Laufkäfer mit irgendeinem größeren flugfähigen Käfer. Anstelle eines Laufkäfers kurzflügelige Laubheuschrecken (*Pholidoptera cinerea* = *griseoaptera*, *Metrioptera roeseli* und *M. brachyptera*), von letzterer existieren gelegentlich auch langflügelige Individuen. Frostspanner, Kleiner F. (*Cheimatobia*) günstiger, weil das Weibchen noch mit verknitterten Flügelstummeln, ähnlich Zwetschgen- und Schlehenspinner (*Orgyia*). Leuchtkäfer (*Lampyris noctiluca*). Schaflausfliegen (*Lipopterna, Crataerrhina*), einige werfen sekundär die Flügel ab.

Anspruchsvoller ist ein Vergleich zwischen einer Art, bei der die Rudimente auffallen, und einer Art, bei der mit der Flügelrückbildung ein Sexualdimorphismus oder Funktionswechsel gekoppelt ist, z. B. große Zweiflügler wie Schnaken (*Tipuliden*), Raubfliegen (*Asiliden*) mit gut sichtbaren Schwingkölbchen.

Verschiedene Blüten mit Staminodien: Scrophulariaceen, Blütenpflanzen mit reduzierten Laubblättern bis zu Parasiten (Kleeseide *Cuscuta*).

Literatur

KOSSWIG, C. und PETERS, N.: Die Evolution der Höhlentiere. Bild d. Wissenschaft *10*, 1967.

KRUMBIEGEL, I.: Rückbildungserscheinungen im Tierreich. Neue Brehm-Bücherei 283 Wittenberg 1961.

D. Ontogenese und Phylogenese

„Die Ontogenesis ist die kurze und schnelle Rekapitulation der Phylogenesis", formulierte ERNST HAECKEL sein Biogenetisches Grundgesetz in der ersten Fassung (Generelle Morphologie I, 1866). Heute betonen die Lehrbücher Vorbehalte und Einschränkungen, die aber HAECKEL teilweise selber diskutiert hat (1875). Ein Anthropologe meinte sogar: „Der Schluß von der Ontogenese zur Phylogenese ist also als zu gefährlich abzulehnen", weil man relativ junge, spezifisch menschliche Merkmale nicht ohne weiteres aus der Embryonal- und Jugendentwicklung von Anthropoiden ablesen kann. Der Human-Anatom BLECHSCHMIDT glaubt aus seinen Untersuchungen zur funktionalen Kinetik embryonaler Zonen und Anlagen – also aus spezieller Fragestellung an nur einer Art – das „vermeintliche ‚Biogenetische Grundgesetz'" durch „das neue ‚Genetische Grundgesetz von der Erhaltung des Stoffwechsels'" ersetzen zu müssen.

Dem steht entgegen, daß die konservativen Vorstadien aus der Ontogenese der rezenten Pflanzen und Tiere häufig stammesgeschichtliche Daten geliefert haben, welche durch unmittelbare Anschauung ausgewachsener fortpflanzungsreifer Individuen unklar oder gänzlich verborgen geblieben wären. Die entschiedene Ablehnung einer Korrelation zwischen Ontogenese und Phylogenese beruht einfach auf zu enger Induktionsbasis, insonderheit hinsichtlich der Abwandlungsmodi der Embryonalentwicklung.

Zweifelsohne sind Embryonen oftmals „schwer lesbare Urkunden der Stammesgeschichte" für den Wissenschaftler. Für den Unterricht dagegen gilt diese Warnung PORTMANNS nur bedingt und in zweiter Linie. Zwangsläufig müssen wir diejenigen Urkunden auswählen, die von der Forschung für lesbar befunden wurden. Solche Dokumente sollten wir aber trotzdem den Schülern zur Übersetzung anbieten, führt doch das „Studium der embryonalen Stadien oft zur Aufdeckung ganz unerwarteter Homologie-Verhältnisse". Nicht zuletzt basiert ein guter Teil der Verhaltensphylogenetik auf der Voraussetzung einer Ontogenese-Phylogenese-Entsprechung.

D 1. Rekapitulation und Ahnenform

„Gleicht die Phylogenese in ihrer Abwandlungsrichtung der Ontogenese?" ist das eigentliche wissenschaftliche Problem (ZIMMERMANN), welches von manchen Biologen als nicht befriedigend gelöst betrachtet wird.

Diese Frage können wir von der Mehrzahl der Schüler nicht erwarten. Deshalb dürfen wir sie schon gar nicht durch Darbietung irgendeiner Version des sog. Biogenetischen Grundgesetzes vorweg beantworten, bevor wir sie nicht mindestens an einem konkreten Beispiel aufgeworfen haben. Ebensowenig genügt ein erläuterndes Vorweisen mehrerer „Tatsachen aus der Keimesentwicklung der Lebewesen". Belege für eine Stammesentwicklung erscheinen dem Schüler, wenn er zuvor echte Homologie-Beweise geführt hat, als überflüssig, betrachtet er doch die Evolution bereits als Tatsache. Stellen wir einfach Strukturen, welche durch ihre Fossilgeschichte sicher belegt sind, ihren entsprechenden heutigen Durchgangsstadien von

Organanlagen gegenüber. Daraus ergibt sich der für den nicht Eingeweihten höchst erstaunliche Konnex zwischen Ontogenese und Phylogenese.

a) Unterrichtsbeispiel aus der Embryonalentwicklung

Man projiziert ein Lichtbild von der Embryonalentwicklung der Vogelhand (Abb. 17) und läßt die einzelnen Knochen beschreiben oder genau ho-

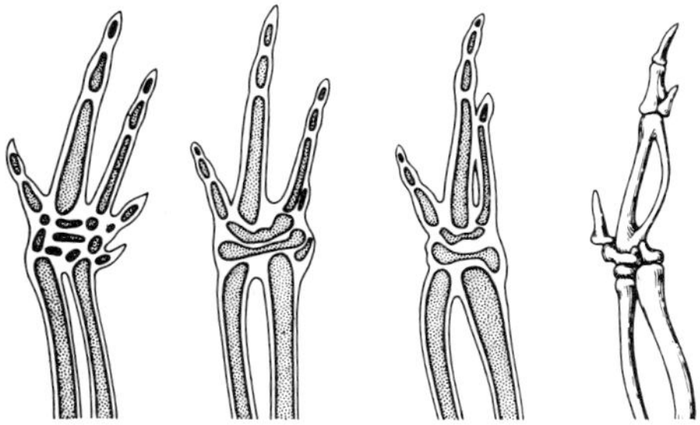

Abb. 17: Embryonalentwicklung der Vogelhand. (LIEDER-Dia 88.63).

mologisieren. Hatte man zuvor bereits Fossilien – einschließlich *Archaeopteryx* – und ihre Verwertbarkeit in der Phylogenetik propädeutisch eingeführt, so wird ein Teil der Klasse die Ansicht vertreten, es handele sich um eine Fossilreihe, also etwa um Stufen der Vorderextremität von Reptilien und „Urvögeln" bis zu heutigen Vögeln. Ist der *Archaeopteryx* noch unbekannt, so müßte er jetzt in Bildern vorgestellt werden. Wenn man die Herkunft der abgebildeten Knochen eine Weile offenläßt, kann die Entscheidung sogar spannend werden.

Bei der Diskussion sollte zunächst festgehalten werden, daß es sich bei derartigen Darstellungen – unabhängig von der Quelle des Materials – mit Sicherheit um eine gedankliche Aneinanderreihung in einer bestimmten Richtung handelt. Dieser Formzusammenhang braucht nicht unbedingt der historischen Abwandlungsrichtung zu entsprechen.

Nach gründlicher Besprechung aller anatomischen Einzelheiten, Vermutungen über die Gewinnung dieses Materials und Kritik an der Verknüpfung auf dem Lichtbild wird mitgeteilt, daß es sich hier in Wirklichkeit um Momentanphasen der Embryonalentwicklung handelt. Nun erst werden die Schüler – viele gänzlich überraschend – mit der dem Biologen geläufigen Parallele zwischen Individual- und Stammesentwicklung konfrontiert.

b) Unterrichtsbeispiel zur Larvalentwicklung

Man zeigt das Bild eines Haarsternes (Lieder-Dia 88.71) und anschließend oder gleichzeitig seine gestielte Tertiärlarve (Abb. 18). Die Beschreibung ergibt zwei ähnlich organisierte, aber unterschiedlich ausgebildete Tiere, deren Lebensweisen ebenfalls voneinander abweichen. Das festgewachsene juvenile Individuum erinnert, abgesehen von seiner geringen Größe, an die mächtigen gestielten Seelilien des Silur- (Wandkarte Altpaläozoikum) oder Jurameeres. Daher wird diese Spätlarve als Seelilienstadium bezeichnet. Auch heute leben noch Seelilienarten, vornehmlich in Tiefen unter dem Kontinentalschelf (200 m), die mit einem Stiel zeitlebens fest verankert sind. Vertreter der artenreicheren Ordnung der Haar- oder Federsterne (Comatulida) setzen sich lediglich während einer Periode der Jugendentwicklung – wohl einige Monate – mit einem Stiel fest, von dem sich der adulte Haarstern

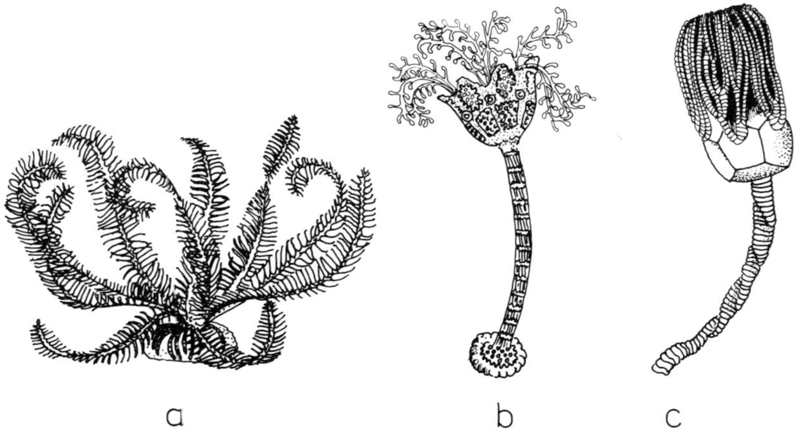

Abb. 18: Haarsterne. a) Der ausgewachsene Haarstern *(Antedon bifida)* klammert sich mit seinen Cirren an Steinen, Korallen oder Algen fest; Armlänge bis 8 cm, b) Das Seelilienstadium von *Antedon* (gestielte Tertiärlarve) bleibt ca. 3 Monate festgewachsen; gesamte Körperhöhe 4 mm, c) Seelilie *(Platycrinus)* aus dem Karbon; Höhe ca. 1—2 m. (Kombiniert nach LEUCKART, eigenen Aufnahmen und nach CARPENTER u. CUENOT aus GRASSÉ).

später loslöst und fortschwimmt (weitere Einzelheiten bei FECHTER in GRZIMEK III oder bei KAESTNER). Obschon die erwachsenen Haarsterne, mit ihren Zirren angekrallt, weitgehend stationär im Sediment oder auf Hartsubstrat verharren (hemisessiler Lebensformtyp), so weicht diese Verankerung ihres Adultstadiums doch ab von der ihrer Spätlarven. Das „Seelilienstadium“ trägt seinen Namen zu Recht, es rekapituliert in diesem Merkmal die ursprüngliche Organisation der Vorfahren aus dem Paläo- und Mesozoikum. Die Rückbildung des Stieles läßt sich bei Juraformen sogar direkt paläontologisch belegen.

Für diese Ableitung sind beide Wege gangbar, erst die Betrachtung der Larve und hernach der gestielten Vorfahren, oder umgekehrt. Entscheidend ist nur, daß der Zusammenhang zwischen Larval- und Stammesentwicklung nicht mitgeteilt wird, sondern die Daten so geboten werden, daß aus ihnen die Parallele zu folgern ist.

D 2. Zeugnisse der Stammesentwicklung aus der Embryonal- und Larvalentwicklung

a) Embryonalentwicklung (Tab. 3a)

Besonders eindrucksvoll sind die ganz enormen Umlagerungen, unter denen die Ausbildung des Blutgefäßsystems bei allen echten Landwirbeltieren (Amnioten) und auch schon bei vielen Lurchen (Amphibien) erfolgt. Ebenso weist die vorübergehende Ausbildung von Einzelmerkmalen wie Zahnanlagen, freien Wirbeln, Extremitätenknospen u. a. eindringlich darauf hin, daß die Wirkung ehemals erworbener Gene noch nicht völlig erloschen ist, selbst wenn sie keinen direkten Anpassungswert mehr besitzen. In der Frühontogenese der Tiere ist die Rekapitulationsrate am höchsten (Tab. 3 a). Ähnliches gilt für die Sproßpflanzen (Abb. 19).

Darüber hinaus können auch ältere Embryonen an ursprüngliche Zustände erinnern. Die Nestflüchter unter den Säugern (Huftiere, Wale, Robben) verschließen intrauterin die Sinnesorgane. PORTMANN sieht darin eine Wiederholung der für die primitiveren, weniger abgeleiteten Nesthocker (viele Insek-

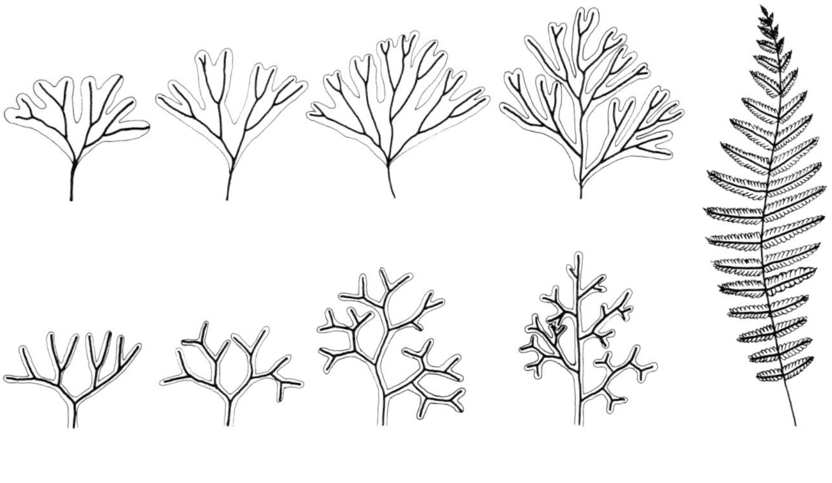

Abb. 19: Weitgehende Übereinstimmung der heutigen Individualentwicklung und der Stammesentwicklung bei der Entstehung eines Fiederblattes (jeweils nur ein Fiederchen dargestellt). Obere Reihe: Ontogenetische Folge der Jugendblätter eines heutigen Farnes *(Dryopteris concolor)*. Untere Reihe: Phylogenetische Herausbildung eines Altfarnblattes (etwa *Sphenopteris fragilis*). (Nach ZIMMERMANN).

tenfresser, Nager, Marder unter den Raubtieren) zweckmäßigen frühesten Jugendentwicklung. Seine weiterführenden Gedanken über den Menschen als „sekundären Nesthocker", d. h. im Hinblick auf seine zur arttypischen Aus-

Tabelle 3 a: Die Stammesentwicklung im Spiegel der Embryonalentwicklung

Organanlagen u. Systematische Gruppe	Besonderheiten	Lehrmittel
Vorderextremität, bes. Handskelett der Vögel	vergl. D 1.a	Abb. 17 FWU R 237. 9 u. 8 Lieder-Dia 88.63
Hinterextremität der Vögel	Verschmelzung von Schien- u. Wadenbein, Intertarsalgelenk: Einige Fußwurzelknochen verwachsen mit den Mittelfußknochen zum Lauf, andere mit dem Schienbein.	Lieder-Dia 88.64
Flügel-Krallen-Anlage b. Strauß	*Archaeopteryx*-Krallen	
Vordergliedmaßenanlagen der Blindschleiche		
Schwanzanlage der Eulen, Schwäne	zweiteilige Federanlagen "*Archaeopteryx*-Schwanz"	FWU R 237.10 Aus der Stammesgeschichte der Vögel Lieder-Dia 88.65
Schlüsselbeinanlage von Säugern ohne Schlüsselbein (Huftiere, Hunde, Katzen)		
Zwischenrippenmuskeln der Teichschildkröte	im adulten Stadium Rippen völlig unbeweglich im Panzer	
Schwanzwirbelsäule beim frühen menschl. Embryo		
Embryonale Wirbel bei Säugern	wie Stegocephalen-Wirbel *Seymouria*	
Anlage u. Ersatz d. Chorda bei Wirbeltieren		Lieder-Dia 88.60
Hinterextremitäten der Bartenwale		Lieder-Dia 88.53
Zahnglöckchen " "	brechen aber nicht durch	Lieder-Dia 88.52
7 freie Halswirbel " "	adult verwachsen	
Haarkleid " "		
Nasenmuschel mit Riechnerv der Bartenwale		
Schneidezähne, Anlagen b. Rind (oben) Gürteltier, Schnabeltier Stör	wenn der Stör noch einen Dottersack trägt	Lieder-Dia 88.51

(Forts. Tabelle 3 a)

Organanlagen u. Systematische Gruppe	Besonderheiten	Lehrmittel
Haarkleid des menschl. Embryos Stirnbeinnaht	Lanugohaare vom 3. bis 7. (- 9.) Fetalmonat	vergl. Lieder-Dia 88.68: "Junge Robbe"
Blutkreislauf bei Säugern und Vögeln Entstehung des Lungen- u. Körperkreislaufs wie bei der Metamorphose von Amphibien	Anlage der Schlundbogengefäße, Verbindung zwischen Lungenarterie u. Aorta (Ductus Botalli)	PORTMANN Abb. 178 MÖRIKE Abb. 328, 330, 329 Lieder-Dia 88.61, 88.54, 88.55 Vergleich mit dem adulten Zustand Hagemann-Karte "Atmung u. Blutkreislauf"
Intrauterines Nesthockerstadium (Verschluß der Sinnesorgane) bei nestflüchtenden Säugern: Huftiere, Wale, Robben, Primaten	Rekapitulation einer ursprünglichen Ontogenese	PORTMANN Abb. 224
Torsion des Eingeweidesackes bei Lungenschnecken und höheren Vorderkiemerschnecken		Abb. 8 Weichtier-Baupläne

reifung vergleichsweise langdauernde körperliche und soziale Abhängigkeit, könnten hier eingeflochten werden. Überhaupt dürfen die umweghaften Züge in der Embryonalentwicklung des Menschen nicht von der Behandlung tierischer Ontogenesen abgetrennt werden, im Gegenteil, sie gehören ja als organische Baueigentümlichkeiten zu jenen Merkmalen, die eine mit den übrigen Säugern gemeinsame phylogenetische Wurzel der Primaten begründen.

Ferner sollten wir nicht versäumen, uns Gedanken zu machen über den phylogenetischen Aussagewert typischer embryonaler Hilfsorgane wie Dottersack, Allantois, Plazenta etc. Hier scheint die Deutung als ontogenetische Eigenanpassung leicht, zumal man sich ja kein ausgewachsenes Individuum mit derartigen Organen als lebensfähig vorstellen kann. Schwieriger fällt die Entscheidung, ob die Urahnen aller Wirbeltiere einen Knorpelschädel besaßen oder nicht. Daß sich damit sehr aktiv leben läßt, beweisen die Haie und Rochen (Elasmobranchier); die Vorläufer aller übrigen Wirbeltiere sind aber „Panzerfische“ (Ostracodermata) mit intensiver Skelettbildungstendenz gewesen.

Ohne Zweifel zielen Strukturen der Frühontogenese in ihrem Ausbildungsgrad oft weit auf eine Funktion hin, die bei der rezenten Art niemals erreicht wird (Zwischenrippenmuskeln der Schildkröten, Zahnglöckchen der Bartenwale). Doch dabei handelt es sich meistens um eine keimhafte Ausformung unvollkommener Anlagen. Manche von ihnen könnte man als temporäre Rudimente bezeichnen. Zwar kennen bzw. vermuten die Entwicklungsphysiologen für einige dieser Strukturen einen dynamischen Einfluß während der Organsonderung und -verschiebung (z. B. Kiemenfurchen der Säuger als entwicklungsmechanische Wirkzonen); das verhindert aber nicht, daß wir eben diese spezielle Ausformung, welche für eine etwaige transitorische Entfaltungsfunktion nicht notwendig ist, als „historischen Rest“ interpretieren müssen.

b) Larvalentwicklung (Tab. 3 b)

Larven können uns direkt auf die Vorfahrenformen ihrer Art hinweisen (Lurche, Plattfische, Einsiedlerkrebse, Seescheiden, marine Nacktschnecken, Haarsterne), denn nicht selten tragen sie ursprüngliche Züge weiter, welche ihren ausgewachsenen Stadien verlorengegangen sind (Abb. 20). So besitzen die Larven („Querder“) des Flußneunauges *Lampetra fluviatilis* noch keinen Saugmund mit Zähnen, sondern eine Einstromöffnung mit lappenförmigen Tentakeln, die in einen Kiemendarm mit sieben Paar Kiemenspalten führt. In ihm werden – ähnlich wie bei Lanzettfischchen und Seescheiden – feinste Partikel aus dem Atemwasserstrom abfiltriert. Erst nach drei Jahren wird im Laufe der Metamorphose zum erwachsenen Neunauge die Öffnung zu einem trichterförmigen Maul mit spitzen Zähnen und Raspelzunge ausgebildet. Freilich können Reminiszenzen in einen neuen ontogenetischen Funktionszusammenhang eingeschaltet sein, der aber seinerseits häufig genug eine Rekapitulation der Lebensweise und des Verhaltens der Vorfahren sein dürfte („Schritt ans Land“, Übergang zum Bodenleben).

Von solchen Arten, die infolge einer sehr weitgehenden Anpassung an einen bestimmten Lebensraum (Boden, Darmtrakt, Hochsee) oder eine spezielle Lebensweise (Sandlückenbewohner, Parasit, Plankter, festgewachsen an Substrat im Meer) derart umgewandelt sind, daß ihre Adultstadien schwerlich als Vertreter ihrer Gruppe erkannt werden können, verraten uns häufig erst ihre Larven die phylogenetischen Zusammenhänge (Nauplius-Larven

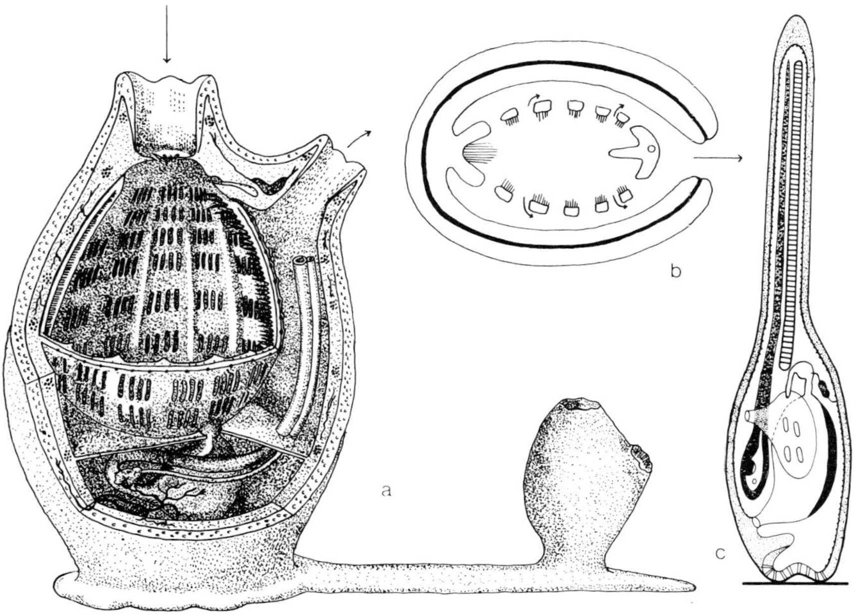

Abb. 20: Seescheide. a) Fortpflanzungsreifes Individuum mit Kiemenkorb als hochdifferenziertem Nahrungsfilter- und Gasaustauschsystem eines festsitzenden Meerestieres; am Ausläufer ein junges Individuum, das durch vegetative Fortpflanzung entstanden ist. b) Schematischer Querschnitt durch den Kiemenkorb und Peribranchialraum in Höhe der Ausströmöffnung. c) Die winzige Ruderschwanzlarve lebt nur wenige Stunden bis Tage ohne Nahrungsaufnahme als Plankter im freien Wasser, sie besitzt aber typische Chordatenmerkmale: Chorda, Neuralrohr mit eingestülptem Sinnesorgan, Kiemendarm.

parasitischer und festsitzender Kleinkrebse, Trochophora-Larven von Ringelwürmern und Weichtieren, Abb. 21).

Ist die Nauplius-Larve die gesuchte Ahnenform der Krebse, oder die Trochophora-Larve diejenige Form, welche Gliedertiere und Weichtiere an ihrer phylogenetischen Basis vereint? Diese Frage beleuchtet die Verwertbarkeit der Ontogenese für die Rekonstruktion der Phylogenese überhaupt. Ge-

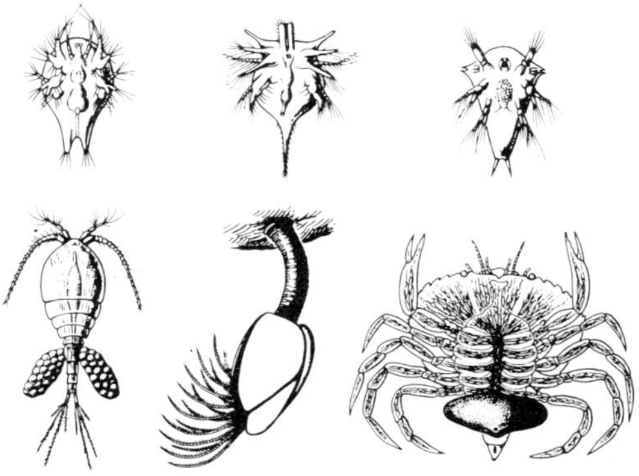

Abb. 21: Gleiche Organisation der Larven in drei äußerst verschiedenen Krebsordnungen. Obere Reihe: Planktische Nauplius-Larven, untere Reihe: die adulten Stadien, links: Hüpferling (*Cyclops,* Copepoda), Mitte: Entenmuschel (*Lepas anatifera,* Rankenfüßler, Thoracica), rechts: Wurzelkrebs (*Sacculina carcini,* Rhizocephala). (LIEDER-Dia 88.75).

rade bei Entwicklungsstadien verschiedener Gruppen, die im gleichen Lebensraum gleich fungieren (z. B. Verbreitung der Art), muß mit Konvergenzen gerechnet werden. Sind etwa die vielen bewimperten Larventypen (Müllersche Larve einiger Strudelwürmer, Miracidiumlarve der Saugwürmer, Pilidium-Larve der Schnurwürmer, Planula-Larve der Nesseltiere, Tornaria-Larve der Eichelwürmer, Trochophora-Larve der Weichtiere und Gliederwürmer) lediglich die einfachste „Lösung der Natur, möglichst früh aus einem ähnlichen Ausgangsmaterial, nämlich einem Blastomerenhaufen, mit geringstem Aufwand einen leistungsfähigen Planktonorganismus zu schaffen“ (STEINBÖCK)? Sicher können wir in solchen Larvenformen mit spezieller Funktion nicht einfach ein Bild des gemeinsamen Ahns erblicken.

Ob jene Gruppen, je mehr ihre Larven auch im einzelnen übereinstimmen, miteinander näher verwandt sind, ergibt sich nur aus der exakten Anwendung der bewährten morphologischen Methoden. So hat *Neopilina* (Abb. 27), das 1952 von der dänischen Galathea-Expedition im Costa-Rica-Graben entdeckte lebende Fossil aus der Klasse der Napfschaler (Tryblidiacea), die ursprünglich auch aufgrund der Larvenübereinstimmung gemachte Annahme, Weichtiere und Gliedertiere seien an der Basis miteinander verwandt, glänzend bestätigt.

Wenn die phylogenetische Aussagekraft der Ontogenese unter Einschluß von Frühlarven kritisch beleuchtet wird, dann ist eine Erörterung der klassischen Zellstaat-Theorie über die Entstehung der Metazoen nicht nur Mitteilung oder Spekulation (Abb. 22). Die sog. Gastraea-Theorie besagt, daß alle tierlichen Vielzeller auf eine gemeinsame zweischichtige Urform zurückführbar sind, weil bei sehr vielen Metazoen aus der Zygote über einfache Furchungsstadien eine bewimperte Hohlkugel und dann durch Einsenkung (Invagination) ein zweischichtiger Becherkeim (Gastrula) entsteht (Zusammenfassung weiterer Theorien zum Problem der Metazoenabstammung bei REUTTERER).

Tabelle 3 b: Die Stammesentwicklung im Spiegel der Larvalentwicklung

Larvalorgane und Systematische Gruppe	Besonderheiten	Lehrmittel
Abdominalextremitäten bei Raupen		Lebende Larven
Larven v. Schlammfliege *(Sialis)* " " Eintagsfliegen *(Ephemeroptera)* " " Taumelkäfer *(Gyrinus)*	Funktionswandel zu Atmungsorganen	
Nervensystem einer Käferlarve	Konzentration, z.T. Synorganisation	Lieder-Dia 88.69
Symmetrische Spätlarven: Einsiedlerkrebse Plattfische	planktisch " (mit Schwimmblase) Ein Auge "wandert" nicht erst bei Bodenberührung auf die Oberseite, sondern vorher bzw. gleichzeitig mit Umstellung des Lebensformtyps	Phywe II 26 Lieder-Dia 88.58
Seelilienstadium der Haarsterne *(Comatulida)*	Seelilienstadium mit 25 Tentakeln Länge 2 cm, nach 2 - 4 Monaten Verlust des Stieles	Abb. 18 V-Dia R 22084 9, 10 Lieder-Dia 88.71
Chorda und Neuralrohr der Seescheiden (Ascidien) (Ruderfunktion)	Kurzes Larvenleben (einige Stunden bis wenige Tage) ohne Nahrungsaufnahme. Extreme Umbildung der Adulti infolge festsitzender Lebensweise.	Abb. 20 KÜHN Abb. 78
Wimperschopflarve (Trochophora) ohne Sprossungsmetamerie und mit Protonephridium bei Weichtieren; mit Sprossungsmetamerie und Nephridium bei Ringelwürmern	Verwandtschaft bestätigt durch *Neopilina*	Lieder-Dia 88.74 Abb. 27 Film C 865: "Larven von Protostomiern"
Nauplius-Larven von Kleinkrebsen (z.B. *Copepoda, Cirripedia* einschließlich *Rhizocephala)*	Larvalorgane werden bei der Metamorphose z.T. stark umgebaut. Nur die Larven erweisen die enge Verwandtschaft trotz starker habitueller Abweichungen der Adulti	Lieder-Dia 88.75 Nauplius-Larven im Zoo-Plankton von Seen und Küstengewässern. Nauplien von Salzkrebschen *(Artemia)* durch Anzucht in Kochsalzlösung (im Aquarienhandel)
Veliger-Larven bei Neptunsschnecken *(Fusinus, Neptunea* u.a.) und Schlammschnecken *(Lymnaea)*	diese Schnecken, die kein planktisches Verbreitungsstadium entlassen, durchlaufen das Veliger-Stadium innerhalb einer Brutkapsel; Velum sekundär als Atmungs- u. Zirkulationsorgan	Gelege der Schlammspitzschnecke
Torsion b. d. Larven von primitiven Vorderkiemerschnecken (Diotocardia) Blasen- u. Becherkeime von Wirbeltieren, Stachelhäutern	ähnlich wie in der Embryonalentwicklung höherer Prosobranchier und Pulmonaten "Gastraeatheorie"	

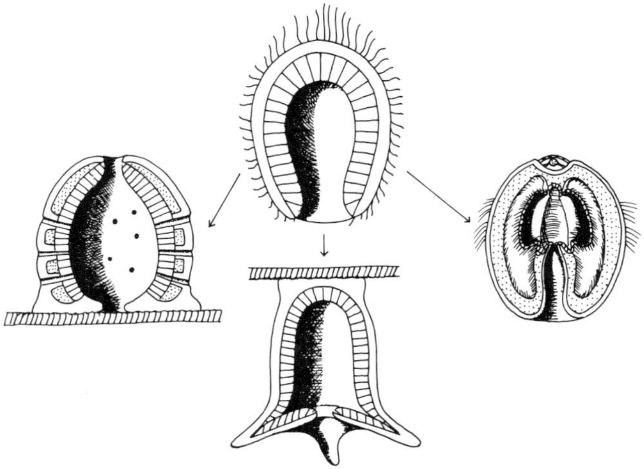

Abb. 22: Die Gastraeatheorie. Mitte oben: Zweischichtige Gastrula. Linke Seite: Die Schwämme entstehen durch Festheftung mit dem Urmund, sie bilden Einstromkanäle und Ausstromöffnung neu. Mitte unten: Die Nesseltiere heften sich mit dem aboralen Pol an der Unterlage fest, der Urmund bleibt als Körperöffnung erhalten. Rechte Seite: Die Rippenquallen bleiben freischwimmend, sie entwickeln eine aborale Sinnesplatte. (Nach REMANE).

D 3. Die Biogenetische Regel als Hilfsmittel der Phylogenetik

Tatsächlich hat sich beim Vergleichen von ontogenetischen mit gesicherten phylogenetischen Stadien immer wieder die Existenz von Parallelen herausgestellt, welche nur als „Anpassungen von gestern" zu verstehen sind. Dennoch ist die Ontogenese nicht bedenkenlos für die Rekonstruktion der Stammesgeschichte auszuwerten, als ob jede Art ihren „Stammbaum wieder hinaufklettere" (HUXLEY). Rekapitulationen in der Individualentwicklung repräsentieren nicht einen ursprünglichen Organismus, sondern eine *ursprüngliche Organisation.*

Wird in der Ontogenese die gesamte Stammesentwicklung wieder durchlaufen oder nur ein gewisser Anteil? Für das Pflanzenreich berechnete ZIMMERMANN den Rekapitulationsanteil zu 80 %; im Tierreich schätzt REMANE ihn für die Phase der Umformung von Organanlagen auf 80–90 %, für die gesamte Embryonal- und Larvalentwicklung auf 60–70 %. Ein geringerer Prozentsatz würde zwar die Ontogenese-Befragung als „Spürhund" der Phylogenetik mit einem höheren Unsicherheitswert belasten, wäre aber immer noch wissenschaftlich „aufregend und bedeutsam" (REMANE).

Außerdem müssen die Abänderungsformen der Ontogenese (biometabolischen Modi) innerhalb dieser phylogenetisch relevanten Rekapitulationsrate beachtet werden. Embryonen bilden in ihren Durchgangsstadien fast immer nicht fertige Organe, sondern nur deren Anlagen aus (Zahnanlagen, Kiemenbögen, Skelettelemente). Larven formen bisweilen ursprüngliche Strukturen zu funktionstüchtigen Apparaten um; dann werden sie historisch unkenntlich (Abdominalkiemen bei Wasserinsektenlarven, Ruderantennen der Naupliuslarven).

Nach allem ist es nicht empfehlenswert, bei der Formulierung der Biogenetischen Regel sich allzu eng an HAECKELS Fassungen anzulehnen, ja man sollte überhaupt nicht davon ausgehen. Derartig leicht faßbare Sätze haften unkorrigierbar im Gedächtnis der Schüler, weil sie so simpel und einleuchtend erscheinen; die einmal eingefahrenen schiefen Vorstellungen aber richtig zu rücken ist kaum noch möglich. Wir wählen eine allgemeine Fassung, die in zwei Punkten abweicht bzw. Spezielleres wiedergibt und einen weiteren Gesichtspunkt hinzufügt:

Während der Ontogenese werden in vielen Fällen Merkmale der Ahnenformen vorübergehend ausgebildet, die für das Leben der Art bedeutungslos sind.

Dieser Zusammenhang hat den Rang einer statistischen Regelhaftigkeit. So dürfen wir bei dem Vorhaben, unbekannte Phylogenesen zu rekonstruieren, damit rechnen, daß abweichende Jugendstadien mit derselben statistischen Wahrscheinlichkeit und mit denselben Abänderungsmodi Merkmale der Ahnenformen repräsentieren. Natürlich vermitteln einzelne Merkmale der Ahnenformen noch kein vollständiges Bild der Ursprungsart in ihrer Gesamtheit.

Die Ontogenese der rezenten Lebewesen liefert reiches Material, auf das wir die morphologische Hauptmethode anwenden können. Unter Berücksichtigung der von der Wissenschaft ausführlich untersuchten Einschränkungen und Fehlerquellen ist die Biogenetische Regel als Hilfsmittel der Phylogenetik nicht nur brauchbar, sondern die Einbeziehung ontogenetischer Daten ist häufig – auch in der Verhaltensphylogenetik – unentbehrlich.

Aufgabengruppe D

Ermitteln Sie die systematisch-phylogenetische Stellung der unbekannten Art durch vergleichend-morphologische Untersuchung der gegebenen Tiere!

1. Zeichnen und beschreiben Sie das Larvenstadium!
2. Charakterisieren Sie das Adultstadium in ähnlicher Weise im Vergleich zur Larve!
3. Ergänzen Sie diese Angaben durch Aussagen über die Lebensweise, soweit sie Ihnen aus Ihren Beobachtungen erschließbar erscheint!
4. Entwickeln Sie die wahrscheinlichen stammesgeschichtlichen Beziehungen zu anderen Arten bzw. Gruppen!
5. Beurteilen Sie die Organisationshöhe dieser Form und geben Sie evtl. Faktoren an, welche nach Ihrer Ansicht die spezielle Evolution dieser Gruppe beeinflußt haben können!

Objekte: Larve des Salzkrebschens (*Artemia salina*), evtl. auch ausgewachsene Individuen. Die Eier vom Salzkrebschen sind im Aquariumhandel erhältlich und leicht zum Schlüpfen zu bringen; mit etwas mehr Aufwand ist es auch möglich, die Tiere bis zum Adultstadium zu halten. (Ersatzweise Tafeln 77 und 78 in RIEDL, oder auch KAESTNER Abb. 697 *Branchipus stagnalis).* Die Nauplius-Larven müssen mit dem Mikroskop bei mittlerer Vergrößerung untersucht werden, für die Adulti genügt eine Lupe.

Voraussetzungen: Kurze Wiederholung der Morphologie von Krebsen bzw. Gliederfüßlern, Verbreitungslarven, Biogenetische Regel, ihre Anwendbarkeit als phylogenetisches Hilfsmittel einschließlich der Einschränkungen. Evtl. Wimperschopflarven von Ringelwürmern und Weichtieren oder die Ontogenese von Plattfischen oder Einsiedlerkrebsen. Differenzierungsgrad und Organisationshöhe mit Beispielen aus anderen Gruppen, Grenzen der Vergleichs- und Bezugsmöglichkeit. Zu 4) vielleicht schon Stammbaumdarstellungen. 5) in dieser Fassung nur möglich, wenn zuvor „Kausalanalyse" der Evolution ausführlich behandelt (siehe J).

Ergänzungs- bzw. Abwandlungsmöglichkeiten:

Nur ein Stadium von *Artemia* lebend, das andere als Zeichnung, auch dann muten die Larven stark abweichend von den ausgewachsenen Tieren an. Ein Vergleich Larve – Adultus muß jedoch verlangt werden. Genauere Untersuchung des Differenzierungsgrades der Extremitäten fordern. Ähnliche Aufgabe über andere Larven, z. B. Insekten-Larven und genadelte Imagines. Mikropräparate von Seescheiden-(Ascidien-)Larven (Abb. 20), zweckmäßig zuvor Lanzettfisch. Vorkeime von Farnen (Sporen selber aussäen).

Literatur

REMANE, A.: Die Beziehungen zwischen Phylogenie und Ontogenie. Zool. Anz. *164*, *7*, 1960.

REMANE, A.: Gilt das Biogenetische Grundgesetz noch heute? Umschau *62*, pp. 571 bis 574, 1962.

REMANE, A., STORCH, V. und WELSCH, U.: Evolution. pp. 241 dtv, München 1973.

REUTTERER, A.: Zum Problem der Metazoen-Abstammung. Z. Zool. Syst. Evol.-Forsch. 7, 1 Hamburg–Berlin 1969.

SIEWING, R.: Lehrbuch der vergleichenden Entwicklungsgeschichte. pp. 531 Hamburg–Berlin 1968.

II. Teil: Der Ablauf der Stammesentwicklung

Wieweit wird unser Vorhaben, die Stammesgeschichte der Organismen im Detail nachzuzeichnen, durch gesicherte Homologieschlüsse gefördert? Homologien beweisen bzw. Analogien widerlegen im Einzelfall die reale Zeugungsverwandtschaft von Arten; positive Homologie-Entscheidungen reichen jedoch nicht aus, um eine nähere Vorstellung vom Ablauf der Phylogenese einzelner Stammeslinien zu vermitteln.

Immerhin ist es der vergleichend-morphologischen Forschung gelungen, für viele Organsysteme lineare *Abwandlungsreihen* aufzustellen, die einen hohen realhistorischen Geltungsgrad besitzen, die sog. Stufenreihen: z. B. Lungen, Herz, Nieren der Wirbeltiere, Blattformen bei Bedecktsamern. Sollen diese – anfangs nur nach einer Abwandlungsidee zusammengestellten – Abfolgen eine Interpretation als phylogenetische M e r k m a l s r e i h e zulassen, so bereitet immer wieder das sichere Erkennen der *Abwandlungsrichtung* Schwierigkeiten. Welche der für die Ahnenlinie angenommenen Formen ist jünger, welche älter? Eine kritische Beschäftigung mit dieser Fragestellung ist für die Ermittlung stammesgeschichtlicher Wandlungen unerläßlich.

E. Die Höherentwicklung

Jede Wissenschaft, die sich mit geschichtlichem Werden beschäftigt, will nicht nur die Aufeinanderfolge der Tatsachen registrieren, sondern sucht nach E n t w i c k l u n g s p r i n z i p i e n , die sich als „Gesetze" formulieren lassen. Zwar wird auch die Naturgeschichte – obschon anders als die menschliche Kulturgeschichte – durch einzelne Schicksalsaugenblicke entscheidend mitbestimmt (Mutationen, Verfrachtungen, plötzliche Umweltänderungen), doch treten bei der Evolution verschiedener Organismengruppen allgemeingültige Züge deutlich hervor. In weit getrennten Stammeslinien begegnen uns *Frühformen* mit einfachen Charakteren, *Spätformen* mit komplizierten Organen. Dabei fällt ein gleichsinniger Entwicklungstrend auf: In der Regel findet sich eine *Zunahme der Komplikation und Rationalisierung in Bau und Funktion.*

Erfassen derartige Prozesse den gesamten Organismus, so steigert sich die Organisationshöhe der Arten. Diese evolutive Vervollkommnung ist gemeint, wenn in der Phylogenetik von Höherentwicklung (Anagenese nach RENSCH) die Rede ist (Abb. 23).

Das Verständnis der Höherentwicklung wird dadurch erschwert, daß nicht selten in einer Stammeslinie verschiedene Prozesse ablaufen und sich ihre Auswirkungen bei ein- und derselben Art einstellen. Zudem wurden Bedenken laut, ob sich überhaupt eine Höherentwicklung objektiv nachweisen lasse oder ob wir dabei nicht einem Anthropomorphismus unterlägen. Daher bedarf die Höherentwicklung einer gründlichen Erörterung.

Für die Studienstufe wird empfohlen, die sich hierin widerspiegelnden phylogenetischen Gesetzmäßigkeiten ausführlich abzuleiten; denn sie können – ähn-

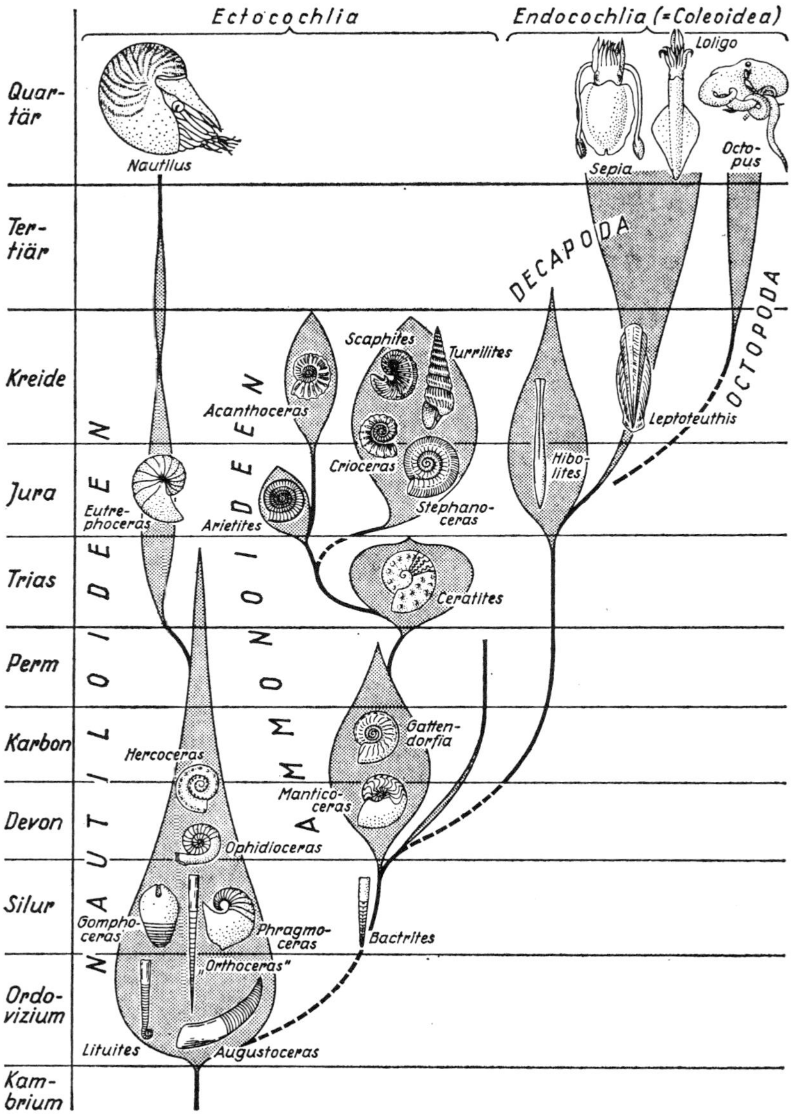

Abb. 23: Die Stammesentwicklung der Tintenfische. Wesentliche Evolutionsmodi erkennbar: Formenfülle, Aussterben, Höherentwicklung, „Lebendes Fossil". (Nach THENIUS 1965).

lich wie sie in der Wissenschaft als Mittel phylogenetischer Forschung verwendet werden – im Unterricht dazu dienen, das Stammbaumproblem in Form konkreter Aufgaben in Angriff zu nehmen (vgl. Aufgabe zu F).

E 1. Differenzierung

a) Ableitung an rezenten Organismen

Differenzierung kommt nicht allein in der Stammesgeschichte vor. Fast jede Ontogenese führt uns Differenzierungsvorgänge anschaulich vor Augen. Hier können wir an Bekanntes anknüpfen (Tab. 4).

Tabelle 4: Anfangs- und Endstadien der Differenzierung

Ausgangselemente	Funktionsstadien	Demonstrationsmittel
Grundbausteine		
Einheitliches Protoplasma	Ektoplasma, Entoplasma, Fibrillen, Vakuolen	Wandkarten Modell der Amöbe F 249 Einzeller
Embryonale Zellen	Stützzellen, Speicherzellen, Drüsenzellen, Nesselzellen	Dia-Reihen "Gewebe", Torfmoos, Hydra
Gameten	Anisogameten, Spermatozoiden, Eizellen, Spermatozoen	Wandkarten, Dias Blasentang, Wurmfarn Dias Fortpflanzungszellen der Säuger
Meristische Organe		
Zähne	Schneidezähne, Mahlzähne, Eckzähne, Reißzähne	LIEDER-Dia 88.51: Embryonaler Schädel vom Rind Kopfskelette von Nagern und Raubtieren
Federn	Schwungfedern, Deckfedern, Dunenfedern	Stopfpräparate, Rupfungen
Blätter	Keimblätter, Laubblätter, Hochblätter, Kelchblätter, Blütenblätter, Staubblätter, Nektarien, Fruchtblätter	Wandkarten Lebende Blütenpflanzen besonders Hahnenfußgewächse, Seerose
Knochen	Halswirbel, Brustwirbel, Lendenwirbel, Schädelknochen, Extremitätenknochen	Menschl. Skelett Karte Hai
Bilateral oder radiär angeordnete Teile		
Extremitäten	Brustgliedmaßen: Halte-, Sprung-, Schwimm-, Sammelbeine	genadelte Insekten: Laufkäfer, Heuschrecken, Wasserwanzen, Wasserkäfer, Honigbiene
	Hinterleibsgliedmaßen: Kiemen	Eintagsfliegenlarven Köcherfliegenlarven Wasserflorfliegenlarven
	Scherenbeine von Krebsen	Exuvien, Flüssigkeitspräparate, Dias von Einsiedlerkrebsen, Garnelen, Flußkrebs
Fangarme	Aktinien mit verschiedenen Tentakeln	

(Forts. Tab. 4)

Blütenblätter	Lippe, Helm, Sporn, Zunge, Schiffchen, innere und äußere Perigonblätter	Zweiseitig symmetrische Blüten, z.B. Abb. 5
Individuen eines Artverbandes		
Polypen	Nährpolyp, Wehrpolyp, Fortpflanzungspolyp (Gonophor), Luftflasche, Schwimmglocke	Polypenstock Staatsquallen LIEDER Dias 88.15, 88.17, 88.18
Kasten der staatenbildenden Insekten	Königin, Drohne, Arbeiterin, Soldaten, König	Bienen, Ameisen, Termiten
Verschiedene Generationen einer Art		
	Polyp und Meduse	LIEDER Dias 88.15, 88.16 Lehrtafel "Ohrenqualle"
	Vorkeim und Sporenträger	Moose und Farne Lehrtafeln "Wurmfarn", "Haarmoos", Ackerschachtelhalm, Blasentang KLETT-Transparente 99 812, 99 813

Die Beispiele müssen aufweisen, daß Ausgangspunkt jeder Differenzierung gleichartig strukturierte Grundelemente sind (Zellen, Blätter, Zähne, Wirbel u. ä.). Auch Individuen eines Artverbandes können sich voneinander differenzieren (Tierstöcke, Tierstaaten, Gametophyt und Sporophyt). Alle Differenzierungsvorgänge bleiben aber stets auf einen Funktionsverband beschränkt.

Der Fundamentalprozeß der Differenzierung hat morphologische und physiologische Auswirkungen. Bisweilen wird eine physiologische Differenzierung vor einer strukturellen nachweisbar (Isogameten, isomorpher Generationswechsel, miktische und amiktische Weibchen bei Wasserflöhen und Rädertieren). Beide laufen jedoch gekoppelt ab bzw. sind zwei Seiten ein- und desselben Vorganges.

Differenzierung ist das Ungleichwerden ursprünglich gleichartiger Teile in Verbindung mit Arbeitsteilung.

b) Das Differenzierungsgesetz

Die zur Demonstration von Organwandlungen so beliebten Stufenreihen (Kreislauf-, Atem-, Exkretionsorgane der Wirbeltiere, Nervensystem bei Turbellarien und Anneliden, Generationswechsel der Samenpflanzen) basieren vielfach nur auf Befunden an rezenten Arten. Sie erwecken – als fertiges Ergebnis dargeboten – zu leicht den Anschein, als sei die stammesgeschichtliche Entwicklung aus solchen Serienanordnungen ohne weiteres abzulesen. Wir müssen klarstellen, daß eine Stufenreihe zunächst nichts als eine gedankliche Aneinanderfügung abbildet. Ist es überhaupt statthaft, „einfach“ als „ursprünglich“, „kompliziert“ als „zeitlich später“ zu interpretieren?

Sehen wir uns vor der Ausdeutung rezenter Formen mindestens eine der echten Sukzessionsreihen an, die durch Fossilien in realhistorischer Abfolge überliefert sind (Tab. 5, Abb. 24). Es wäre allerdings derselbe Fehler, als

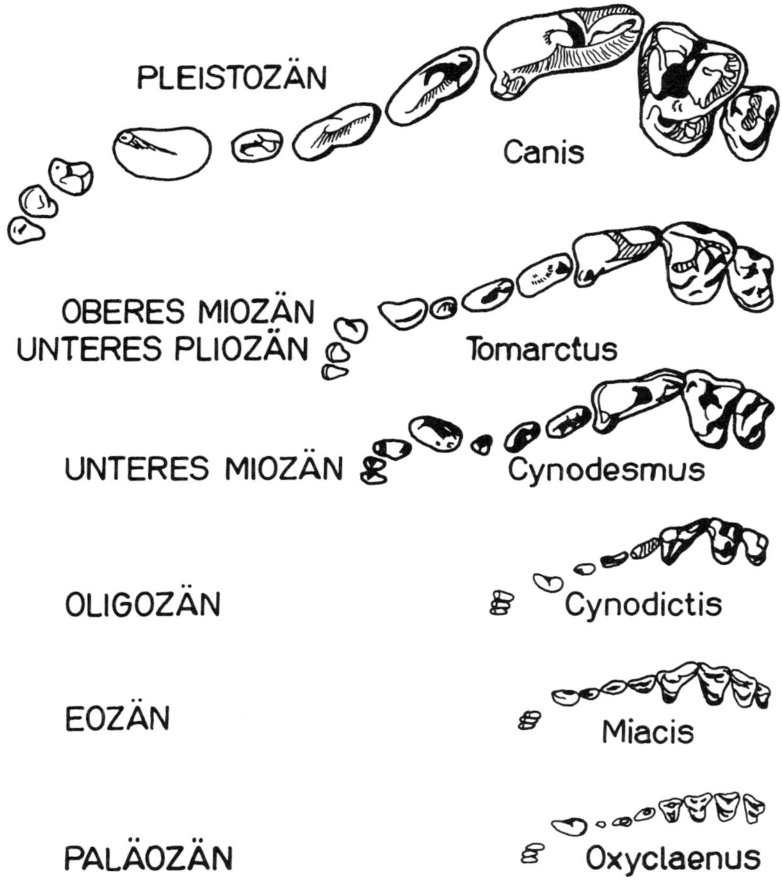

Abb. 24: Die Entwicklung des Gebisses (Oberkiefer) mit dem „Brechscherenzahn“ bei Hundeartigen *(Caniden)*. (Nach MATTHEW 1930).

Untersuchungsobjekt etwa solches Bildmaterial anzubieten, welches fossil gar nicht einigermaßen vollständig vorliegt, sondern selbst erst durch die hier abzuleitende Regelhaftigkeit erschlossen werden mußte (z. B. ZIMMERMANN: Erste Stufen pflanzlichen Lebens). Am günstigsten sind Beispiele, die gewissermaßen übereinandergeschichtete Urkundenblätter bieten und uns dabei eindeutig die Differenzierung als stammesgeschichtlichen Vorgang bezeugen. Entdifferenzierungen sparen wir im ersten Durchgang besser aus und beziehen sie hernach um so sinnvoller mit ein (Umbildung des heterodonten zum homodonten Gebiß bei Walen, Abb. 32).

Tabelle 5: Fossil gut belegte Stammesreihen als Beispiele zur Ableitung des Differenzierungsgesetzes

Systematische Gruppe bzw. Strukturabänderungen	Quellen als Arbeitsgrundlagen
Urtange - Urlandpflanzen - Homospore Urfarne - Heterospore Urfarne - Nacktsamer mit Spermatozoidbefruchtung	ZIMMERMANN, W., 1959, Die Phylogenie der Pflanzen
Herausbildung der Gametangien innerhalb der Rhyniaceen	ZIMMERMANN, W., 1969, Geschichte der Pflanzen
Sporophyllbildung innerhalb der Farngewächse	ZIMMERMANN, W., 1969, Geschichte der Pflanzen
Stammesentwicklung der Dreilappkrebse (Trilobita), Schwertschwänze (Xiphosura) und Spinnentiere	THENIUS, E., 1965, Lebende Fossilien
Stammesentfaltung der Tintenfische (vergl. Abb. 23)	THENIUS, E., 1965 Lebende Fossilien Abb. 6
Veränderungen im Gebiß und Schädel von Landwirbeltieren (Stegocephalen, Pseudosuchier, Cynodontier) vom Karbon bis zur Trias	REMANE, A., 1967, Die Geschichte der Tiere Abb. 25
Stammesentwicklung der Hundeartigen (Caniden) (vergl. Abb. 24)	KUHN-SCHNYDER, E., 1967 Paläontologie als stammesgeschichtliche Urkundenforschung REMANE, A., 1967, Die Geschichte der Tiere

Die paläontologische Datenverarbeitung weniger Fossilreihen gibt eine hinreichende Induktionsbasis, um eine Subsumtion zur wichtigsten phylogenetischen Gesetzmäßigkeit zu wagen. Die Hauptzüge, welche wir von älteren zu jüngeren Fossilien verfolgen können, sind:

Steigerung der Komplikation und fortschreitende Rationalisierung in Form und Funktion, oft verbunden mit einer *Zahlenverminderung gleichartiger Strukturelemente.*

„Dabei zeigt sich, daß für die große Linie stets am Anfang das Undifferenzierte steht, wenn auch gelegentlich einmal Rückschläge auf den undifferenzierten Zustand eintreten.“ (ZIMMERMANN). Rückläufige Tendenzen werden seltener realisiert, sind aber wissenschaftlich aufschlußreich, weil sie meist mit einem Lebensraumwechsel korreliert sind. Mit solchen Entdifferenzierungen überraschen uns nämlich besonders extrem angepaßte Lebensformtypen, z. B. Parasiten, Plankter, pelagische Hochseetiere, Sandlückenbewohner, Höhlentiere, sekundäre Wasserpflanzen, „Krebs“-Zellen (Abb. 32). Im ganzen dominiert jedoch eine Höherentwicklung durch fortschreitende Differenzierung.

REMANE verfeinert diese Feststellungen folgendermaßen:

1. Typische Differenzierungen mit durchgeführter Arbeitsteilung lassen sich phylogenetisch mit sehr hohem Wahrscheinlichkeitsgrad (über 90 %) auf

ein undifferenziertes Stadium mit struktureller und funktioneller Gleichartigkeit zurückführen.

2. Nicht jeder undifferenzierte Zustand darf jedoch als primitiv gewertet werden, da Entdifferenzierungen auftreten, besonders wenn die mit der Differenzierung verbundene Funktion aufgehoben oder durch andersartige Organe ersetzt wird.

Die Ausdrücke „oft", „meist", „wenn auch", „im ganzen" u. ä., welche in biologischen Sätzen und Diagnosen direkt oder unausgesprochen enthalten sind, entspringen weder sachlicher Verlegenheit noch Denkarmut oder Auswertungsscheu. Sie sind vielmehr bezeichnend für diejenigen naturwissenschaftlichen Ergebnisse, die nur durch „generalisierende Induktion" (MAX HARTMANN) gewonnen werden können. Hier umfassen diese Einschränkungen die Entdifferenzierungen.

E 2. Abwandlungsgrad und Merkmalsgeschichte

a) Abwandlungsgrad

Allen Abwandlungsformen eines Homologons kommt je nach ihrer Umgestaltung auch ein entsprechend mehr oder weniger weit zurückreichender stammesgeschichtlicher Weg zu. Wenn auch die Evolutionsgeschwindigkeiten

Tabelle 6a: Die phylogenetische Bewertung von Merkmalen bei Blütenpflanzen (nach MÄGDEFRAU)

Merkmale / Phylogenetische Wertigkeit	primitiv (ursprünglich)	progressiv (abgeleitet)
Vegetationsorgane:		
Keimblätter	2	1
Holz	nur mit Tracheiden	Tracheiden und Tracheen
Organstellung	spiralig	wirtelig
Blüte:		
Zahl der Blütenglieder	unbestimmt	bestimmt
Blumenkrone	freiblättrig	vereintblättrig
Symmetrie	radiär	achsial
Einzelblüten	sämtlich gleich	differenziert
Fruchtknoten (Gynäceum)	mehrere und getrennt (apokarp)	einer, Fruchtblätter verwachsen (syn- und cönokarp)
Stellung des Fruchtknotens	oberständig	mittel- u. unterständig
Hüllen der Samenanlagen (Integumente)	2	1
Zentralkörper der Samenanlagen (Nucellus)	derbwandig	dünnwandig

verschiedener Organsysteme absolut nicht gleichzusetzen sind, so kann doch der Abwandlungsgrad einer Struktur als morphologisch-zeitliches Maß für ihren Abstand von der Urform dienen. Damit eröffnet sich uns ein Weg, Vertreter der rezenten Flora und Fauna phylogenetisch zu beurteilen und einzugliedern.

Was gilt nun im einzelnen als ursprünglich, was als abgeleitet bei heutigen Organismen? Solche Urteile beziehen sich auf die Anzahl, Größe, Form, gegenseitige Stellung und Verwachsung einander homologer Teile (Tab. 6 a, 6 b).

Tabelle 6b: Die phylogenetische Bewertung einzelner Merkmale bei Tieren

	ursprünglich (primitiv)	> Evolutionsprozeß >	abgeleitet (progressiv)
Organ- und Körpergröße	*relativ gering* Einzeller, viele Strudelwürmer, "Urinsekten", Insektenesser	—— Größenzunahme ——▶	*relativ groß* Einzellerkolonien, Tintenfische, Laufkäfer, Tagfalter, Huftiere, Menschenaffen, Wale
Anzahl von Teilstrukturen	*hoch und wechselnd* Segmente bei Ringelwürmern Schädelknochen bei Fischen, Reptilien, einschl. Sauriern	—— Zahlenreduktion ——▶	*gering und konstant* Segmente bei Egeln (33) und Insekten (5+3+11) Schädelknochen bei Säugern und Vögeln
Ausgestaltung mehrfach vorhandener Teile	*gleichartig* Parapodien bei Vielborstern Muskelsegmente bei Lanzettfischchen und echten Knochenfischen Zahnschuppen der Haie und Drückerfische	—— Differenzierung ——▶	*verschiedenartig* Gliedmaßen einschl. Mundwerkzeugen bei Insekten Extremitätenmuskulatur bei Sauropsiden und Säugern Schneide-, Eck-, Backenzähne bei Säugern, bes. Nager, Raubtiere, Huftiere
Anordnung einzelner Bauelemente	*getrennt* Milchdrüsen im Bauchfeld des Schnabeltieres Lendenwirbel der Reptilien Kriechoberfläche bei vielen Ringelwürmern Flügel von Libellen, Eintagsfliegen Kauende Mundwerkzeuge bei Heuschrecken, vielen Käfern	—— Synorganisation ——▶	*verwachsen* ("zusammengeschaltet") Milchleiste mit Zitzen bei plazentalen Säugern Vogelsacrum Egelsaugnapf aus 7 Segmenten Verhakung der Vorder- und Hinterflügel bei Hautflüglern Stech- und Saugapparate bei Wanzen, Zweiflüglern
Lage wichtiger Zellen bzw. Organe	*frei an Oberflächen* Nervensystem in Grenzepithelien bei Hydra u.a. Nesselt. Sinneszellen bei Ringel-, Strudel-, Schnurwürmern und Stachelhäutern Seitenlinienorgane bei Fischen und Schwanzlurchen Kiemen von Meeresringelwürmern Larven der Schwanzlurche Frühlarven der Froschlurche Trommelfell bei Amphibien und einigen Reptilien	—— Internation ——▶	*versenkt nach innen* Abfaltung eines Neuralrohres bei Chordatieren Loch-, Blasen-, Linsenaugen bei Nesseltieren, Muscheln, Schnecken, Wirbeltieren Statocysten mancher Medusen und Krebse, "Gehörsteinchen" Kiemen von Krebsen, Weichtieren, Fischen Spätlarven der Froschlurche Gehörgang der Säuger und Vögel

Allerdings ist es schwierig, für unterschiedliche Gruppen allgemein Verbindliches über den ursprünglichen bzw. abgeleiteten Charakter spezieller Merkmale anzugeben, weil die morphologische Wertigkeit eines Ausbildungsstadiums von einer Systemkategorie zur anderen wechseln kann. Eine Zusammenfassung empfiehlt sich am ehesten für gut abgrenzbare Gruppen wie z. B. die Blütenpflanzen (Tab. 6 a), die Säuger oder Anneliden (Tab. 6 b).

b) Merkmalsgeschichte

Erst nachdem die Trends der Merkmalsabwandlung aus paläontologischen Sukzessionsreihen herausgelesen worden sind (vgl. E 1.b), ist es sinnvoll, solche Erkenntnisse auf rezente Formen auszudehnen und einige der bekannten Stufenreihen zu behandeln. Entweder stellt man diese Abwandlungsreihen direkt vor, indem man Lichtbilder, Modelle oder Zeichnungen einsetzt (z. B. Gehirn, Lungen). Die Richtung der Veränderung ist damit aber bereits festgelegt; in der Wissenschaft ist sie *das* Problem. Oder man bietet verschieden differenzierte, synorganisierte oder reduzierte Organe isoliert an und läßt die Abfolge selber finden. Der zweite Weg ist zwar zeitraubender, aber dafür wirkungsvoller. Er verlangt vom Schüler eine Anwendung allgemeiner biologischer Erkenntnisse zu einem begründeten Urteil.

Gelingt es, die verschieden weite Abwandlungsentfernung homologer Bildungen zu ermitteln, so können wir daraus eine Merkmalsgeschichte rekonstruieren (Blütenkronen, Mundwerkzeuge, Extremitäten). Wenn es dann z. B. heißt, die stark aufgegliederte Lunge der Säuger habe sich aus der glattwandigen, kleineren Lunge niederer Amphibien entwickelt, oder noch weiter ausholend, die Lunge der Tetrapoden leite sich von der Schwimmblase der Knochenfische her (Abb. 25), so müßte dabei wohl zweierlei bewußt gemacht werden:

1. Da wir in erdgeschichtlich direkt überlieferten Abfolgen sehr häufig bestimmte wiederkehrende Abwandlungsprozesse bei homologen Strukturen finden, sind wir berechtigt, mit derselben Wahrscheinlichkeit entsprechende Abwandlungstendenzen für homologe Organe anzunehmen, die uns nicht fossil überliefert sind.
2. Die heutigen Träger von Merkmalen, an denen wir den Feinbau innerer

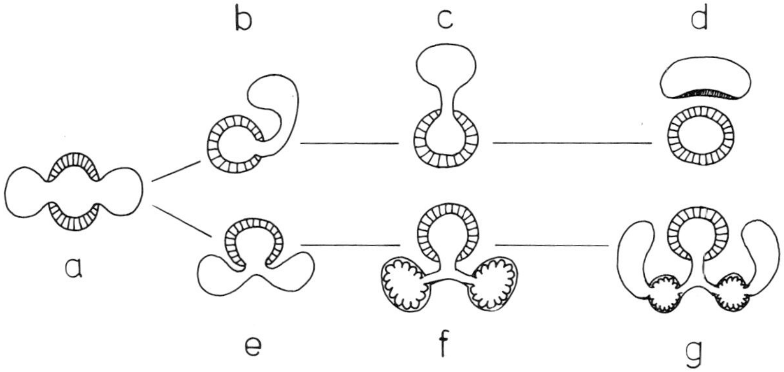

Abb. 25: Die Merkmalsgeschichte des Schwimmblasen-Lungen-Organs läßt sich rekonstruieren aus den Lagebeziehungen zum Vorderdarm und dem Feinbau. a) Ausgangsstadium (Embryonaler Zustand bei Fischen und Tetrapoden), b u c) Schwimmblase mit Verbindungsgang zum Vorderdarm (Physostomen: Welse, Weißfische, Hecht), d) ohne Verbindungsgang (Physoclisten: Barsche, Stichlinge, Schellfische), e) paarige, fast glattwandige „Lungenblasen“ bei zwei Lungenfischen *(Lepidosiren, Protopterus)* und manchen Molchen, f) Zunehmende Vergrößerung der inneren Oberfläche bei einigen Amphibien, Reptilien und Säugern, g) Zusätzliche Luftsäcke bei manchen Reptilien (Chamäleon) und vielen Vögeln. (Kombiniert nach PORTMANN 1959 und REMANE/STORCH/WELSCH 1972).

Organe untersuchen, sind nicht einander Vor- und Nachfahren. Wir setzen sie nur als Repräsentanten der wirklichen Ahnen ein.

Auf diese Weise können wir unter Verwendung rezenter Lebewesen die Geschichte einzelner Merkmale rekonstruieren. Die Dokumentierung der Merkmalsgeschichte ist *der* grundlegende Schritt zur Geschichte des ganzen Stammes, zur Sippenphylogenese.

Die genauere Analyse zeigt, daß eine Pflanze oder ein Tier in einigen Merkmalen primitiv, in anderen progressiv sein kann (WATSON'sche Regel, Prinzip der Mosaikentwicklung, DE BEER). Die Evolutionsgeschwindigkeiten (Veränderungsraten) verschiedener Organsysteme weichen nicht selten voneinander ab, bei Ausrichtung auf extreme Lebensbedingungen mitunter beträchtlich. So sind in manchen Linien ursprüngliche mit abgewandelten Merkmalen bunt vermischt, zudem von Anpassungserscheinungen überlagert (Lianen und sekundäre Wasserpflanzen bei Hahnenfußgewächsen, Collembolen, Flöhe, auch Hominiden). Folglich ist der Abwandlungszustand von Einzelstrukturen exakter anzugeben als die Organisationsstufe eines lebendigen Ganzen.

Um diese Naturgegebenheiten zu erfassen und auf ein kritisches Verständnis von Stufenreihen, Ahnenreihen und Stammbäumen hinzuarbeiten, ist eine saubere begriffliche Scheidung der erkennbaren phylogenetischen Prozesse und Entwicklungsstadien im Unterricht unbedingt anzustreben.

Der Entwicklungszustand einer Einzelstruktur oder eines geschlossenen Merkmalskomplexes heißt Abwandlungsgrad.
Die Entwicklungsstufe einer Art oder einer engen Verwandtschaftseinheit heißt Organisationshöhe.

E 3. Organisationshöhe

Bei manchen Organismengruppen spiegelt sich die Steigerung der Organisationshöhe schon rein äußerlich wider, bei Tieren durch Zunahme der Körpergröße, einprägsamere Ausbildung eines Kopfpoles, bei Pflanzen durch Abhebung vom Substrat. Eine genaue Beurteilung der Organisationshöhe ist weitaus schwieriger als die Feststellung des Abwandlungsgrades einer bestimmten Struktur. Einmal gehen in die Entscheidung über den gesamten Organisationszustand mehr Daten ein; zum anderen ist diese Synthese das Resultat einer kombinierten systematisch-biologischen Bewertung von Einzelmerkmalen. Natürlich lehnen wir heute die anthropomorphe Werteinschätzung des 18. Jahrhunderts, die zu einreihigen „Stufenleitern" aller Dinge führte, ab. Das „höher" und „tiefer" bleibt jedoch weiterhin unabweisbar, so daß wir hierfür adäquate Aussagen suchen müssen.

a) „Niedere" Pflanzen und Tiere

Für den Unterricht kann man aus den verschiedensten systematischen Gruppen der rezenten Flora und Fauna Formen auswählen, bei denen primitive Züge gehäuft auftreten. Unter den Blütenpflanzen repräsentieren die

Vielfrüchtigen (Polycarpicae) durch mannigfaltige ursprüngliche Merkmale eine geringe Organisationshöhe. Von Rot-, Braun- und Grünalgen offenbaren manche fädige Arten, eben weil sie nur wenige „Elementarprozesse“ (ZIMMERMANN) absolviert haben, einen archaischen Bau.

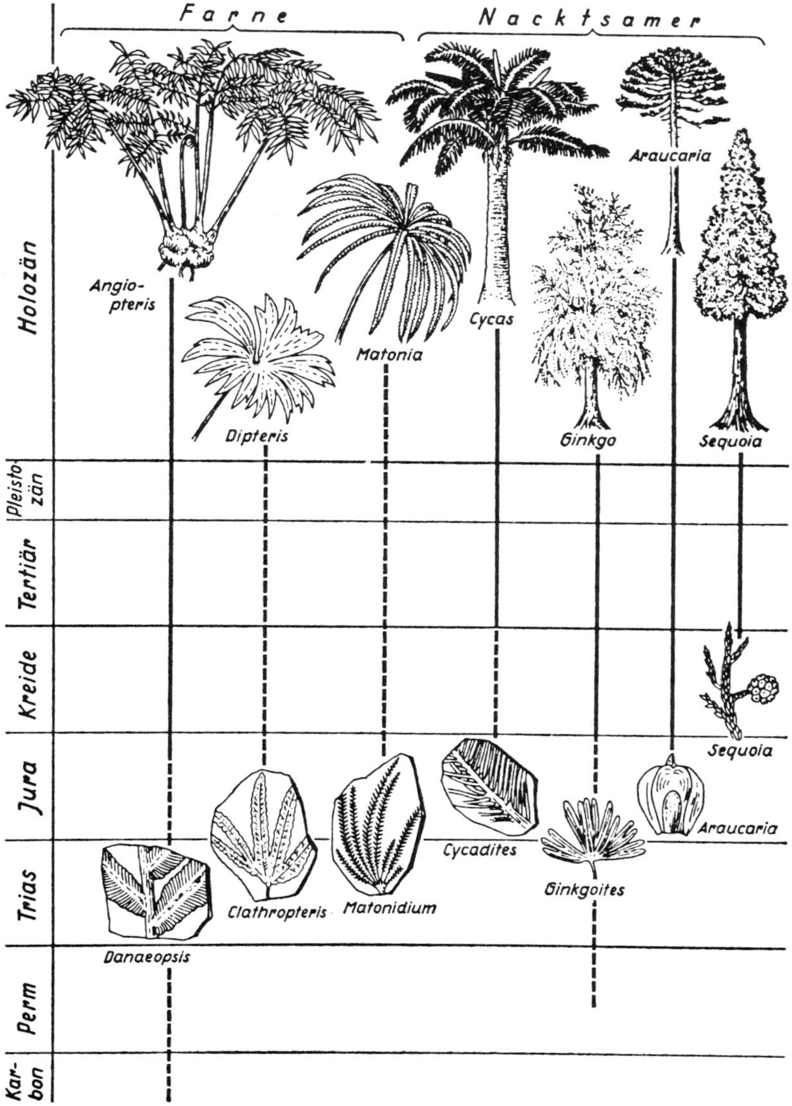

Abb. 26: „Lebende Fossilien“ unter den Gefäßpflanzen mit ihren nahezu gleichen „ausgestorbenen Fossilien“ als Vorfahren. (Nach THENIUS 1965).

Bei den Bakterien und Blaualgen sind genetische Informations- und Stoffwechselsteuersubstanzen noch nicht zu einem echten Zellkern synorganisiert (Anucleobionta). Unter den Wirbellosen sind Stummelfüßler (Onychophoren), Skorpione, Springschwänze (Collembolen) und andere Urinsekten, Kiemenfüße (Anostraca), Leuchtkrebse (Euphausiacea), Glaskrebse (Mysidacea) im ganzen vergleichsweise niedrig organisiert, unter den Chordaten das Lanzettfischchen, von den Säugern Schnabeltier und Ameisenigel (Tab. 7).

Heben sich primitive rezente Arten durch eine Häufung konservativer Merkmale einschneidend von ihren Verwandten ab, so bezeichnet man sie als „lebende Fossilien“ (Tab. 7, Abb. 26, 27). Dieser Begriff enthält in voller

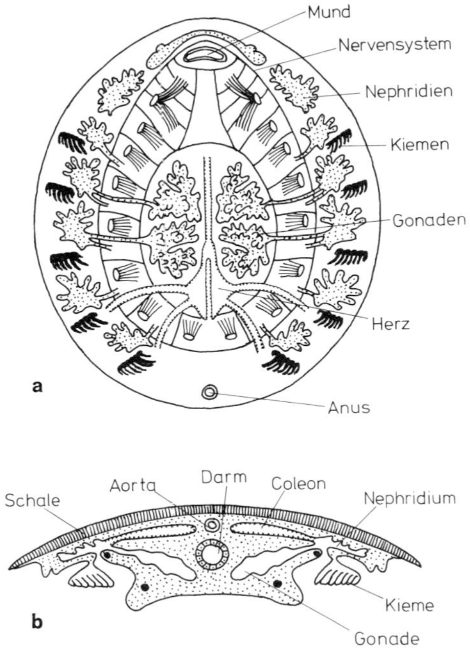

Abb. 27: Organisation des „Urweichtiers“ *(Neopilina galatheae)*. a) dorsal, Darmkanal und Cölomräume weggelassen, b) quer im Gonadenbereich. (Aus REMANE, STORCH, WELSCH 1972).

Absicht einen Widerspruch, um hervorzuheben, daß es Angehörige der heutigen Flora und Fauna sind, die mehr oder minder unverändert aus längst vergangenen Erdepochen überleben. Sie haben in ihrer Organisation eine phylogenetische Frühphase ihrer Verwandtschaftsgruppe bewahrt. Viele von ihnen kommen heute nur noch reliktartig, z. T. in feind- und konkurrenzarmen Biotopen vor (Abb. 28). Schon wenige „lebende Fossilien“ können dem Schüler die Paläontologie wirklich lebendig werden lassen, zumal sie wertvolle Aufschlüsse über nicht fossilisierbare Weichteile und die Lebensweise zulassen (Tab. 7, Abb. 26, 27).

Wenn wir bei diesen Beispielen zur niederen Organisationshöhe die geringe

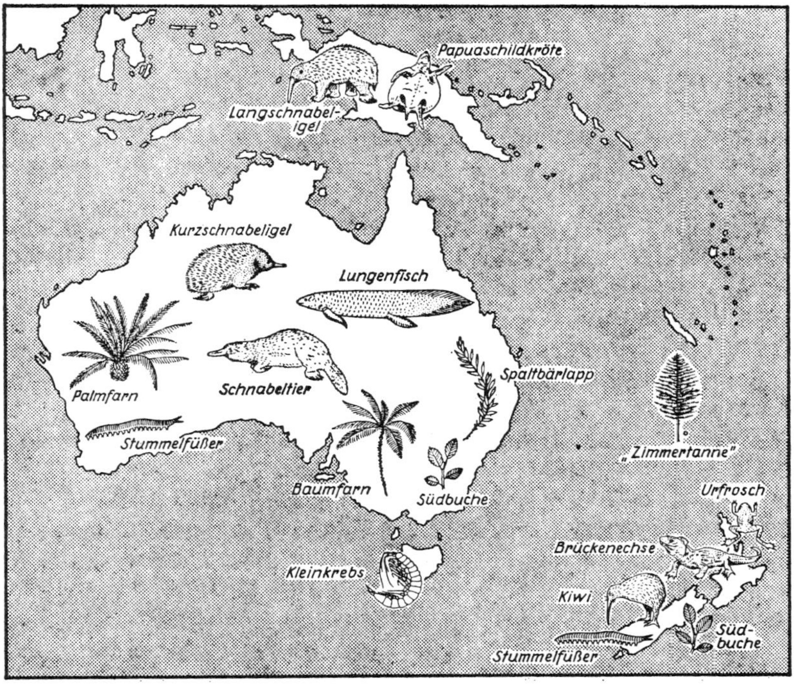

Abb. 28: Die australische Region ist wegen ihrer frühen Abtrennung (seit dem Paläozän) ein Reservoir für „Lebende Fossilien". (Nach THENIUS 1965).

Evolutionsgeschwindigkeit zahlreicher Merkmale betonen, so dürfen wir andererseits nicht versäumen, etwa vorhandene sekundäre Anpassungsmerkmale zu erwähnen (Schwimmhäute und Hornschnabel beim Schnabeltier, Riechorgan beim Kiwi, Fettsack bei Latimeria) (Tab. 7).

b) Organisationsspitzen

„Blumen" und „Bäume", Vögel, Säuger und einige Insekten, also vornehmlich jene Geschöpfe, die uns von Kindheit an vertraute Gestalten sind, erweisen sich auch bei genauerer Untersuchung als die höchst organisierten Lebewesen. Die Blütenpflanzen überragen die „niederen" Pflanzen in ihrer Zell- und Gewebedifferenzierung (Abb. 35). Noch eher sind die mannigfaltigen dorsiventralen Blüten und hochentwickelte Blütenstände lohnende Untersuchungsobjekte für die Hand des Schülers.

Tintenfische, holometabole Insekten, Vögel und Säuger haben im Vergleich zu ihren nächstverwandten Klassen, wie Schnecken, Krebsen, Amphibien, den Bereich von Reizaufnahme- und Reizleitungselementen gewaltig erweitert, gleichfalls sind die korrespondierenden Sinneswahrnehmungen und Reaktio-

Tabelle 7: "Lebende Fossilien" aus unterschiedlichen Tiergruppen (zusammengestellt nach THENIUS 1965 u.a. Autoren)

Art bzw. Gruppe	vorwiegend altertümliche Merkmale	neuerworbene Sonderanpassungen	heutiges Vorkommen	Fossilfunde	weiteres Arbeitsmaterial bzw. Vergleichsobjekte
Spitzhörnchen (*Tupaia, Tana*)	ratten- bis eichhorngroß, Schwanz buschig od. beschuppt, Daumen u. Großzehe abspreizbar, Ohrmuschel häutig u. relativ groß (primatenähnlich), Knochenring um Augenhöhle, elastische, teilweise knorpelige Zunge, Riechhirn klein, 1 bis 3 Paar Zitzen, Anzahl schwankt individuell Zähne $\frac{2.1.3.3}{3.1.3.3}$ Mittelstellung zwischen Insektenfressern und Primaten, von einigen Autoren umstritten	Zäpfchen in der Retina, Farbensehen!	Vorder- u. Hinterindien Malayischer Archipel	Alttertiär	GRZIMEK PORTMANN
Kloakentiere (Monotremata)	Vor- u. Hinterstirnbein, Rabenschnabelbein, Beutelknochen, Magen ohne Drüsen, kein Uterus, Eileiter dickwandig, keratinabsondernd, Temperaturregulation unvollkommen	horniger Fußsporn auf eigenem Sesambein, darin Kanal von der Schenkeldrüse		werden im U.-Jura vermutet	Abb. 28
Schnabeligel (*Echidna, Zaglossus*)	Schultergürtel u. Schädel reptilienähnlich Nagelwall über den Krallen, legt 1 Ei, Embryo mit Eizahn, Beutel während der "Brutzeit"	Haare kräftig bis borstig, wurmförmige Zunge, keine Zähne, verlängerter Gesichtsschädel	Australien (Kurzschnabeligel *Echidna*) Neuguinea (Langschnabeligel *Zaglossus*)		PORTMANN THENIUS Film FT 810
Schnabeltier (*Ornithorhynchus anatinus*)	dunkelbraune Grannen- u. graubraune Wollhaare, legt 1 bis 3 lederschalige Eier in Uferhöhlen, keine Zitzen, Jungtiere lecken Milchsekret vom Bauchfeld der Mutter	weicher Hornschnabel, adult ohne Zähne nur mit Hornplättchen, Ohren verschließbar, Extremitäten mit Krallen und Schwimmhäuten	Ostaustralien, Tasmanien		
Streifenkiwi (*Apteryx australis*)	etwa hühnergroß, Langknochen ohne Luftsäcke, Skelettelemente der rudimentären Flügel echsenartig proportioniert, 13 schwache Schwungfedern, Brustbein ohne Kamm, Beine kurz und kräftig, scharfe Krallen, winziger Schwanzstiel, kleine Augen mit rückgebildetem Kamm (Pecten), Muskelmagen schwach, lange Blinddärme	haarähnliche Federn, extrem reduzierte Flügel, Schnepfenschnabel, tastempfindlich u. biegsam, Nasenlöcher seitlich an der Schnabelspitze, stark entwickeltes Riechhirn	Neuseeland Waldgebiete bis ins Hochgebirge	Pleistozän vermutlich U.-Kreide	Phywe-Dia Abb. 28

Art bzw. Gruppe	vorwiegend altertümliche Merkmale	neuerworbene Sonderanpassungen	heutiges Vorkommen	Fossil- funde	weiteres Arbeitsmaterial bzw. Vergleichsobjekte
Australischer Lungenfisch *(Epiceratodus forsteri)*	Körper walzenförmig, große Rundschuppen, Skelett vorwiegend knorpelig, keine geschlossenen Wirbelkörper , nur eine Lunge (bzw. Schwimmblase) dorsal vom Darm, Brust- u. Bauchflossen mit kräftiger Mittelachse, keine Rücken-Schwanz- u. Afterflosse, dafür ungeteilter Flossensaum, Quetschgebiß mit mächtigen Zahnplatten, Darm mit Spiralplatte, Herz unvollkommen in zwei Vorhöfe geteilt		Ostaustralien Queensland	Trias: *Ceratodus* Paläozoikum: *Uronemus, Dipterus*	V-Dia 2202312
Quastenflosser *(Latimeria chalumnae)*	1,5 m lang, bedornte und knochenverstärkte Kosmoidschuppen, gestielte Flossen: Hauptachse mit seitlichen Strahlen (Oberarm, Elle u. Speiche homologisierbar, anschließend eine Art Schultergürtel), Achsenskelett nur wenig verknöchert (hauptsächlich Chorda), winziges Gehirn (3 g bei 40 kg Körpergewicht), Herzkammern annähernd linear angeordnet, Spiraldarm, Rote Blutkörperchen ähnlich Amphibien	Nur die vordere Rückenflosse als Fächerflosse, "Fettsack" anstelle der Schwimmblase, kein Nasenrachengang (Choanen), kräftige spitze Einzelzähne	Seegebiet Komoren-Madagaskar unterhalb des Inselschelfs in 150 bis 800 m Tiefe	Devon bis Kreide: *Coelacanthus* im Süßwasser und Flachmeer Rhipidistia (Süßwasser) im Perm wieder ausgestorben	PORTMANN THENIUS GRZIMEK v. WAHLERT
Perlboot *(Nautilus)*	Einzige rezente Tintenfisch-Gattung mit äußerer Schale, Gehäuse planspiral eingerollt, 4 Kiemen	vorne "Wohnkammer", dahinter Gaskammern, die durch einen Siphonalstrang verknüpft sind, hydrostatische Funktion	Südwestpazifik Philippinen bis Australien, am Sockel ehemaliger Korallenriffe bis 700 m	Nautiloideen ab Ordovizium Nautilus-Typ erstmals im jüngeren Karbon. Gattung selbst seit Eozän	Schale Röntgenbilder
Schwertschwänze *(Limulus, Carcinoscorpius, Tachypleus)* = Pfeilschwanz-"krebse"	Zweiteiliger gewölbter Rückenpanzer, ca. 60 cm einschließlich Schwanzstachel, zahlreiche gegliederte blattförmige Extremitäten mit Atemorganen, Pedipalpen und 1. bis 3. Laufbeine jeweils mit Scheren am Ende (ähnlich Skorpionen u. Krebsen)	dicke Chitinkuticula ohne Kalkeinlagerungen	Flachsee *L. polyphemus* Nordamerikan. Atlantikküste, Golf v. Mexiko; *C. rotundicauda* Bengalischer Golf bis Philippinen; T. gigas Küsten von Neuguinea, China, Japan	*Mesolimulus* im Jura; andere Schwertschwänze seit dem Kambrium	Einschlußpräparat KAESTNER THENIUS 1965

(Forts. Tab. 7)

Art bzw. Gruppe	vorwiegend altertümliche Merkmale	neuerworbene Sonderanpassungen	heutiges Vorkommen	Fossilfunde	weiteres Arbeitsmaterial bzw. Vergleichsobjekte
Blattfußkrebse *(Branchiopoda)* Kiemenfüße (Anostraca)	Reiche, gleichartige Gliederung des Rumpfes, Nervensystems und Herzens ohne Carapax Komplex- und Naupliusaugen	Blattförmige Turgorextremitäten 2. Antenne beim Männchen zu einem Greiforgan ausgebildet Weibchen mit Brutsack; Eier können austrocknen rasche Generationenfolge	*Artemia salina* in salzhaltigen Binnengewässern *Chirocephalus* in Frühjahrstümpeln lichter Wälder		Artemia-Eier im Auarienhandel In Buchenwaldtümpeln nach der Schneeschmelze
Phyllopoda Notostraca	Bis über 40 Segmente, unter einem breiten Rückenschild, ein Paar sehr lange Schwanzanhänge. Bis zu 70 Beinpaaren (hintere Segmente bis 6 Extremitäten)	in Mitteleuropa fast nur parthenogenetisch	*Triops cancriformis*	Trias Gattung schon im Perm	in kurzzeitigen Lachen von Aulandschaften

nen komplizierter geworden, was auf einen reicheren Speicher für genetische Informationen zurückzuführen ist (Genom) (Abb. 29).

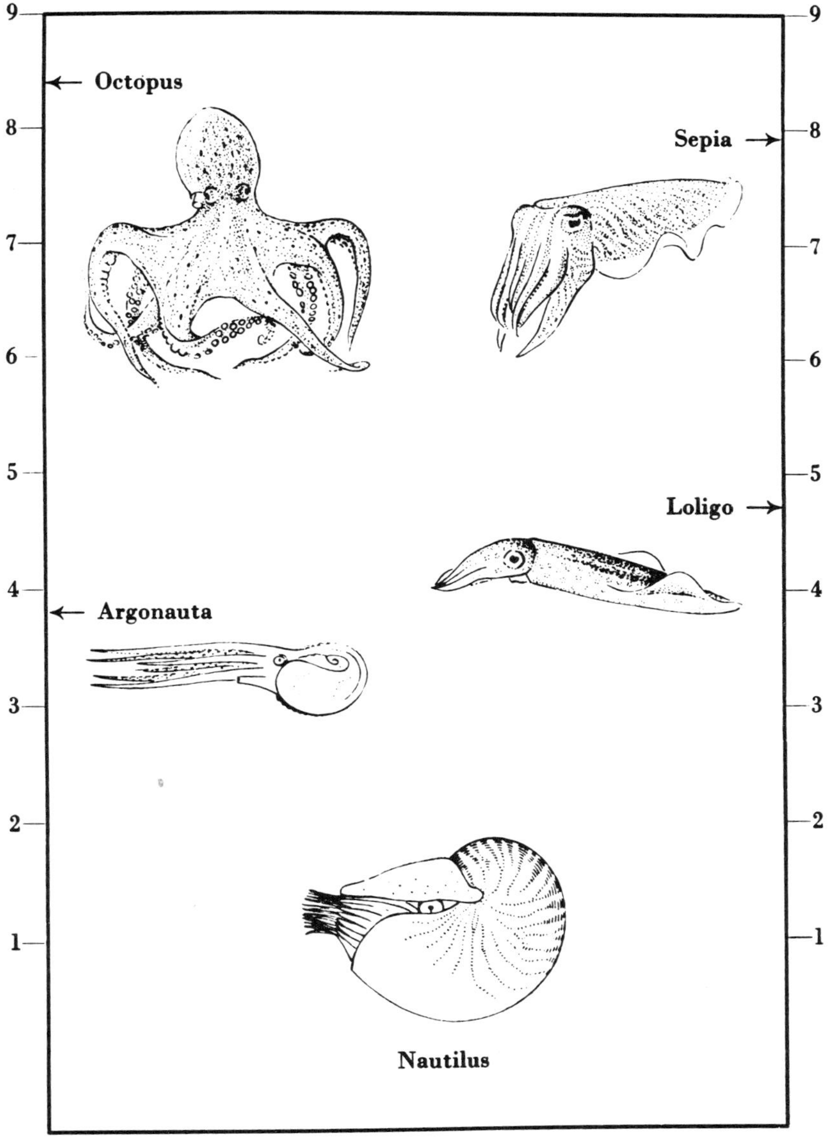

Abb. 29: Der Hirnindex als Maß für die Organisationshöhe innerhalb der Tintenfische. (Nach PORTMANN 1960 und WIRZ 1959).

Die Zunahme der Hirnmasse relativ zum Körpergewicht (Cerebralisationsgrad) ist meist mit einer Erweiterung übergeordneter Zentren gegenüber archaischen Hirnabschnitten gekoppelt und bedeutet somit eine Steigerung der Komplexität des Zentralnervensystems. Das wiederum ist maßgebend für die Organisationshöhe der Art. Wirbeltiere verleihen diesem organisatorischen Fortschritt durch spontane Verhaltensweisen und freiere Beziehungen zur Umwelt auffallenden Ausdruck.

Die quantitativen Untersuchungen PORTMANNS und seiner Schule über Hirnindices (Massenquotient eines Hirnteiles u. des Stammrestes bzw. Gesamtkörpergewichtes) können von interessierten Schülern in dieser Richtung ausgewertet werden (Tintenfische Abb. 29, Erdhörnchen – Primaten, Beutelratte – Riesenkänguruh; siehe PORTMANN 1965, WIRZ 1959).

c) Zusammenfassung

Organisationshöhe ist die stammesgeschichtliche Entwicklungsstufe einer Art oder engeren Verwandtschaftseinheit.

Die Organisationshöhe gibt die Gesamtheit der Abwandlungsgrade biologisch dominierender Einzelorgane an. „Man kann ganz allgemein die Entwicklungshöhe der Lebewesen danach beurteilen, wie viele Informationen sie sammeln, speichern und evtl. weiterreichen können." (WICKLER)

Organisationssteigerung ist die Erhöhung des gesamten Integrationsniveaus, und zwar nicht durch Addition, sondern durch Differenzierung und Koordinierung von Teilen.

Sie intensiviert allgemeine Funktionen und verstärkt die Aktivitäten zur Umwelt; der morphologische und physiologische Fortschritt macht aber nicht ohne weiteres überlebensfähiger.

Gleichwohl sprechen die Abfolgen von Fossilien aus übereinanderliegenden Erdschichten in der Mehrzahl der Fälle dafür:

Die höher organisierten Lebewesen sind im Laufe der Erdgeschichte aus einfacher organisierten hervorgegangen.

E 4. Spezialisierung – Erfolg und Risiko

Die Endstadien einiger Entwicklungslinien fallen dadurch auf, daß ihre Organe und Teile auf eine bestimmte Lebensweise besonders zugeschnitten erscheinen. Diese tiefgreifende Wechselbeziehung zwischen Organismus und Lebensforderungen können wir nur als extreme Anpassung verstehen. Eine derartige Ausprägung von Organen oder auch ganzen Lebewesen mit hervorspringend ökologisch-physiologischer Komponente heißt Spezialisierung. *Spezialisationsmerkmale* finden wir auf Organisationsgipfeln ebenso (epiphyt. Orchideen, Kolibris, Einhufer, Paarhufer) wie bei geringer Gesamtorganisationshöhe (Waldrebe, Teichrosen, Neunaugen, Springschwänze, Austral. Lungenfisch).

Das „Parade"-Pferd der Paläontologie gestattet eindrucksvoll (Extremitäten-, besonders auch Schädel- und Gebißveränderungen), die Spezialisie-

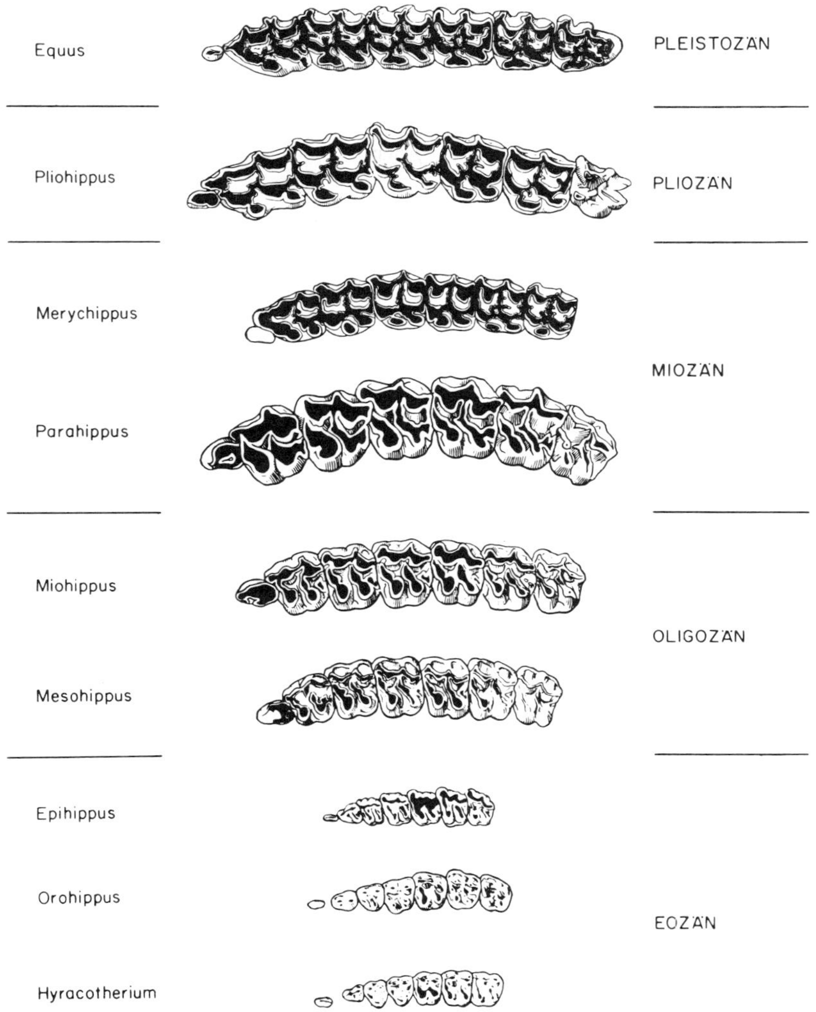

Abb. 30: Spezialisierung in der Merkmalsgeschichte des Pferdegebisses (Molarisation). (Nach MATTHES aus KUHN-SCHNYDER 1967).

rung als phylogenetischen Prozeß abzulesen (Abb. 30). Auch die Elefantenartigen lassen in ihrer Geschichte einen deutlichen Trend zur Spezialisierung erkennen (Abb. 31). Manche heute lebenden Arten verweilen im derzeitigen Endpunkt einer Spezialisierung und erlauben uns Einblicke in ihren Evolutionsweg, selbst wenn nicht alle dahin führenden Einzelschritte fossil bekannt sind: die stechend-saugenden Mundwerkzeuge von Insekten betehen aus denselben Homologa wie die kauenden; die Saugscheibe des Schiffshalters ent-

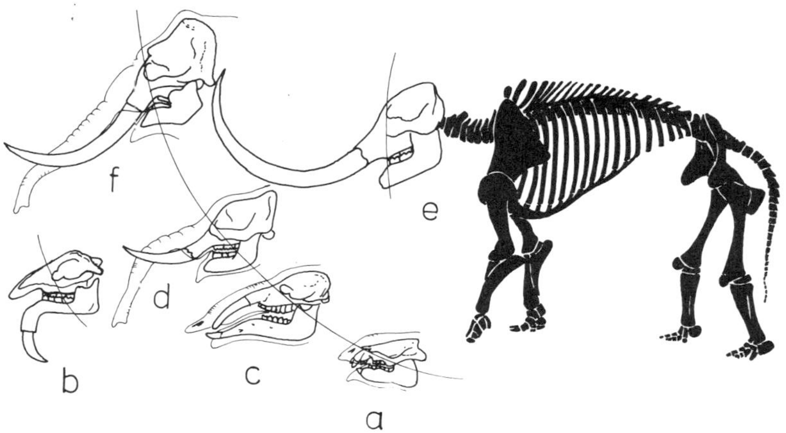

Abb. 31: Die Merkmalsgeschichte wichtiger Kopfstrukturen (Backenzähne, Stoßzähne, Rüssel) der Elefantenartigen ist eine zunehmende Spezialisierung. a) *Moeritherium,* spätes Eozän und frühes Oligozän, b) *Dinotherium,* Känozoikum, c) *Serridentinus,* Pliozän, d) *Stegomastodon,* Pleistozän, e) *Mastodon americanus,* Pleistozän, f) *Parelephas* (Mammut), Pleistozän. (Nach COLBERT).

steht z. T. aus der nach vorn verlagerten ersten Rückenflosse; mehrere Parasitenarten aus derselben Gruppe weisen oft unterschiedliche Bindungen an ihren Wirt auf (Tab. 8).

Tabelle 8: Spezialisierung auf unterschiedlichen Integrationsniveaus

Organe
Sproß von Xerophyten, bes. Sukkulenten
Drüsenhaare von insektenfressenden Pflanzen
Blatt- und Sproßranken
Luftwurzeln von Mangrovebäumen
Stechrüssel von Wanzen, Stechmücken, Stechfliegen
Sammelhöschen der Honigbiene, Bauchbürste der Solitärbienen
Schnabel und Zunge der Spechte
Maul und Zunge von Ameisenbär und Ameisenigel
Flughand von Fledermäusen
Ruderhand von Zahn- und Bartenwalen
Hängehand von Faultieren
Scharrhand von Ameisenbären und Erdferkel
Sprungbeine des Riesenkänguruhs
Leuchtorgane
Organismen (Arten bzw. systematische Gruppe)
Mistel, Kleeseide, Ananasgewächse
Heißwasser-Blaualgen
Bandwürmer (Nahrungsaufnahme, Atmung)

(Forts. Tab. 8)

Zecken (Nahrungsaufnahme, -speicherung)
Gallwespen, Gallmücken (Eiablage, Brutvorsorge)
Blatt- und Rüsselkäfer (Nahrung, Brut)
Larve der Lidmücke *(Liponeura)* mit Saugnäpfen in schnell fließenden Bächen
Hochseekalmare (Fortbewegung)
Schiffshalter (Begleiter von größeren Fischen und Haien)
Kolibris (Nahrungsaufnahme und Rüttelflug)
Pinguine (Fortbewegung, Brutverhalten)
Afrikanische Straußgazellen
Känguruhs
Fischotter, Seeotter
Maulwurf, Goldmulle, Beutelmulle, Maulwurfsratte
Lebensformtypen
Innen- und Außenparasiten
Lianen
Oberflächenschwimmende Wasserpflanzen
Insektenfressende Pflanzen
Sandlückenbewohner der wasserlebenden Wirbellosen (Meiofauna)
Plankter
Tiefseetiere
Hochseedauerschwimmer
Erdgräber unter Säugern

Vor- und Nachteile der Spezialisierung wägen wir anschaulich gegeneinander ab, indem wir uns zwei Arten, von denen die eine extrem spezialisiert, die andere mehr generell angepaßt ist, kurzfristig in veränderte Lebensbedingungen versetzt vorstellen. Beispiele: Haubentaucher und Aaskrähe; Wüstenspringmaus oder Flughörnchen oder Blindmull einerseits, Wasserratte andererseits (LORENZ, Psychologie und Stammesgeschichte); Hygrophyt (Hirschzunge) und ubiquistisches Unkraut (Löwenzahn); Schimpanse und Riesenkänguruh (PORTMANN Abb. 111) etc.

„Die Fabel vom Pavian und vom Fischotter" (etwas verändert), aus KLEEMANN, G., Die peinlichen Verwandten 1966, Kosmos-Bibl. 249:

»Es war einmal ein Farmer, der war noch nicht so gebildet wie heutzutage ein Schüler, der in Biologie aufgepaßt hat. Dieser Farmer beherbergte in seinem Haus in Afrika zwei eben geborene Tiere: einen ganz kleinen Fischotter und einen ganz kleinen Pavian.

Der Fischotter durfte nie zum Wasser, und statt Fischen und Krebsen mußte er das Fleisch von allerlei Wild und Vögeln fressen. Der Pavian aber bekam keine Früchte, Knospen, Insekten und kleine Säugetiere, sondern nur eine Schüssel voll Mischfutter, wie es den Hunden vorgesetzt wurde. Dabei wurden aber sowohl der

Fischotter als auch der Pavian groß und stark. Ihre Freßnäpfe waren zwar mit Dingen gefüllt, die ihresgleichen in freier Natur nicht fressen, aber es mangelte ihnen doch an nichts.

Als die Tiere drei Jahre alt waren, wurden sie freigelassen: der Fischotter an einem Fluß und der Pavian in seiner Bergheimat. Der Fischotter, der noch nie eine Wasserfläche gesehen hatte, und der noch nie geschwommen war, sprang voll Freude in den Fluß, schwamm flink umher und fing bald einen Karpfen und eine Krabbe, die er beide sofort auffraß, obwohl er nie zuvor einen Fisch und eine Krabbe gesehen hatte.

Der Pavian wußte nicht wie ihm geschah, als er frei war. Er hockte hungrig und hilflos in der Freiheit und wollte zu seinem menschlichen Freunde zurück, der ihm endlich aus Erbarmen zeigte, wie man Skorpione fängt, denn das lernen die kleinen Paviane bei ihren Müttern. Der Affe war gelehrig, doch bald darauf fraß er eine giftige Frucht und daran wäre er beinahe umgekommen.

(Da sah der Farmer, daß man einen Affen nicht wie einen Fischotter in die Freiheit jagen darf. Ein Affe muß zuerst lernen, was für ihn gut und was für ihn schlecht ist. Der Otter und seine Brüder „wissen" das von der Stunde ihrer Geburt an, denn sie werden von ihren angeborenen Verhaltensweisen gelenkt. Die Affenkinder aber müssen Leben-Lernen, damit sie überleben können.)

Und deswegen leben die Paviane wohl noch lang, die Fischotter aber werden wohl bald ausgestorben sein.«

In Klassen, die im biologischen Denken geschult sind, ist es möglich, den vorletzten eingeklammerten Absatz beim Vorlesen auszulassen und seinen Inhalt nach der „Moral von der Geschicht" in einer Schülerdiskussion zusammenzutragen.

Ein Beispiel zur Spezialisierung aus der Technik, das dem Verständnishorizont vieler Jungen nahe liegt, mag derartige Gegenüberstellungen noch unterstreichen: Wie bewegt sich ein PKW auf der Autobahn, wie auf Feldwegen und schneeverwehten Straßen? Oder m. a. W.: Was leistet ein perfektioniertes technisches Gerät, wenn es unter Bedingungen eingesetzt werden muß, für die es nicht konstruiert ist?

Nach allen biologischen Erfahrungen wird offenkundig, daß der Spezialist einschneidenden Umweltveränderungen hilflos preisgegeben ist. Eine Art erliegt um so rascher, je einseitiger Spezialisationsmerkmale bei ihr ausgebildet sind, d. h. phylogenetisch, je weiter der Spezialisierungsgrad vorangetrieben ist.

Einerseits steigert Spezialisierung die Leistungsfähigkeit von Organen unter bestimmten Lebensbedingungen und erlaubt damit eine optimale Ausnutzung besonderer Umweltgegebenheiten. Einzelne Anpassungscharaktere können intensiviert, ja sogar neue Lebensformmerkmale erworben werden. Andererseits wird dieser Fortschritt durch Einschränkung ursprünglicher Potenzen erkauft. Häufig wird die ökologische Valenz eingeengt. Bisweilen liegt ein Spezialist im gesamten Integrationsniveau weit unter der Organisationshöhe eines vergleichbaren Generalisten (Parasiten, marine Blütenpflanzen); ein Generalist dagegen kann ohne Spezialisationsmerkmale beachtliche Organisationshöhe erreichen (Gorilla, einige Laufkäfer, Sonnenblume).

Spezialisierung ist eine enge und scharfe Einpassung in einen bestimmten Lebensraum oder an eine bestimmte Lebensweise.

Die Spezialisierung kann als extreme Version der Differenzierung mit deutlichem Anpassungscharakter aufgefaßt werden. Dabei ist terminologisch folgendes zu beachten: Der Begriffsgegensatz lautet nicht spezialisiert – primitiv, sondern *spezialisiert – unspezialisiert.*

E 5. Sind Evolutionswege umkehrbar?

In der rezenten Lebewelt ungewohnte, enorm große Ausbildungen von Zähnen, Geweihen u. ä. werden von einigen Biologen als „Überspezialisierung" bezeichnet (Säbelzahntiger, Mammut, Riesenhirsch, Stegosaurus). Nach dieser Deutung werden die Exzessivbildungen jener Arten für das Aussterben ihrer Träger verantwortlich gemacht. Die Superformen seien auf ihren extremen Evolutionspfaden in Sackgassen geraten, aus denen heraus sie sich nicht weiter oder nicht schnell genug an veränderte Lebensbedingungen anpassen konnten. Diese Hypothese zu einer allgemeingültigen Aussage zu erheben, oder sie dergestalt umzuwenden, daß die letzten Vertreter aussterbender Verwandtschaftseinheiten notwendig spezialisiert oder sehr groß sein müßten, ist abwegig. Gewiß erprobt die Evolution ökologische Nischen mit kürzerem oder anhaltenderem Erfolg (vgl. J 4). Immerhin existierten manche dieser anscheinend „überspezialisierten" Gruppen einige Millionen Jahre; ihre Exzessivbildungen waren meist sekundäre Geschlechtsmerkmale.

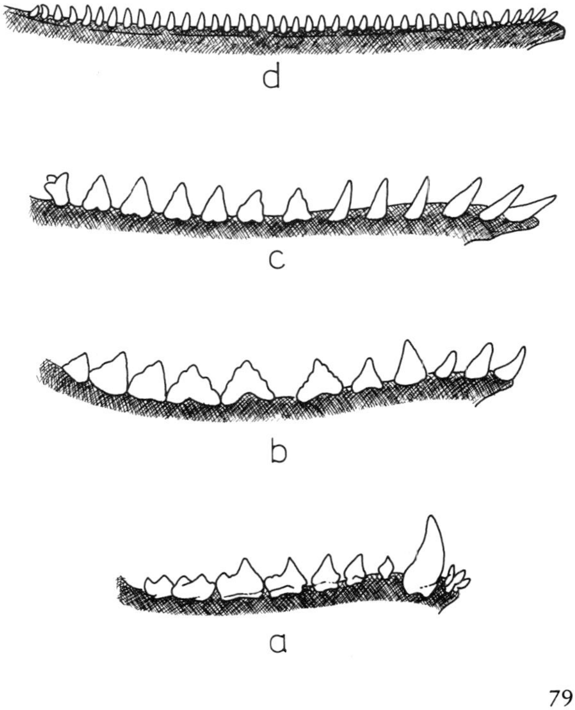

Abb. 32: Entdifferenzierung des Gebisses im Verlauf der Stammesentwicklung der Zahnwale aus Landraubtieren. a) Raubtier *(Creodontia),* Eocän, b) Urwal *(Prozeuglodon),* Eozän, c) Zahnwal *(Squalodon),* mittl. Tertiär, d) Delphin *(Delphinus),* rezent. (Aus PORTMANN 1959).

Generell läßt sich allenfalls feststellen: extreme Spezialisierung schließt im allgemeinen eine weitere Steigerung der Organisationshöhe aus.

Obwohl demnach weiterfördernde Höherentwicklung ein gewisses Unspezialisiertbleiben voraussetzt, bedeutet das aber nicht, daß mit jeder Spezialisierung ein Übergang zu anderen Entwicklungsrichtungen unmöglich wird, schon gar nicht bei Einzelstrukturen (Abb. 32). So kennen wir bei Fortbewegungs- und Ernährungsspezialisationen Abänderungen, die uns dem Bauplan nach überraschen oder ihn bis zur Unkenntlichkeit überlagern. Unter den Seescheiden (Ascidien), die zum Lebensformtyp der festsitzenden Strudler zählen, sind Tiefseeformen bekannt geworden, welche zum Verschlingen kleiner Nahrungsbrocken übergegangen sind *(Hexacrobylus, Gasterascidia)*. Die Kieme der Mollusken wird als Respirationsorgan, als Klebfilterapparat und schließlich als Brutorgan (Kugelmuscheln) verwendet. Einige Arten aus Gruppen festsitzender Tiere können wieder frei beweglich werden, z. B. von Moostieren *(Monobryozoon ambulans)*, von sessilen Rädertieren *(Collotheca pelagica, Conochiloides)*, von Haarsternen *(Antedon, Comatula)*, von Seescheiden (*Psammostyela, Heterostigma reptans*, d. s. Kleinstarten interstitiell im Sediment) (Abb. 18, 20).

Gar nicht selten erlangte eine anfänglich nebengeordnete Struktur immer mehr die führende Rolle, oder eine Nebenfunktion eines Organs verdrängte die ursprünglich dominierende und wurde zur Hauptfunktion. Selbst komplizierte und mit spezieller Aufgabe betraute Organe können eine Funktionserweiterung erfahren und sogar umkonstruiert werden, so daß sie einen phylogenetischen Richtungswechsel vollziehen (vgl. Tab. 2).

Das sog. DOLLOsche Gesetz behauptet, die stammesgeschichtliche Entwicklung sei irreversibel. Das mag für bestimmte Fälle, insonderheit für Gesamtbaupläne und komplexe Organsysteme zutreffen. Wie jedoch die Entdifferenzierungs- und Funktionswechselprozesse im Gefolge von speziellen Anpassungen beweisen, können Einzelstrukturen sehr wohl zu organisatorisch primitiveren Stufen zurückkehren (Abb. 32) (Vgl. M 2. „Spezialisationsdenken“ im Zusammenhang mit der Hominiden-Evolution).

Literatur

AX, P.: Die Entstehung neuer Organisationstypen im Tierreich. Neue Brehmbücherei Bd. *258*, Wittenberg-Lutherstadt 1960.

HÖLDER, H.: Naturgeschichte des Lebens. Verständliche Wissenschaft Bd. 93 Berlin–Heidelberg–New York 1968.

KUHN-SCHNYDER, E.: Paläontologie als stammesgeschichtliche Urkundenforschung. In HEBERER, G.: Die Evolution der Organismen. 3. Aufl., pp. 238–419, Stuttgart 1967.

MÄGDEFRAU, K.: Die Geschichte der Pflanzen. In HEBERER, G.: Die Evolution der Organismen. 3. Aufl., pp. 551–580, Stuttgart 1967.

PORTMANN, A.: Einführung in die vergleichende Morphologie der Wirbeltiere. 2. Aufl., pp. 335, Basel 1965.

REMANE, A., STORCH, V. und WELSCH, U.: Systematische Zoologie, Stuttgart 1976.

THENIUS, E.: Lebende Fossilien. Kosmos-Bibliothek Nr. 246, Stuttgart 1965.

F. Die Rekonstruktion der Stammesgeschichte

Ziel der Phylogenetik bleibt es, ein vollständiges Bild der Stammesgeschichte ganzer Ordnungen, Klassen, ja der gesamten Lebewelt aufzuzeichnen, „obwohl wir nicht dabeigewesen sind". Tatsächlich haben Paläontologen wie auch Zoologen und Botaniker nicht nur phylogenetische Einzelprozesse, sondern die Sippengeschichte vieler Verwandtschaftsgruppen realhistorisch darstellen können (Abb. 33, 34, 35). Welche Untersuchungen und Schlußfolgerungen benötigt die Wissenschaft, um vollständige Stammbäume zu gewinnen?

F 1. Von der Merkmalsgeschichte zur Sippengeschichte

Bereits bei der ersten Besprechung eines wichtigen Fossils (Archaeopteryx, Quastenflosser, Ginkgo) haben wir die ausgestorbene Form mit heutzeitlichen Arten in Beziehung zu setzen versucht. Nach anfänglichen Homologie-Untersuchungen an einzelnen Merkmalen besteht das Bedürfnis, vielleicht sogar eine gewisse Spannung, das gewonnene Ergebnis graphisch anschaulich darzustellen; das heißt aber nichts anderes als „Zweige" eines „Stammbaums" zu entwerfen.

Jene propädeutischen Schemata werden jetzt wieder aufgegriffen und zu fundierten Stammbäumen (Dendrogrammen) ausgebaut. Doch sollte schon bei der Aufstellung von Merkmalsreihen der Eindruck vermieden werden, es gäbe eine Merkmalsentwicklung ohne Stammesentwicklung. Denn nicht Merkmale evoluieren isoliert, sondern ganze Lebewesen, wenn auch die Evolutionsgeschwindigkeit aller Merkmale einer Artenreihe kaum je gleich sein dürfte. Lediglich technische Gründe zwingen uns, zunächst den Blick auf Einzelheiten im Gesamtorganismus zu konzentrieren.

a) Methode

Nachdem es gelungen ist, Abwandlungsgrade mehrerer Organsysteme zu erfassen und daraus Merkmalsgeschichten abzuleiten (vgl. E 2), gilt es jetzt, getrennte Befunde zusammenzufassen. In vielen Fällen läßt bereits die Organisationshöhe direkt die Eingliederung in ein zeitliches Beziehungsgefüge zu. Doch kommt es ebenso auf einzelne Züge der Abwandlung an, etwa die Berücksichtigung von Spezialisationsmerkmalen oder anderen Angepaßtheiten. Ist eine Art in einem Komplexmerkmal abgeleitet, so wird sie meist nicht der Ahn von Arten sein, welche jenes Merkmal in ursprünglicher Ausbildung besitzen, es sei denn, Entdifferenzierungen, Funktionswechsel oder bestimmte Richtungsänderungen seien eindeutig nachzuweisen (Abb. 32).

Die Anweisung eines phylogenetischen Ortes im Stammbaum verlangt gewissermaßen ein biologisches Integral. Zudem ist diese Synthese das Resultat einer Bewertung. Wir müssen entscheiden, welche Merkmale als wesentlich zu gelten haben. Gelegentlich streiten sich die Taxonomie-Spezialisten über den systematisch-phylogenetischen Stellenwert einzelner Merkmale, vornehmlich bei solchen Arten, die primitive und progressive Merkmale mosaikartig in sich vereinigen. Trotzdem brauchen wir vor einer solchen Bewertung nicht zurückzuscheuen; sie ist keineswegs subjektiv, vielmehr hat sie sich an den übrigen biologischen Erfahrungsbereich zu halten.

Geeignete Unterrichtsbeispiele: Blütenpflanzen (vgl. Aufgabengruppe F).

Auch durch biochemische Vergleiche (z. B. Aminosäuresequenzen in Cytochrom-c-Peptiden, α-Hämoglobin) wird versucht, „Stammbäume" der Trägerarten aufzustellen. Man darf sich aber nicht von dem zunächst faszinierenden Erfolgswunsch darüber hinwegtäuschen lassen, daß hiermit kein eigenständiges phylogenetisches Ergebnis geboten wird, sondern vorläufig bestenfalls ein „molekularbiologischer Kalender der Evolution".

b) Brückenformen: „Nullwertahn" oder Seitenglied?

Wie sahen die Organismen aus, die wir mit den Verzweigungspunkten der Stammbäume meinen? Schüler haben Freude an der Spekulation und gelangen meist – wie manche Wissenschaftler vor uns – zu einer Zwischenform, welche gewissermaßen ein „arithmetisches Mittel" in allen Charakteren ist,

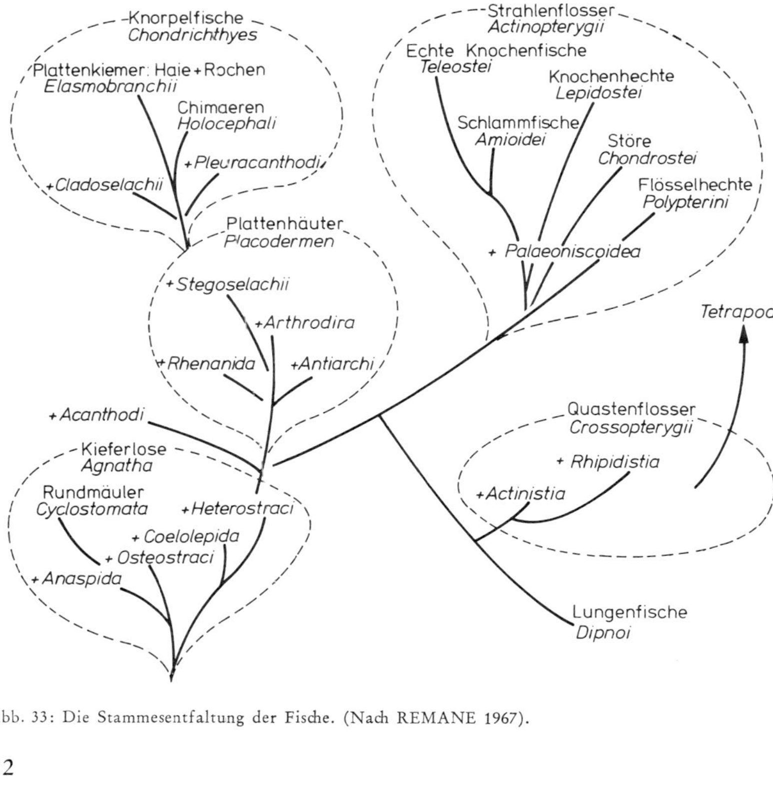

Abb. 33: Die Stammesentfaltung der Fische. (Nach REMANE 1967).

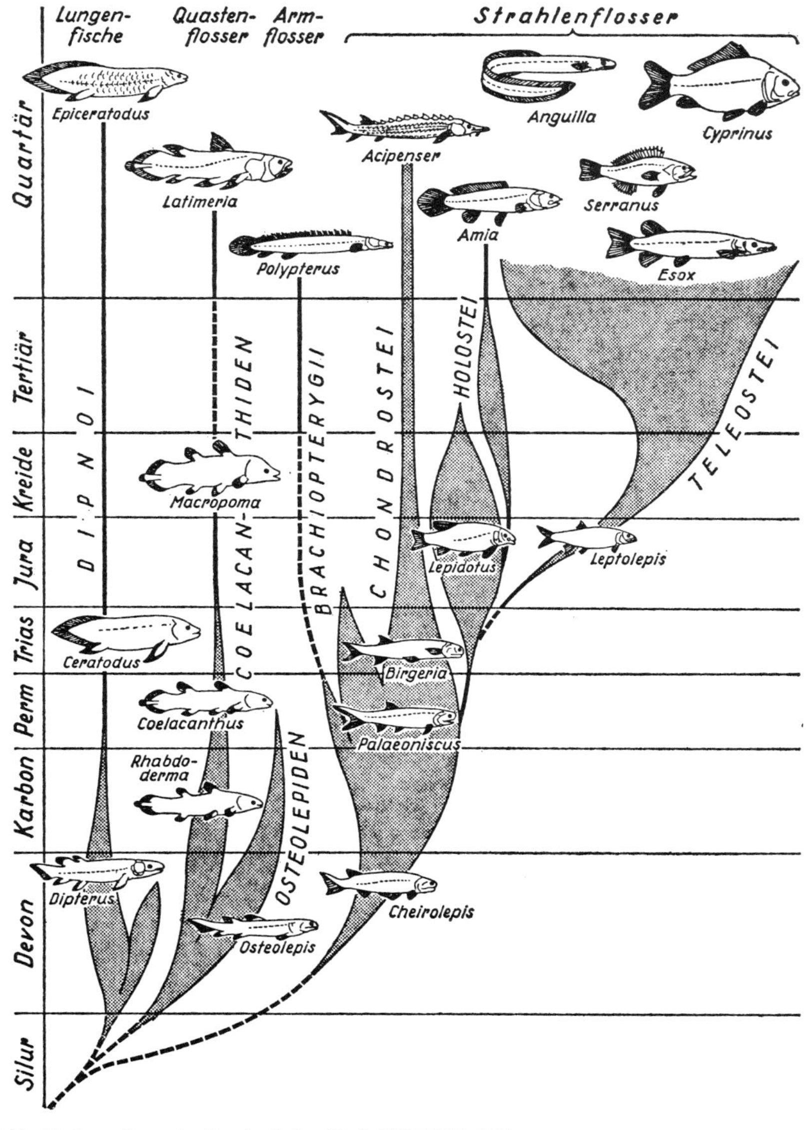

Abb. 34: Stammbaum der Knochenfische. (Nach THENIUS 1965).

die auch die Nachfolger aufzuweisen haben. Es wird ein Wesen konstruiert, dem keinerlei Angepaßtheit eigen ist. Da niemals Fossilien gefunden wurden, welche derartige Forderungen erfüllten, ist aus der Nichtexistenz solcher

„missing links" eine polyphyletische Stammesentwicklung ohne Aufspaltung gefolgert oder sogar die gesamte Deszendenztheorie in Frage gestellt worden.

Darf eine Ahnenform in keiner komplexen Eigenschaft differenzierter sein als ihre Nachkommen? Vielleicht trifft es zu, daß von einigen Arten, die eine Brücke zwischen zwei Gruppen schlagen, keine extrem spezialisierten Merkmale in zwei Richtungen ausgingen. Formen, die hingegen überhaupt keine positiven Anpassungsmerkmale besitzen, sog. „Nullwertahnen" (REMANE), kann es überhaupt nicht gegeben haben, weil sie nicht lebensfähig wären. Die Forderungen, welche wir nach biologischen Erfahrungen an reale Brückenformen stellen dürfen, sind von der Paläontologie vollauf bestätigt, auch wenn sie immer wieder als Seitenglieder mit Eigenwegen charakterisiert werden (Schnabeltier, Archaeopteryx, Dachschädler, Quastenflosser, Urweichtier) (vgl. Spalte 3 in Tabelle 7).

F 2. Stammbäume

Welche Darstellungsform phylogenetischer Ergebnisse ist für den Lernenden am günstigsten? – In allen neueren Büchern über die Evolution der Organismen finden wir Stammbäume. Sie bieten hinsichtlich wissenschaftlicher Aussagekraft und praktischer Lehrverwendung recht Unterschiedliches. Gemeinsam sind ihnen gabelästige (distiche) Verzweigungen. Schon BONNET äußerte 1764 Zweifel an der Einreihigkeit seiner Stufenreihen. Seither hat sich für die systematisch-phylogenetischen Beziehungen der Lebewesen bis hinab zur Art „das Gabelungsschema mit zwingender Notwendigkeit als die allein adäquate Darstellungsform der natürlichen Verwandtschaft ergeben" (REMANE). Innerhalb der Art kann ein Netzschema, das die Verknüpfung von Rassen und Populationen ausdrückt, die umfassenden Gruppenstammbäume ergänzen (z. B. Stammesgeschichte der Hominiden, Artbildungsprozesse mit Einkreuzung).

Eine Version von Stammbäumen betont die gegenseitigen phylogenetischen Verknüpfungen und die Relation in der Organisationshöhe (Abb. 33). Dabei gibt der Abstand von der Basis hauptsächlich die Organisationshöhe, gleichzeitig auch das stammesgeschichtliche Alter an. Absteigende Linien drücken rückläufige Evolutionstendenzen aus. Kreise o. ä. Figuren schließen Verwandtschaftsgruppen ein (Ordnungen, Familien), wobei die rezenten Arten mehr der Peripherie genähert, ausgestorbene im Innern gruppiert werden. Leider ist die Zeit nur bedingt abzulesen, weil die Organisationsänderungen keineswegs mit der Zeit Schritt halten.

Die konsequenteste zweidimensionale Darstellung wird erreicht, wenn man zwei Koordinaten in einer Ebene genau definiert: Auf der vertikalen Achse (Ordinate) soll die Zeit abgetragen werden, auf der horizontalen Achse (Abszisse) die Organisationshöhe oder irgendein wichtiger Abwandlungsgrad. Weiterhin bedeuten Strecken bestimmte Ahnenreihen, ihre Dicke die Artenzahl. Einzelpunkte repräsentieren Arten bzw. höhere Taxa, die Gabelungspunkte spiegeln entscheidende Bindeglieder (missing links) wider (Abb. 34, 35). Evolutionswege, die mit Entdifferenzierungen, Abnahme der Organisationshöhe usw. ablaufen, erscheinen als nach links oben strebende Linien. Die „Steigung" einer „Kurve" kann die Evolutionsgeschwindigkeit mit angeben.

Nach dieser Vereinbarung kann sogar ein Schüler, wenn erst drei Formen

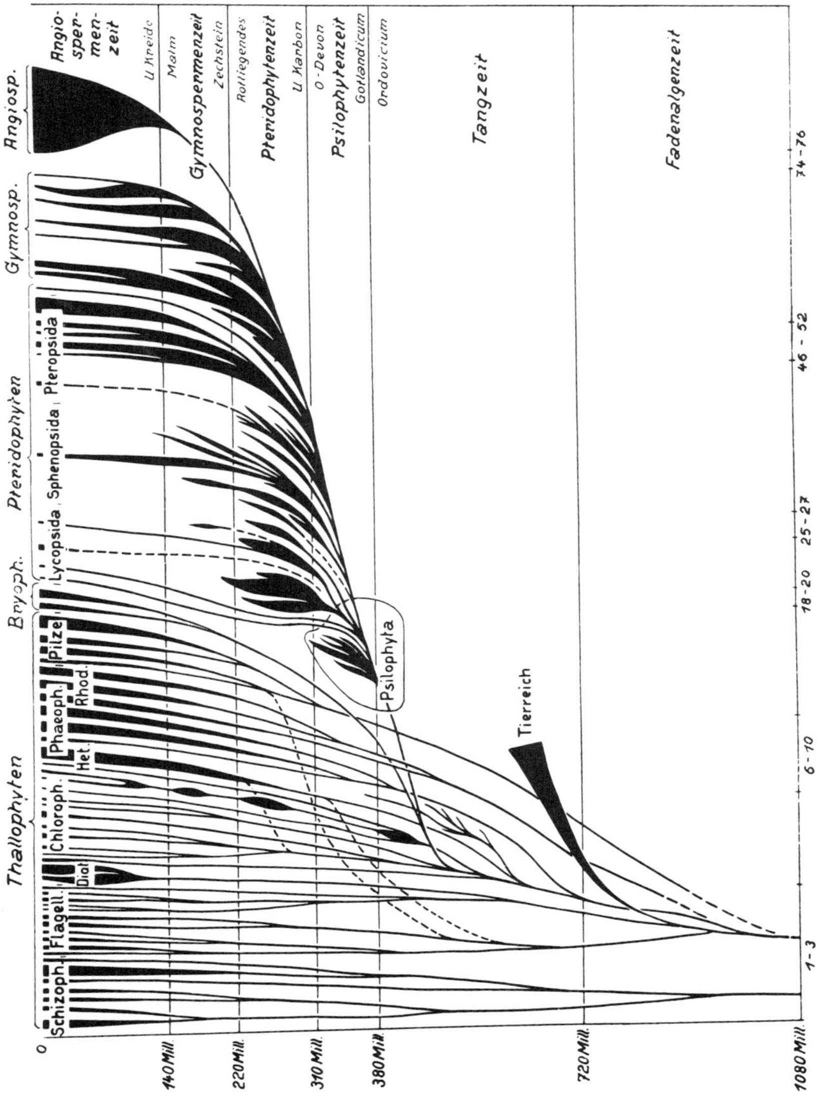

Abb. 35: Stammbaum des Pflanzenreichs. Abszisse: Zahl der unterscheidbaren Zellsorten in logarithmischem Maßstab. Ordinate: Zeiten in absoluten Werten. (Nach ZIMMERMANN 1954).

phylogenetisch beurteilt worden sind, einen Stammbaum aufstellen. Zwar ist dem Anfänger keine quantitative Darstellung möglich, doch kann er mit Schätzungen eine Näherung anstreben.

Eine wissenschaftlich geringfügige, praktisch dagegen recht beachtliche Stammbaumvariante läßt sich dadurch erreichen, daß man die rechtwinkligen Koordinaten durch Kreiskoordinaten ersetzt. Hierzu wird die Zeit auf die Radien, die Organisationshöhe auf die Kreisumfänge übertragen, so daß mehr Platz für die rezenten Arten bzw. Gruppen gewonnen wird, evtl. auch anschauliche Skizzen je eines Vertreters eingefügt werden können (Abb. 44).

Aufgabengruppe F

Entwickeln Sie die phylogenetischen Beziehungen der vorliegenden Pflanzen durch vergleichend-morphologische Untersuchung ihrer Blüten!

a) Führen Sie einen Homologie- bzw. Analogie-Nachweis im einzelnen durch!
b) Zeichnen Sie die Blütendiagramme und stellen Sie die Blütenformeln auf!
c) Beurteilen Sie die Organisationshöhe und den Verwandtschaftsgrad der Pflanzen und stellen Sie danach einen Stammbaum auf!
d) Welche Merkmale kennzeichnen die hypothetischen Verzweigungsformen?

Untersuchungsmaterial: Lebende Blüten, die mit einfachen Hilfsmitteln leicht zu präparieren oder zu schneiden sind; volle Turgeszenz nicht erforderlich. Viele auch im Winterhalbjahr in Blumengeschäften käuflich.
Beispiele:
Tulpe – Schneeglöckchen – Anemone – Elfenbeinginster;
Hyazinthe – Narzisse – Krokus – Anemone;
Elfenbeinginster – Anemone – Akelei – Mauerpfeffer;
Löwenmäulchen – Schwertlilie – Tagetes – Glockenblume;
Seerose – Waldrebe (*Clematis*) – Stachelbeere – Süßkirsche;
Raps – Wiesenschaumkraut – Heckenrose – Vogelmiere;
Johanniskraut – Glockenblume – Sonnenblume – Akelei.
Ersatzmaterial: Zeichnungen, Wandkarten für einzelne Arten.

Voraussetzungen: Blütenmorphologie, Zergliederung von Blüten mit Lupe und einfachem Präpariergerät, Zeichnen eines schematischen Blütengrundrisses (Blütendiagramm), Aufstellen einer Blütenformel (z. B. Löwenmäulchen ↓ K 5 Bl (5) ♂ 4 ♀ (2)), auch Blütenstände mit einbeziehen. Homologie-Beweise, günstig auch an Ranales. Abwandlungsgrad und Merkmalsgeschichte, „Nullwertahn". Blütenökologie kann bereichern, hierzu nicht notwendig.

Abwandlungsmöglichkeiten: Bei der hier vorgeschlagenen Aufgabengruppe muß eine Art als Vertreter ihrer Familie beurteilt werden. Es können also ebensogut auch nächstverwandte Arten herangezogen werden. Am einfachsten gelingen Aufgaben mit vier Pflanzen, von denen je zwei etwa aus derselben Ordnung oder sogar Familie stammen, die anderen aber im Bauplan stärker abweichen. Schwieriger, z. T. unmöglich, ist die sichere Eingliederung von mehreren nahverwandten Arten. Bei botanisch gut geschulten Klassen kann evtl. noch verlangt werden, die Strukturierung der Laubblätter und vielleicht auch der Sproßachsen mit einzubeziehen.

Anmerkung: Auf den Entwurf von Blütendiagrammen und Blütenformeln sollte in keinem Falle verzichtet werden, weil sie zu einer präzisen Aussage zwingen. Auch muß dabei bereits das Homologisieren durchgeführt werden.

Literatur

REMANE, A.: Die Geschichte der Tiere. pp. 589–678, in HEBERER, G.: Die Evolution der Organismen Bd. I, 3. Aufl., Stuttgart 1967.

ZIMMERMANN, W.: Geschichte der Pflanzen. 2. Aufl., dtv / Thieme Verl., Stuttgart 1969.

III. Teil: Die Ursachen der Evolution

G. Grundfragen

Evolution ist eine Vielfalt eng verknüpfter historischer Prozesse, deren realen Verlauf wir nicht unmittelbar beobachten können, indem wir etwa die Generationen experimentell nachschaffen und ihre Abfolge untersuchen. Diese methodische Besonderheit der Phylogenetik als Naturwissenschaft wird nicht durch jene Grenzfälle eliminiert, in denen wir heute – etwa bei günstigen Laboratoriumsorganismen – in der Lage sind, Einzelschritte der Evolution kurzzeitig nachzuvollziehen. Weil wir die gesamte originale Faktorenkonstellation nicht wieder herstellen können, läßt sich die langfristige Wirkung von Evolutionsfaktoren nur auf indirektem Wege erschließen. Dabei setzen wir voraus, daß Erfahrungen und Kenntnisse über heutige Lebewesen auf die Vergangenheit rückübertragen werden dürfen, daß also unsere Kausalanalyse in winzigen Zeiträumen auch für die hinter uns liegenden Jahrhundertmillionen uneingeschränkt gilt (Aktualistisches Postulat).

Während der Phylogenese laufen zwei Veränderungsweisen immer wieder ab. Einmal ändern sich die Arten „in der Zeit". Es findet eine Artumbildung bzw. in längeren Zeiträumen eine Organisationsumbildung (Evolution i.e.S.) statt, so daß unterschiedliche Formen aufeinander folgen. Zum andern ändern sich die Arten „im Raume". Es findet eine Artaufspaltung bzw. eine Vermehrung der Arten (Speziation) statt, so daß unterschiedliche Formen gemeinsamer Herkunft gleichzeitig existieren. Diese zwei Evolutionsmodi lassen sich an jeder Stammbaumzeichnung veranschaulichen: (1) die Artumbildung „in der Zeit" entspricht dem „Wachstum" und Ausladen der Stammbaumzweige; (2) die Artaufspaltung „im Raume" entspricht den Gabelungsstellen des Stammbaumschemas. Heute verfügen wir sogar über direkte fossile Zeugnisse zur Artumbildung und Artaufspaltung in Gestalt von Variationskurven aus aufeinanderfolgenden Zeithorizonten (Abb. 36). – Obwohl beide Prozesse der Artänderung in der Gesamtevolution eng verflochten sind, ziehen wir der Klarheit wegen eine getrennte Analyse vor:

1. Welche Faktoren bewirken eine Änderung der Arten bzw. ihrer Organisation? (III J.)
2. Welche Faktoren führen zur Vervielfachung der Arten bzw. Rassen? (III K.)

H. Vom Ursprung der Variabilität

Bereits Darwin erkannte in der erblichen Variabilität der Organismen, zusammen mit ihrer Überproduktion von Nachkommen, die dynamische Quelle, welche die gesamte Evolution fortwährend speist. Allerdings waren bedeutsame Tatsachen, die uns erst später die Genetik geliefert hat, für ihn noch nicht zugänglich.

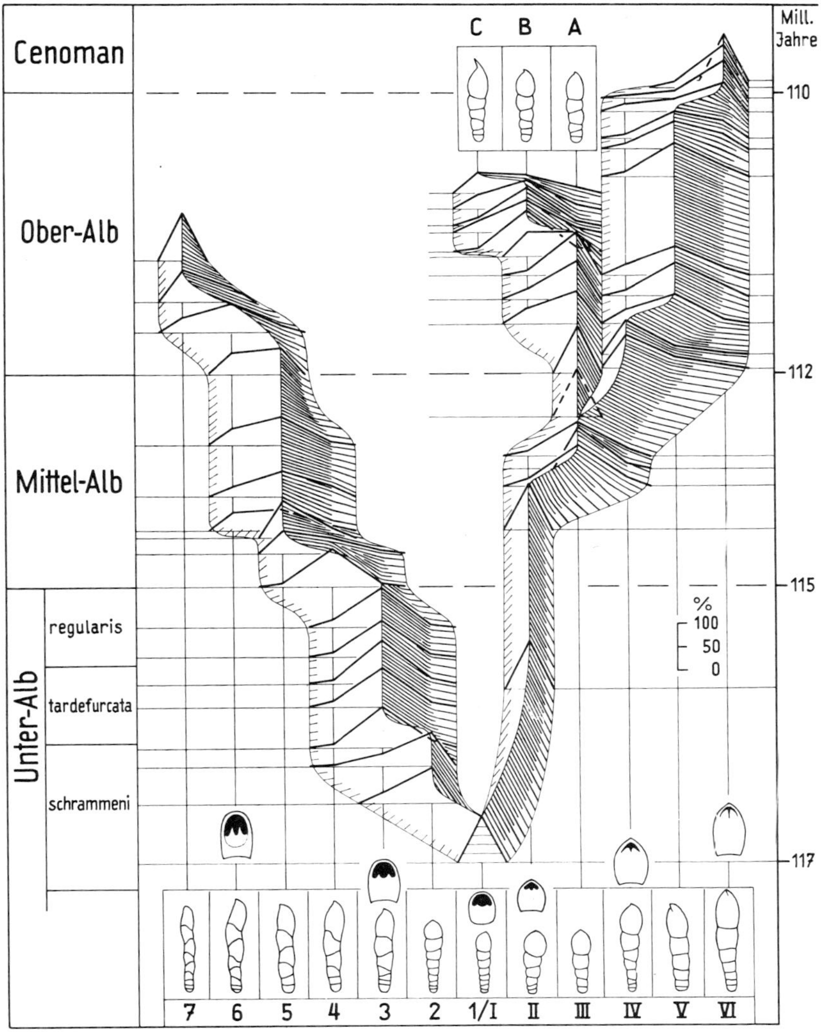

Abb. 36: Evolution der Foraminiferen-Gattung *Pleurostomella* in der höheren Unterkreide (Alb) Nordwestdeutschlands. Der „perspektivische Stammbaum" ergab sich durch Kombination von merkmalsstatistisch ermittelten Variationskurven der Populationen aufeinanderfolgender Zeithorizonte (übereinandergeschichtete Abschnitte von Bohrkernen). Erkennbare Entwicklungsmodi: Zweimalige Aufspaltung in je zwei Stammeslinien, wovon eine nur einen kurzlebigen Seitenzweig hervorbringt; Artumwandlung innerhalb dieser Linien; beide Prozesse sind mit Vermehrung oder Verminderung der Variationsbreiten (d. h. des Allelenbestandes) verbunden. Mitte unten: *Pleurostomella spec. A* (Variantenklasse 1/I). Linke Reihe *Pleurostomella subnodosa* (Variantenklassen 2 bis 4) im höheren Unter-Alb. *Pleurostomella obtusa* (V. Kl. 4 bis 7) im Mittel-Alb bis unteres Ober-Alb. Rechte Reihe: *Pleurostomella spec. C* (V. Kl. II) bis zum unteren Mittel-Alb. *Pleurostomella bulbosa* (V. Kl. III bis VI). *Pleurostomella elongata* (V. Kl. VI) im höchsten Ober-Alb bis Turon. Linker Seitenzweig der rechten Reihe: *Pleurostomella bulbosa* mit Stachel (V. Kl. A bis C) im unteren und mittleren Oberalb. (Nach BETTENSTAEDT & SPIEGLER 1965).

a) Mutation

Hier wäre eine Wiederholung der Begriffe Mutation und Mutante sinnvoll, wobei jetzt das Hauptaugenmerk auf die *Realmutanten*, d. h. auf die in freier Natur oder in Laborzuchten wirklich beobachteten, neuartigen Merkmalsausbildungen zu richten ist. Nicht die energetischen Prozesse an Kern-, Plasma- oder Plastogenen stehen in diesem Zusammenhang im Vordergrund, sondern die Auswirkungen von Mutationen auf den Phänotypus. (Lieder-Dias 925; V-Dia K 25010).

Im Hinblick auf andere Evolutionsfaktoren ist es wichtig, wenn wir uns an die vergleichsweise hohe Zahl von pathologischen und letalen Mutanten erinnern und noch einmal herausstellen, daß die Mutation, obschon ihre Ursache auch in der Außenwelt liegen kann, in bezug auf die jeweilige Umwelt richtungslos und „zufällig" ist; jedenfalls erzeugen Mutationen nicht direkt neue Funktionskomplexe. Wieweit der Leistungsbereich von Realmutationen die stammesgeschichtlichen Abwandlungstypen der Organismen ausfüllt, ist ein schwieriges Problem, das gegenwärtig noch offen ist (vgl. Kap. L).

b) Rekombination

Die Bedeutung einer anderen Rohstoffquelle für die Evolution wird leicht unterschätzt. Innerhalb des Kernphasenwechsels findet eine statistisch faßbare Neukombination der Gene statt, sei es während der Kernverschmelzung verschiedener Homozygoter durch Neuverteilung der Chromosomen (gemäß der 3. Mendelschen Regel), oder sei es während der Reduktionsteilung durch Austausch von Genbereichen zwischen Chromosomen (crossing over). In beiden Fällen wird bereits vorhandenes genetisches Material neu zusammengestellt.

Ein einzelnes rezessives Allel kann in einer Population ohne sichtbare Auswirkung weitergegeben oder leicht verloren werden. Treffen zwei rezessive Allele durch Rekombination zusammen, so wird die Mutation phänotypisch manifest. Die Rekombination vermag demnach dazu beizutragen, die Variabilität innerhalb einer Population zu erhöhen. Zunehmende Variabilität steigert und beschleunigt wiederum die Evolution.

Die Rekombination macht eigentlich erst den hohen Wert zweigeschlechtlicher Fortpflanzung aus. Sie stellt reicheres Ausgangsmaterial zur Verfügung, so daß im Gen-Pool der Population ständig genetische Potenzen für die Evolution reserviert bleiben. In diesem phylogenetischen „Versuch- und Irrtum-" Mechanismus liegt auch die evolutorische Überlegenheit aller derjenigen Organismen begründet, die sich durch Fremdbefruchtung fortpflanzen, gegenüber denjenigen, welche sich agam, vegetativ oder parthenogenetisch vermehren.

Das Rohmaterial für die Evolution wird mehr oder weniger zufällig angeliefert, die Rekombinationsprozesse laufen planlos in bezug auf ihren phänotypischen Effekt ab. Wie sind daraus die angepaßten, d. h. die planmäßig konstruierten Organismenarten entstanden? (Kausalproblem der Evolutionswissenschaft)

J. Die Entstehung des Angepaßtseins

Alle Abänderungen der Organismen werden von einem Phänomen begleitet, nach dem wir schon von Kindheit an die Natur befragen:

„Warum ...?"

„... hat der Elefant den langen Rüssel?"

„... besitzt der Hund die spitzen Eckzähne?"

„... trägt die Rose ihre Stacheln?"

„... werden arktische Tiere größer als Vertreter der gleichen Art oder Gattung in wärmeren Gebieten, und zwar nicht nur Warmblüter, sondern auch Krebse, Muscheln, Tintenfische?"

„... pumpt das Herz der Manteltiere eine Periode zum Kiemendarm, dann wieder in entgegengesetzte Richtung?"

„... weist der amerikanische Aal weniger Wirbel auf als der europäische?"

Ist die Problemstellung – ganz gleich, ob sie naiv oder wissenschaftlich erscheint – kausal oder final? Beide Frageweisen gehen ja deshalb so unvermerkt ineinander über, weil für uns Menschen der vorgestellte Zweck zumeist die Ursache unseres Handelns ist (Bavink). Bevor wir das Problem phylogenetisch exakt formulieren, sollten wir uns das Faktum des Angepaßtseins an einigen Beispielen, die unsere eigene Bewunderung erheischen, in Erinnerung rufen (Tab. 9).

An manchen solcher auffälligen Anpassungserscheinungen kann auch eine gleichsinnige Ausbildung von Organen verschiedenen Ursprungs demonstriert werden (Konvergenz; Abb. 37). Konvergenz wiederum ist ein schlagkräftiger Beweis für die tatsächliche Existenz einer Anpassung bei den Lebewesen, unabhängig von anthropomorpher Sicht. Nun läßt sich ebenso der in der Bio-

Tabelle 9: Auffällige Anpassungserscheinungen

Struktur- bzw. Funktionseinheit mit deutlichem Anpassungscharakter	Pflanzen- oder Tiergruppe	Lehrmittel
Bau und Wasserhaushalt von Xerophyten, besonders Epidermis, Spaltöffnungen, Speichergewebe	Kakteen, Mittagsblumengewächse, tropische Wolfsmilchgewächse, einige Nadelbäume	Sproßachsen Mikropräparate
Gebißtypen und Ernährung von Säugern	Nager, Hasenartige, Huftiere, Raubtiere, dazu die entsprechenden Beuteltiere, Zahn- und Bartenwale	Schädel, Wandkarten
Körperform, Haut, Atmung, Fortpflanzung bei Bewohnern der Hochsee (Pelagial)	Haie, Knochenfische, Zahnwale, Ichthyosaurier	PORTMANN Abb. 250
Lebensformmerkmale bei Planktern: Schwebeeinrichtungen, Relation Oberfläche zu Volumen	Kieselalgen, Strahlentierchen, Ruderfußkrebse, Langzeitlarven von Stachelhäutern, Schnecken und Krebsen	Mikropräparate Lieder-Dias: 20.02, 20.05, 21.05, 22.06, 88.75
Halteeinrichtungen, Nahrungsaufnahme und Stoffwechsel bei Parasiten	Mistel, Kleeseide; Blutegel, Zecken, Bandwürmer	Dia-Reihe Parasitismus und Symbiose Wandkarten
Schutzeinrichtungen bei Lebewesen unter extremen ökologischen Bedingungen	Fortpflanzung und Brutpflege des Kaiserpinguins im antarktischen Winter (-40 °C), Ernährung der Petroleumfliegenlarve in kalifornischen Erdöltümpeln	FT 488 V-Dia K 13079, 14

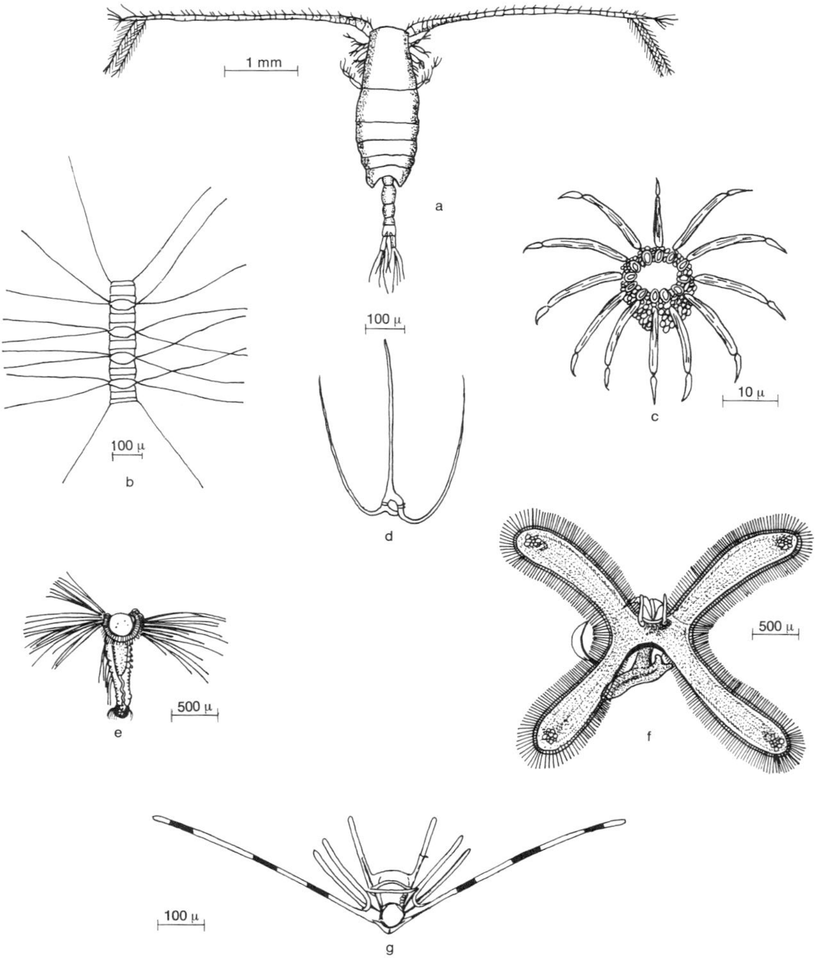

Abb. 37: Konvergenz der Schwebeeinrichtungen bei Planktern aus ganz unterschiedlichen systematischen Gruppen. a) Ruderfußkrebs *(Calanus finmarchicus)*, b) Kieselalge *(Chaetoceros holsaticus)*, c) Kalkgeißelalge *(Michaelsarsia aranea)*, d) Panzergeißelalge *(Ceratium macroceros)*, e) Larve eines Borstenwurmes, f) Segellarve der Netzreusenschnecke *(Nassarius incrassatus)*, g) Pluteus-Larve eines Schlangensternes. (Nach THORSON, FRASER, FRETTER).

logie häufig gebrauchte Begriff „zweckmäßig" präzisieren und gegen die Nützlichkeit in bezug auf den Menschen abgrenzen.

Zweckmäßig ist alles, was der Erhaltung des Individuums und seiner genetischen Information dient. Oder: Zweckmäßige Einrichtungen sind auf die Erhaltung der Art angelegt.

Werfen wir dann noch den „an die Brandung angepaßten Stein" in die

Diskussion, so fordern wir mit dieser Frage ein entscheidendes Differenzmoment der lebendigen gegenüber den nicht-lebendigen Naturkörpern heraus. Im Vergleich zum passiv abgerollten Felsbrocken weisen die Organismen *zahlreiche* Eigenschaften in bezug auf ihre Umwelt auf, die durch irgendeine Aktivität zustande gekommen sein müssen. Für die Lebewesen ist also charakteristisch, daß sich bei ihnen *systemerhaltende Eigenschaften* häufen. Das Faktum der Häufung nennen wir Angepaßtsein; der Vorgang, der zum Angepaßtsein führt, heißt Anpassung.

Die erste Teilfrage nach den Evolutionsursachen lautet demnach:

„Welche Bedingungskonstellationen haben dahin geführt, daß sich bei den Organismen jeweils so viele zweckmäßige Einrichtungen, d. h. Einrichtungen, die der Erhaltung der betreffenden Organismen und ihres Erbgutes dienen, gehäuft haben?" (ZIMMERMANN).

J 1. Der Einfluß der Selektion auf eine Population

Um die Einwirkung der natürlichen Auslese auf bestimmte Organismen zu demonstrieren, wählen wir ein Beispiel, für das auch experimentelle Untersuchungen vorliegen und somit ein oder wenige Selektionsfaktoren analysiert worden sind. Es kann daran gleichzeitig die populationsgenetische Betrachtung eingeführt werden. Geeignet sind Freilandversuche, Zuchten in Populationskäfigen, Kulturen von Mikroorganismen (vgl. J3 d). Großpopulationen mit disjunktem Vorkommen lassen das Wesentliche einer Population im evolutionsgenetischen Sinne nicht so leicht erkennen, weil ihr Verbreitungsmuster dem von geographischen Rassen ähnelt.

Industriemelanismus des Birkenspanners (Unterrichtsbeispiel)

Der Begriff „Industriemelanismus" sollte nicht gleich vorgegeben werden, zumal er als Ursache eine simplifizierende Erklärung nahelegt, die unseren heutigen Kenntnissen nicht gerecht wird.

a) Beobachtungsdaten (Lieder-Dias 92.57, 92.58)

Birkenspanner (*Amphidasis betularia* = *Biston betularia* L.), Familie Spanner (Geometridae), Flügelspannweite 3 bis 4 cm, Flügeloberseiten grauweißlich marmoriert bis schwach gebändert, Vorderflügel meist mit brauner Binde.

Im Jahre 1848 fing man zum ersten Male ein schwarz gefärbtes Exemplar, und zwar im mittelenglischen Bezirk von Manchester. Während der folgenden Jahrzehnte wurden dort zunehmend melanistische Individuen erbeutet. 1895 ergab eine quantitative Untersuchung, daß im Gebiet um Manchester 95 % aller Birkenspanner schwarz beschuppte Tiere waren. Heute kommen nur noch im abgelegenen Norden, Westen und Südwesten der Britischen Inseln hell gefärbte Birkenspanner zu 100 % vor (Abb. 38). [Nach neuesten Mitteilungen soll die schwarze Form wieder abnehmen (Umweltpflege?)] Die gleiche Tendenz zum Melanismus ist inzwischen von weiteren 70 Schmetterlingsarten Englands und in anderen Industriestaaten bekannt geworden. Das

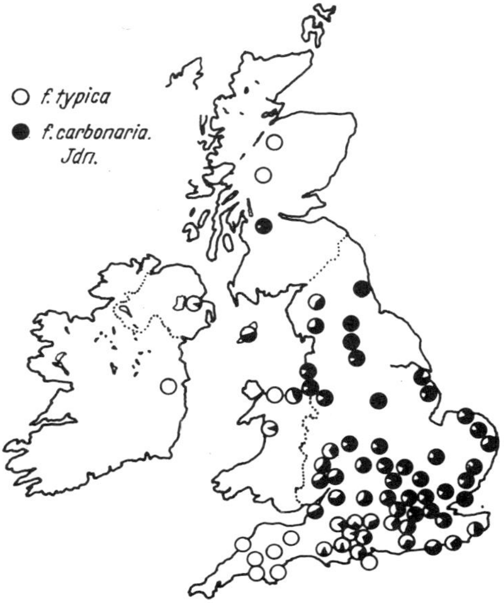

Abb. 38: Vorkommen der forma typica ○ und der forma carbonaria ● des Birkenspanners *(Biston betularia)* in Großbritannien. (Aus DYLLA nach FORD).

Phänomen wurde ausschließlich bei solchen Arten festgestellt, die sich an exponierten Flächen der Vegetation aufzuhalten pflegen.

Was ist mit dem Birkenspanner in einem Jahrhundert geschehen?

b) Hypothesen (Schülerbeiträge)

Vermutungen über die

(α) Entstehung von melanistischen Faltern:

Schwarze Individuen sind aus anderen Gebieten oder Ländern zugeflogen;
Melanistische Mutanten sind innerhalb des Areals spontan entstanden, nicht durch Einwirkung der Umwelt;
Die hell schlüpfenden Falter werden durch Rauch und andere Verunreinigungen dunkel gefärbt, direkte Einwirkung der Umwelt;

(β) Erhaltung der melanistischen Falter und Verdrängung der hellen:

Schwarze Individuen zeichnen sich infolge günstigerer Stoffwechselbilanz durch gesteigerte Vitalität aus;
Das Allel für dunkles Pigment ist dominant, das für helles Pigment rezessiv;
Räuber finden dunkle Formen weniger leicht als die hellen, denn vielerorts sind die Substrate zunehmend dunkler geworden.

c) Freilandexperimente (KETTLEWELL)

1. Frisch geschlüpfte Birkenspanner der melanistischen Form (forma car-

bonaria) und der hellen Form (forma typica) wurden markiert und eine jeweils bestimmte Anzahl beider Phänotypen in Wäldern sehr unterschiedlicher Landschaften freigelassen. Dabei beobachtete man, daß Singvögel einige Spanner erbeuteten. Nach einem gewissen Zeitraum wurden mit Licht- und Duftködern die Nachtfalter angelockt und die Anzahl der markierten Birkenspanner bestimmt (Ergebnisse: Tab. 10).

Tabelle 10: Der Einfluß von Umweltfaktoren auf die Überlebensrate des Birkenspanners (nach Freilandversuchen von KETTLEWELL)

Pigmentierung der markierten Individuen			
	Ort	Waldgebiet bei Dorset (Südwestengland)	Vogelschutzgebiet bei Birmingham (Midlands)
	Industrieeinfluß	nicht vorhanden, Bäume mit Flechten	stark, Bäume ohne Flechten
	Anteil der einheimischen Tiere	0 % melanistisch	90 % melanistisch
forma typica	freigelassen	496 = 100,0 %	201 = 100,0 %
	wiedergefangen	62 = 12,5 %	34 = 16,9 %
forma carbonaria	freigelassen	473 = 100,0 %	601 = 100,0 %
	wiedergefangen	30 = 6,3 %	205 = 34,1 %

2. Die Aussagekraft der Wiederfangergebnisse wird noch ergänzt durch eine Versuchsserie, in der Singvögel, vor allem Kleiber, Singdrossel, Rotkehlchen, Rotschwänzchen direkt beim Aufpicken der Schmetterlinge gefilmt wurden. Im Experimentierbiotop bei Birmingham wurde im Laufbild festgehalten, wie 15 schwarze und 43 helle Spanner von Vögeln aufgenommen wurden, bei Dorset 164 schwarze und 26 helle. Man hatte auf die kahlen dunklen bzw. auf die flechtenbewachsenen Baumstämme jeweils gleichviele schwarze und helle Falter gesetzt. Die Verfolger nehmen ihre Beute demnach selektiv wahr und betreiben unbewußt eine gewisse Auslese. In relativ knapper Zeitspanne kann die Schmetterlingsbevölkerung unter dem Druck des Auslesefaktors Freßfeind beachtlich verändert werden.

Reichen die Experimentalergebnisse aus, um die in der Natur vorgefundenen Änderungen in der Lepidopterenfauna ganzer Landschaften zu erklären?

d) Die Population als Evolutionseinheit

In der Umgebung von Glasgow trifft man nahezu 100 % melanistische Exemplare des Birkenspanners; in Gebieten Mittel- und Südostenglands liegt der Prozentsatz der dunkelfarbenen gleichfalls recht hoch, vornehmlich in Bezirken mit abgasreicher Schwerindustrie; im Südwesten (Devonshire, Somerset) sind alle Birkenspanner weiterhin hell pigmentiert (Abb. 38).

Warum sind heute nicht alle Tiere der Art Birkenspanner im gesamten Bereich der geographischen Verbreitung schwarz? Es verwundert, daß sich das Melanismus-Allel nicht über das gesamte Areal der Art gleichmäßig ausbreitet, obwohl doch ein Genaustausch zwischen allen Individuen einer Art potentiell zu erwarten sein müßte. Die Wirklichkeit zeigt jedoch, daß unter natürlichen Umständen die dunklen Falter von Birmingham eben nicht mit den hellen Tieren von Dorset sich fortpflanzen, obgleich dies bei Käfighaltung geschieht.

An solchen Beispielen läßt sich ableiten, daß in der freien Natur nicht alle Vertreter einer Art sich wirklich paaren, auch wenn keine topographischen Barrieren das verhindern, sondern daß normalerweise nur Individuen eines im Verhältnis zum Gesamtvorkommen eng beschränkten Wohngebietes sich tatsächlich miteinander fortpflanzen. Alle zu einer Fortpflanzungsgemeinschaft eines bestimmten Areals gehörenden Individuen faßt man als Population zusammen.

Eine Population ist eine Gruppe von Individuen einer Art, die zu gleicher Zeit im gleichen Raum leben und in allseitigen regelmäßigen Genaustausch (Panmixie) miteinander treten.

Phylogenetisch ist weniger entscheidend, daß sich Lebewesen überhaupt paaren können, als vielmehr, daß sie unter den gegebenen Verhältnissen Nachkommen erzeugen.

In einer theoretisch idealen Population ist die Wahrscheinlichkeit, daß ein Individuum sich mit einem anderen bestimmten Merkmalsträger paart, proportional der relativen Häufigkeit dieses Merkmals in der Population. Je größer eine Population, desto ausgeglichener ihre genetische Stabilität. Nun sind aber die realen Populationen endliche, manchmal sogar recht kleine Gruppen von Individuen (Deme), die sich sehr wohl genetisch verändern, weil in ihnen Einzelereignisse der Variabilität (vgl. Kap. H) phänotypisch zur Geltung kommen. Das Ausschwenken aus der Gleichgewichtslage ist eben Evolution im einzelnen.

Derartige Evolutionsschritte führen uns manche Arten in ziemlich kurzer Zeitspanne vor (z. B. Melanistische Schmetterlinge, Drosophila-Arten, Bakterien; siehe J 3).

Es muß in diesem Zusammenhang betont werden, daß natürliche Auslese (Selektion) nicht durch blutigen „Kampf ums Dasein“ aller gegen alle zustande kommt, sondern meist auf Konkurrenz innerhalb einer Population beruht (vgl. J 3). Zur Anreicherung des begünstigten Phänotyps bedarf es nur einer geringfügig erhöhten Lebens- und Fortpflanzungschance der betreffenden Mutanten bzw. Rekombinanten.

Als ganzes betrachtet unterliegen die Populationen dem Druck eines Auslesefaktors und „beantworten“ – freilich verhalten sich ihre Einzelwesen passiv – Umweltänderungen mit Anpassungsumbildungen. Die neuen Anpassungsmerkmale wurden bereits vorher genotypisch fixiert und werden hernach von der Umwelt „überprüft“. Ihre Richtung ist nicht primär von der Umwelt verursacht, sondern nur von ihr zugelassen. In diesem Sinne ist die „handelnde Evolutionseinheit“ nicht die gesamte Art, sondern meistens die konkrete Population, welche der Auslese unterliegt.

J 2. Schutztracht und Verhalten als Selektionserfolg

Augenscheinlich im wahrsten Sinne des Wortes wird uns das Ergebnis der Selektion an artspezifischen Schutztrachten von Tieren deutlich (Tab. 11). Farbe, Form und Oberflächenbeschaffenheit wie auch die korrespondierenden Verhaltensmerkmale sind manchmal so gut in die Umgebung eingepaßt, daß es unseren Sinnesorganen kaum gelingt, eine Verbergtracht im Biotop auszumachen. Werden getarnte Tiere auch von ihren natürlichen Feinden nicht erkannt? Daß die visuellen Schutzanpassungen auch insektenfressenden Vögeln gegenüber wirksam sind, haben verschiedenartige Fütterungsexperimente gezeigt.

Zu den Schutztrachten gehören ebenfalls Schreck- und Warntrachten, wenn sie auch nur an solche Verfolger adressiert sind, die zu Assoziationen fähig sind. Jedem einzelnen Träger einer Warntracht kommt jedoch kein völlig sicherer Schutz zu, weil immer erst einige Individuen die schlechte Erfahrung des Räubers mit ihrem Leben bezahlen müssen. Insofern sind Warntrachten-Ringe (Wespenzeichnung, Ameisenhabitus) vorteilhafter, weil dabei der Tribut, der an die Räuber entrichtet werden muß, sich auf verschiedene Spezies, evtl. in einem größeren Areal, verteilt (Müllersche Mimikry).

Überhaupt ist die Schutzwirkung verbergender wie auffälliger Trachten nicht absolut. Sie können keinen Angriff von Parasiten oder Nahrungsspezialisten (Wespenbussard, Würger) verhindern. Alle optischen Schutzanpassungen entfalten ihre Wirkung vornehmlich gegenüber Feinden mit relativ freier Nahrungswahl.

Die Herauszüchtung und phylogenetische Stabilität dieser Gestalten offenbart uns jedoch, daß sie ihren Trägern einen echten Selektionsvorteil gewähren, daß wir also nicht nur, von unseren eigenen Sinnesorganen getäuscht, anthropomorph urteilen.

Der mächtige Einfluß der Selektion auf die Herauszüchtung von Schutzanpassungen zeigt sich immer dann besonders eindrucksvoll, wenn bei einer Art unter verschiedenen Bedingungen eine entsprechend unterschiedlich perfektionierte Schutztracht ausgeprägt ist. *Papilio dardanus*, ein afrikanischer Segelfalter (Abb. 39), realisiert mit seiner Scheinwarntracht im weiblichen Geschlecht (Bates'sche Mimikry) eine erstaunliche Polymorphie. In Abessinien und auf Madagaskar lebt die Art ohne Mimikry-Form. In anderen Gebieten der äthiopischen Region bildet sie mehrere Weibchen-Formen aus, welche anderen durch giftige Inhaltstoffe geschützten Falterarten ähneln.

Im Gebiet um Nairobi kommen vier Weibchen-Formen von *Papilio dardanus* vor, die zwei geschützten Vertretern anderer Falter-Familien ähneln, allerdings nicht vollkommen (Variabilität 32 %; rechte Spalte in Abb. 39). Im Gebiet von Entebbe gibt es vier andere Weibchen-Formen von *Papilio dardanus*, welche vier geschützte Falter-Arten täuschend nachahmen (Variabilität 4 %; linke Spalte von Abb. 39). Bei Entebbe sind die giftigen Vorbilder 70 mal häufiger als bei Nairobi. In dem Gebiet, wo das Zahlenverhältnis Schutzgeber zu Nutznießer höher liegt, ist die Mimikry merklich perfektionierter; in dem Gebiet mit niedrigem Zahlenverhältnis Vorbild zu

Tabelle 11: Schutztrachten bei Tieren

Autökologische Gruppe bzw. Selektionswirksames Prinzip	Beispiele	Lehrmittel
I. *Verbergtrachten* Träger ist in natürlicher Umgebung schwer erkennbar; er sucht aktiv das passende Substrat auf		
a) *Umgebungstracht* (Kryptische Färbung) Übereinstimmung mit dem Allgemeinbild der Umgebung in Oberflächenstruktur und Färbung, oftmals unterstützt durch morphologischen und physiologischen Farbwechsel	Hase, Kleinnager, Hermelin, Schneehase, Jungvögel von Möwen, Seeschwalben u. Limicolen, brütende Enten Chamaeleons u. Geckos, Laubfrosch, Kröten, Plattfische, Grundeln, Seeskorpione u. a. Bodenfische; Maskierkrabben; Garnelen, Sepia, ruhende Tagfalter, Schwärmer, Spanner,	FWU R 207 V-Dia K 22070 WICKLER 1973 IWF W 44 IWF C 264
b) *Gestaltauflösung* (Somatolyse) Kontrastreiche Zeichnungselemente zerlegen die Tiergestalt in scheinbar unzusammenhängende Teile	brütende Regenpfeifer, Rohrdommel, Frischlinge, Rehkitz Lemuren in Baumkronen (links-rechts-asymmetrische Fellfärbung) Seeskorpion	V-Dia K 22057 Abb. 49
c) *Gegenschattierung* Durch eine Einstellreaktion wendet das Tier die stärker pigmentierte Seite dem Licht zu, so daß die plastische Wirkung eines Schattens aufgehoben wird, nichträumlicher flächenhafter Eindruck	Schmetterlingsraupen und Puppen bes. Schwärmerraupen, Abendpfauenauge	DYLLA, MNU 1968,1
d) *Gestaltliche Ähnlichkeit* (Mimese) Ähnlichkeit mit häufigen, nicht auffallenden Einzeldingen der Umgebung und geeignetes Verhalten	Zwergrohrdommel, Putzerlippfisch, Putzergrundel, Fetzenfisch, Nasenschrecke Wandelndes Blatt, Stabheuschrecken, Blattschmetterlinge, Flechtenkäfer, Aprileule, Pappelspinner, Spannerraupen; Ameisenspinne, Gespenstkrebschen (*Caprella, Dolichia*) Marine Nacktschnecken (*Nudibranchia*) auf Algen, Schwämmen, Synascidien; Vorderkiemer auf Ascidien Eier von Regenpfeifern, Seeschwalben, Kuckuckseier Gehäuse von Köcherfliegenlarven	V-Dia K 22057 PORTMANN Abb. 240 Vergl. Morph. d.W. FWU R 207 WICKLER 1973 RIEDL HAEFELFINGER in "Nautilus" DE BEER, Bildatlas der Evolution

Autökologische Gruppe bzw. Selektionswirksames Prinzip	Beispiele	Lehrmittel
II. *Auffällige Trachten* Träger wird beachtet, erkannt oder mißkannt		
a) *Schrecktracht* Zurschaustellen von auffälligen Zeichnungen oder unerwarteten Farbeffekten, die den Verfolger zeitweise irritieren	Jungkuckuck mit gesträubtem Gefieder, Ziegenmelker mit gesperrtem Rachen, plötzlich entblößte Hinterflügel von Abendpfauenauge, Rotem Ordensband, Nachtpfauenauge, Totenkopfschwärmer, Schnarrheuschrecke im Flug, Ligusterschwärmer; Unken werfen sich auf den Rücken.	Bilder DJH (Deutsches Jugendherbergswerk Postkarten)
b) *Warntracht* (Aposematische Tracht) Auffällige Färbung einer wehrhaften oder ungenießbaren Art. Feinde lernen durch schlechte Erfahrungen solche Tiere zu meiden	Skunks Feuersalamander, Wespen, Hornissen, Grabwespen (Bienenwolf), Blutströpfchen, Brauner Bär, Raupen vom Karminbär, Danaiden, Heliconiden: *Heliconius pardalium* (Südamerika) *H.narcaea* Marienkäfer, Feuerwanze, Korallenschlangen	V-Dia K 22070 DYLLA MNU 1968,11
c) *Scheinwarntracht* (Mimikry) Das genießbare, wehrlose Tier ahmt ein warnfarbiges wehrhaftes oder giftiges nach. Nutznießer seltener als Schutzgeber.	"unechte Korallenschlangen" *Papilio dardanus* *Melinaea*-Arten (Südamerika) ahmen *Heliconius pardalium* nach. Weißlingsarten ahmen *Heliconius narcaea* nach Wespenmimikry: Schwebfliegen, Schlammfliege, Waffenfliegen, Rinderbremsen, Hornissenschwärmer, Hornissenjagdfliege, Wespenbock Hummelmimikry: Wollschweber, Hummelschwebfliege *Volucella bombylans, V.b.bombylans* mit schwarz-gelbem Hinterleib ähnelt der Steinhummel, *V.b.mystacea* mit weißem Hinterleibsende ähnelt der Erdhummel	vergl. Text J 2 DE BEER, Bildatlas der Evolution WICKLER 1973 vergl. Aufgabe zu J 2. genadelte Präparate V-Dia K 22070
	Ameisenmimikry: Buntkäfer, Sichelwanzenlarve	V-Dia K 22070

Abb. 39: Polymorphe Mimikry im weiblichen Geschlecht beim Segelfalter *Papilio dardanus*. Oberes Paar: Nicht-mimetische Form von Madagaskar. Mittlere Spalte: Giftige Vorbilder aus anderen Familien. Linke Spalte: „Gute Nachahmer" von Entebbe. Rechte Spalte: „Schlechte Nachahmer" von Nairobi. (Aus DE BEER).

Nachahmer erscheint die Übereinstimmung in Farbe und Musterung „verwahrlost“, sofern sie überhaupt dort jemals deutlicher ausgeprägt war. Offenbar ist den „Anstrengungen“ der Art zur Mimikry bei Entebbe ein größerer Erfolg beschieden als bei Nairobi. Verallgemeinert würde das bedeuten: Der Selektionswert der Nachahmung ist an einem Ort höher als an einem anderen. Höherer Selektionsdruck bewirkt größeren Selektionserfolg.

Werden verschiedene Mimikry-Formen von *Papilio dardanus* miteinander oder mit den nichtmimetischen Formen gekreuzt, so spalten bei den Nachkommen einzelne Mimikry-Charaktere heraus. Die genetischen Untersuchungen haben erbracht, daß die Hauptunterschiede durch zwei unabhängig spaltende Allelgruppen gesteuert werden. Jeder Mimikry-Phänotyp muß demnach als Resultat eines unter Selektionswirkung allmählich aufgebauten Gen-Komplexes angesehen werden.

J 3. Zwischenartliche und innerartliche Konkurrenz als Selektionsmotoren

Die Umwelt jeder Art besteht nicht nur aus abiotischen Elementen, sondern die Organismen wirken auch gegenseitig aufeinander ein (Tab. 12). Ein Räuber tötet seine Beute, ein Parasit schädigt seinen Wirt oder schaltet ihn nach geraumer Zeit ebenfalls völlig aus. Innerartliche Kämpfe hingegen führen fast nie zum Tod des Unterlegenen, sondern entscheiden nur über die Teilnahme an der Fortpflanzung. Da bereits durch eine geringfügig erhöhte Fortpflanzungschance das günstigere Allel gefördert wird, so daß es im Laufe weniger Generationen das ungünstigere verdrängt, haben Elimination wie Abdrängung im Grunde den gleichen Selektionseffekt.

Weniger auffällig, doch nicht minder effektiv ist die indirekte Beeinflussung der Organismen untereinander (Tab. 12). Formen ein- und derselben Art wie auch Angehörige gewisser verschiedener Arten beanspruchen häufig recht ähnliche Lebensbedingungen, so daß sie in bezug auf Nahrung, Raum, Schutz vor Feinden u.a.m. miteinander in Konkurrenz treten. Konkurrenten sind der Selektion nahezu gleichartig unterworfen. An ihnen läßt sich das Ursache-Wirkungs-Gefüge der Selektion analysieren, was allerdings übersichtlicher im Experiment als in freier Natur gelingt.

So wurden in zahlreichen Versuchen – von denen einige im folgenden angeführt sind – an geeigneten Kulturorganismen die Auslesebedingungen variiert und die resultierenden Wachstums- und Vermehrungsraten ermittelt. Die Selektion setzt auch hier nicht am Einzelwesen an, sondern sie „arbeitet“ mit der gesamten Population. Aller Wahrscheinlichkeit nach sind mit manchen Konkurrenzexperimenten sogar Modellsituationen für gewisse Evolutionsphasen schlechthin getroffen.

a) Konkurrenz bei Blütenpflanzen

Ein Gemisch aus 11 Gerstensorten wurde in unterschiedlichen Klima-

Tabelle 12: Formen der Wechselbeziehungen zwischen den Organismen

Gegenseitige Beeinflussung \ Artzugehörigkeit	gleiche Art	verschiedene Arten
indirekt	*Intraspezifische Konkurrenz*	*Interspezifische Konkurrenz*
	(besonders ausgeprägt bei stenöken Arten)	(vergl. jedoch "Konkurrenzausschlußprinzip" J 4 c)
	gleiche Ansprüche an:	ähnliche Ansprüche an:
	Bodenstruktur, Nährsalze, p_H-Wert, Wasser, Temperatur, Licht, Verstecke, Nistgelegenheiten, Lauerplätze etc.	
	Mitglieder des gleichen Sozialverbandes, Schlaf- und Freßgesellschaften von Krähen, Dohlen, Möwen	Eulenpapagei und Hirsche als Pflanzenfresser, Brandente und Fuchs, Dohle und Hohltaube als Höhlenbewohner
direkt	*Innerartliche Kämpfe*	*Zwischenartliches Feindverhalten*
	(intraspezifische Aggression)	
	Territorialkämpfe, Rivalenkämpfe (z.T. Kommentkämpfe):	Räuber-Beute: Luchs und Hase, Hase und Löwenzahn
	Damhirsche, Buntbarsche, Birkwild, Seeschwalben in der Brutkolonie	Parasit-Wirt: Hundebandwurm und Hund, Tabakmosaikvirus und Tabakpflanze Bakteriophage T_4 und Bakterium Escherichia coli B
		Brutparasit-Wirtseltern: Kuckuck und Teichrohrsänger, Kuckucksbiene und Einsiedlerbiene

gebieten der USA angebaut. Die Nachkommenschaften säte man in dem jeweils geernteten Mischungsverhältnis wieder auf denselben Feldern aus. Nach mehrjährigem Anbau hatten sich die Anteile der Sorten in dem Gemisch stark verschoben (Tab. 13).

Tabelle 13: Änderung der Zusammensetzung eines Gemenges (in Prozenten) von 11 Gerstensorten nach mehrjährigem Anbau in verschiedenen Staaten der USA (nach HARLAN, MARTINI und STEBBINS aus DOBZHANSKY)

Sorten \ Staat	Virginia	New York	Minnesota	Montana	Oregon	California
Coast & Trebi	89,2	11,4	16,6	17,4	1,2	72,4
Hannchen	0,8	6,8	61,0	3,8	0,8	6,8
White Smyrna	0,8	0	0,8	48,2	97,8	13,0
Manchuria	0,2	68,6	0,4	4,2	0	0
Gatami	2,6	1,8	3,2	11,6	0	0,2
Meloy	0,8	0	0	0,8	0	5,2
Verschiedene andere Sorten	5,6	11,4	18,0	14,0	0,2	2,4

Die gleiche Auslesemethode wird beim Anlegen von Zierrasen praktiziert, der fast stets als Samenmischung von Grasarten unterschiedlicher ökologischer Ansprüche verkauft wird.

b) Die Entstehung von Giftresistenz bei Insekten

Die Praxis der Schädlingsbekämpfung hat erbracht, daß selbst bei Einsatz immer neuer toxisch hochwirksamer Substanzen die meisten Arten, welche dem Menschen oder seinen Kulturpflanzen und Haustieren Schaden zufügen, nicht dauerhaft auszuschalten sind. An weit auseinander liegenden Orten der Verbreitung wurde übereinstimmend festgestellt, daß einige Tiere unter Einwirkung eines Insektiziddruckes die Fähigkeit „erwerben", eine Giftdosis zu tolerieren, welche die Mehrzahl der Populationsmitglieder tötet (Giftresistenz).

Fünf Gruppen eines Stammes der Stubenfliege (*Musca domestica*) wurden im Larval- und Imaginalstadium mit fünf Insektiziden behandelt und der Resistenzgrad in bestimmten Abständen genau verfolgt (Abb. 40). Dabei ergab sich eine kennzeichnende Zunahme der Resistenz, welche auf die Selektion miteinander konkurrierender, unterschiedlich sensibler Individuen zurückgeführt werden muß. Es gelingt hingegen nicht, bei einem normalsensiblen Stamm durch Applikation von Insektiziden in Dosierungen, die keines der begifteten Individuen töten, irgendeine Form der Resistenz herauszuzüchten. Nur letal wirkende Dosen führen zu andauernder Resistenz.

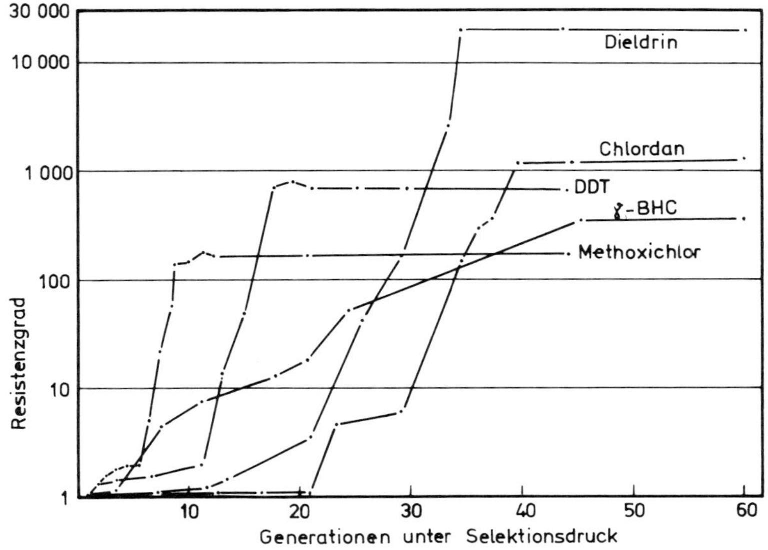

Abb. 40: Resistenzsteigerung in einem Stamm der Stubenfliege *(Musca domestica)* durch Selektionsdruck von verschiedenen Insektiziden. (Aus BIELZ, nach DECKER u. BRUCE).

Bei entsprechender Vorbereitung lassen sich die Kurven (Abb. 40) genetisch ausführlich interpretieren: anfänglich langsamer Anstieg, rasche Anstiegsphase, Erreichen eines bestimmten Niveaus, Dominanzgrad der Resistenzgene, Frequenz von Resistenzgenen in einer Population, Resistenz als polygenes System etc.

c) Zwischenartliche Konkurrenz bei Einzellern

Protisten lassen im Experiment noch leichter die Wirkung der Selektion erkennen, weil sie in kurzen Zeiträumen Individuenzahlen erreichen, welche um ein Vielfaches höher liegen als bei allen Populationen vielzelliger Organismen.

Kultur autotropher Einzeller (einfachste Form)

Mehrere Literflaschen (oder beliebig größer) werden mit einer Nährlösung (z. B. „Erdschreiber") und Seewasser gefüllt. Seesalz im Aquarienhandel erhältlich. Auf 1 l Seewasser 0,1 g Natriumnitrat und 0,02 g Dinatriumphosphat, am besten in der endgültig benötigten größeren Menge ansetzen. Dazu 50 ml einer „Erdabkochung", d. h. klare überstehende Lösung eines wässrigen Extraktes aus guter ungedüngter Gartenerde. Diese Nährlösung ist lange haltbar und für den hier beschriebenen Zweck ausreichend.

Die Nährlösung füllt man in die gewählten Kulturflaschen und gibt dazu wenige ml (je nach vorheriger Anreicherung) von Algenreinkulturen, verschließt mit Zellstoff oder Aluminiumfolie und läßt die Zuchtgläser in mildem Tageslicht oder Kunstlicht stehen. (Für die hier vorgeschlagenen Selektionsversuche ist kein definiertes Lichtklima erforderlich.) In wenigen Tagen verstärkt sich die für die betreffende Art charakteristische Farbe, so daß die eigentlichen Versuche beginnen können.

Geeignete Algenarten: Dunaliella, Cryptomonas, Chlamydomonas (Flagellaten), *Amphidinium* (Dinoflagellat), *Phaeodactylum* (Diatomeae = Bacillariophyta).

Bezugsquellen: Biologische Anstalt Helgoland; manche Zool. und Botan. Universitätsinstitute; Biolab GmbH, Bonn, Landgrabenweg 67.

Vorschläge: Zu einer Kultur von *Cryptomonas* 1 ml der *Dunaliella*-Kultur und umgekehrt, *Amphidinium* und *Dunaliella, Phaeodactylum* und *Amphidinium* in verschiedenen Anteilen.

Abwandlungsmöglichkeiten: Genaue Bestimmung der Konzentration vor und während der laufenden Versuche (Zellzahl pro Milliliter), verschiedene Beleuchtungsstärken, verschiedene Leuchtröhrentypen (Philips TL 28, Gro-Lux etc.), verschiedene Salzgehalte von 35‰ bis hinab zu 22 ‰, ohne Erdabkochung, mit Vitamin B_{12} usf.

Bericht über ein unbeabsichtigtes Selektionsexperiment (zur Auswertung bzw. Vermeidung): Auf einem Kulturfenster mit 1-l-Kulturflaschen, die sämtlich den marinen Flagellaten *Dunaliella spec.* enthielten, sollten auch einige Gläser mit *Cryptomonas spec.* angesetzt werden. Dazu wurden einige der *Dunaliella*-Flaschen mit Wasser ausgespült, jedoch nicht sterilisiert, mit frischer Nährlösung beschickt und dazu wenige ml einer neu bezogenen *Cryptomonas*-Reinkultur gefügt. Anfangs färbte sich die Algensuspension in der für *Cryptomonas* typischen Farbe goldgelb, allerdings in starker Verdünnung. Im Laufe einiger Wochen wechselte die Farbe der Kulturen nach Grün. Nach 8 Wochen waren die mit „*Cryptomonas*" beschrifteten Flaschen in ihrer Farbe nicht mehr von den *Dunaliella*-Kulturen äußerlich zu unterscheiden; auch die mikroskopische Prüfung ergab die Übereinstimmung mit *Dunaliella.* Es war eindeutig, daß unter den gegebenen Kulturbedingungen wenige Individuen von *Dunaliella,* die bei dem nicht sorgfältigen Spülen in den Flaschen zurückgeblieben waren, die gesamte Population von *Cryptomonas* nach einer gewissen Anlaufzeit zurückgedrängt hatten, also *Cryptomonas* als Konkurrent unterlegen war.

Anmerkung: Bei der Gewinnung von lebenden Vertretern der Mikroflora und -fauna (Plankter, Epifauna und Endofauna der Sedimente, z. B. Meiofauna des Sandlückensystems) wird das Prinzip der Selektion praktisch ausgenutzt, indem man zunächst aus den Fängen sich Rohkulturen entwickeln läßt und dann definierte Bedingungen einstellt (Ionenkonzentrationen, p_H-Wert, Salzgehalt, Futterorganismen).

d) Selektionsexperimente mit Bakterien

Die günstigsten Versuchsobjekte für eine Prüfung von Konkurrenzauswirkungen sind zweifellos unter den einfachsten Organismen zu finden, weil ihre enorme Vermehrungspotenz und ihre relativ begrenzte genetische Information der Analyse gewisse Vorteile bieten. Zudem können wir an Experimenten zur Resistenz von Bakterien gegenüber Phagen oder Antibiotika eine weitreichende biologische Grundfrage selber entscheiden: Gibt es eine Vererbung erworbener Eigenschaften? Hier im einzelnen: Können Umweltfaktoren direkt und gezielt ganz bestimmte Erbänderungen hervorrufen, die wiederum in Beziehung zu den einwirkenden Umweltbedingungen echte Anpassungen sind?

Fluktuationstest *(LURIA & DELBRÜCK 1943)*

Erwünschte Vorkenntnisse: Bakterienwachstum und Kulturverfahren, Vermehrung eines Phagen (detaillierte Techniken nicht erforderlich). Diese Kenntnisse können gegebenenfalls auch im Laufe der Versuchsbeschreibung vermittelt werden.

Versuchsdurchführung (vgl. Abb. 41): Aus einem genetisch einheitlichen Stamm (Klon-Kultur) von Kolibakterien (*Escherichia coli* B) werden zahlreiche Folgekulturen mit gleichem Titer (Bakterienzahl pro Milliliter) angesetzt. Aus jedem dieser Kulturröhrchen wird ein gleich großer Impftropfen, d. h. annähernd die gleiche Zellenzahl, auf Agar-Platten verstrichen. Dem Nährmedium auf den Platten wurde zuvor eine Phagensuspension (Phage T_4) zugesetzt, so daß in jeder Platte etwa die gleiche Phagenkonzentration vorhanden ist. Die Agar-Platten werden in gleicher Weise wie die Kulturröhrchen bebrütet.

Beobachtungsergebnis: Auf den allermeisten Platten kann überhaupt kein Bakterienwachstum festgestellt werden. Auf wenigen Platten werden kleine Kolonien sichtbar, in keinem Falle zusammenhängende Bakterienrasen. Alle Platten, deren Kolonien von einem bestimmten Kulturröhrchen abstammen, zeigen ein einheitliches Bild hinsichtlich der Anzahl ihrer Kolonien. Auf den gesamten Versuch bezogen gibt es einige wenige Kulturröhrchen, deren Platten etwa 2, 3, oder eine andere niedrige Zahl von Bakterienkolonien besitzen, ganz selten kommen Kulturröhrchen vor, deren Platten viel mehr Einzelkolonien tragen. Die genaue Auszählung ergibt eine Kolonienzahl, die im Verhältnis zur Gesamtanzahl der in allen

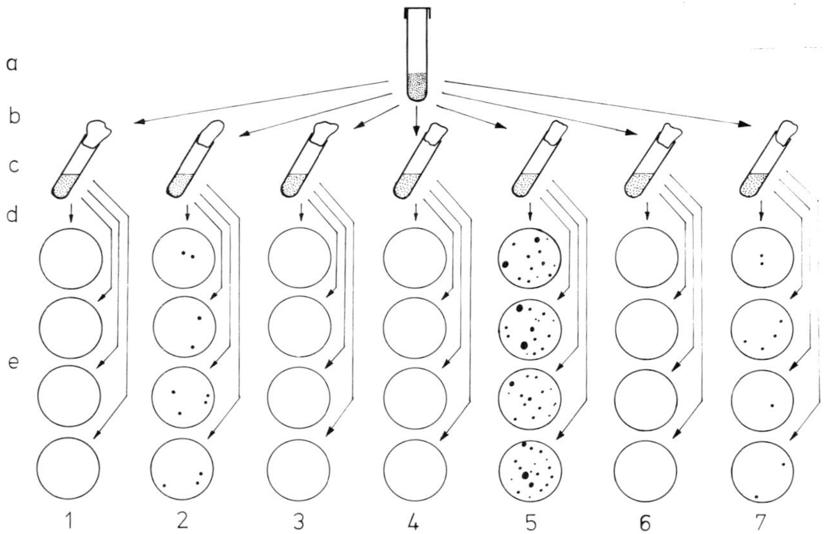

Abb. 41: Fluktuationstest am Bacterium *Escherichia coli B* mit dem Phagen T_4 von LURIA und DELBRÜCK. a) Genetisch einheitliche Klonkultur mit phagensensiblen Bakterienzellen in der Phase exponentieller Vermehrung, b) Beimpfung vieler paralleler Kulturröhrchen mit einer kleinen, annähernd gleichen Zahl von Bakterienzellen, c) Folgekulturen mit gleicher Konzentration von Bakterienzellen, Bebrütung ca. 2—4 Std., d) Ausstreichen einer geringen Menge auf jeweils mehrere Agarplatten, die Phagen enthalten, e) Plattenkulturen 1, 3, 4, 6 (sehr viele) enthalten überhaupt keine weiterlebenden Bakterien. Die Phagen haben alle Bakterien lysiert. Plattenkulturen 2 und 7 (wenige) enthalten einige Kolonien mit phagenresistenten Bakterien. Plattenkulturen 5 (sehr wenige) enthalten viele Kolonien mit phagenresistenten Bakterien. (Kombiniert aus BRESCH-HAUSMANN und DOBSHANSKY).

Kulturröhrchen entstandenen Bakterienzellen sich verhält wie 1 zu 10 bis 100 Millionen.

Von allen auf den Platten ausgewachsenen Kolonien können nun neue Bakterienkulturen abgeimpft werden, die gegenüber Phagen völlig resistent sind.

Vorüberlegung zur Auswertung: Wie ist die Resistenz gegenüber Phagen bei den Bakterien entstanden? Alternativen sind denkbar. (1) Die Resistenz wird durch die Gegenwart der Phagen induziert. (2) Die Resistenz entsteht unabhängig von der Gegenwart der Phagen, etwa vor oder nach dem Zusammentreffen.

Wenn (1) richtig, so müßte auf allen Platten-Gruppen stets eine bestimmte mittlere Anzahl von Kolonien auftreten, weil die Menge überimpfter Bakterien und zugefügter Phagen überall gleich war. (Genauer: Die Streuung – d. i. die Summe der Quadrate der Abweichungen vom Mittelwert geteilt durch die Zahl der Bestimmungen – ist etwa so groß wie der Mittelwert selber).

Wenn (2) richtig, so müßte die Streuung der Kolonienzahl auf den Platten, die von verschiedenen Kulturröhrchen herstammen, viel stärker schwanken, weil sie zufällig ist und die Menge der zugefügten Phagen keine Rolle spielt.

Deutung: Da die Streuung der Kolonienzahl über alle Platten, d. h. der Anzahl veränderter Bakterien in den Folgekulturen, viel größer ist als statistisch nach (1) zu erwarten wäre, kann keine direkte Beeinflussung der Bakterien in Richtung auf Resistenz durch die Phagen stattgefunden haben. Denn dann wäre es nicht möglich, daß auf den meisten Platten gar keine Bakterien wachsen, obwohl auf alle Platten die gleiche Anzahl Bakterien und Phagen – soweit das experimentell überhaupt erreichbar ist – aufgetragen wurde.

Nach allem ist das genotypisch verankerte neue Merkmal „Phagenresistenz" durch spontane Mutation entstanden. Enthält eine Plattenkultur nur wenige Kolonien mit phagenresistenten Bakterien, so muß in der betreffenden Folgekultur ein kleiner Klon dieser Bakterienzellen vorhanden gewesen sein, d. h. es wird eine Mutation „Phagenresistenz" kurz vor dem Ausstreichen abgelaufen sein. Enthält eine Plattenkultur viele Kolonien mit phagenresistenten Bakterien, so muß in der betreffenden Folgekultur ein größerer Klon dieser Bakterienzellen vorhanden gewesen sein, d. h. es wird eine Mutation „Phagenresistenz" relativ früh vor dem Zusammentreffen mit den Phagen stattgefunden haben. Die Phagen wirkten nur als selegierendes Agens, welches die Mutanten zur Beobachtung brachte. (Die Mutationsrate liegt in der Größenordnung von $1 : 10^8$). Die Phagenresistenz der neuen Kultur ist zwar ein Angepaßtsein der Bakterien an veränderte Umweltbedingungen, entsteht jedoch nicht durch Modifikation, sondern sie ist ein Resultat aus Mutation und Selektion.

Ergänzungen: In entsprechender Weise entsteht die Resistenz von Bakterien gegenüber Sulfonamiden, deren Kenntnis für eine effektive Bekämpfung von Bakterienkrankheiten therapeutische Bedeutung erlangt hat.

Im Unterricht ähnlich einzusetzen: Gradientenplatte nach KAPLAN (vgl. MEYER, G. 1969), Replicatechnik nach LEDERBERG (vgl. STEBBINS 1968).

Für die Schule ausgearbeitete und erprobte Versuche:

REICHERT, U. und LASKOWSKI, W., 1970. Ein Schulversuch zur Demonstration des Selektionsprinzips in der Biologie MNU *23*.

SCHLÖSSER, K., 1971. Experimentelle Genetik. Eine Einführung in das Arbeiten mit Drosophila, Bakterien und Phagen für die Schulpraxis, pp. 109 Quelle & Meyer, Heidelberg.

J 4. Anpassung durch ökologische Einnischung

(Adaptation durch Annidation)

a) Stellenäquivalenz

Wenn wir in geographisch voneinander entfernten Gebieten die Flora und Fauna ähnlicher Biotope vergleichen, so vermissen wir manche Arten, die aus ökologischen Gründen zu erwarten wären, z. B. fehlen plazentale Säugetiere ursprünglich in Australien (Abb. 44), echte Affen auf Madagaskar (Abb. 49), Kakteen in Afrika, Nacktsamer auf Galapagos. Andererseits sind sehr wohl entsprechende „Planstellen" in vergleichbaren Biozönosen besetzt, und zwar nur von Vertretern des jeweils dort vorkommenden engeren Verwandtschaftskreises (Tab. 14). Diese *Stellenäquivalenz* fällt uns gewöhnlich nur auf, wenn es sich um ausgeprägte Lebensformtypen handelt, wie etwa Gleitflieger unter den Säugern, Nektarsauger unter den Vögeln, Xerophyten unter den bedecktsamigen Blütenpflanzen. Alle biogeographisch isolierten Regionen haben eine Fülle von *gleichgerichteten Anpassungen* bei nicht näher ver-

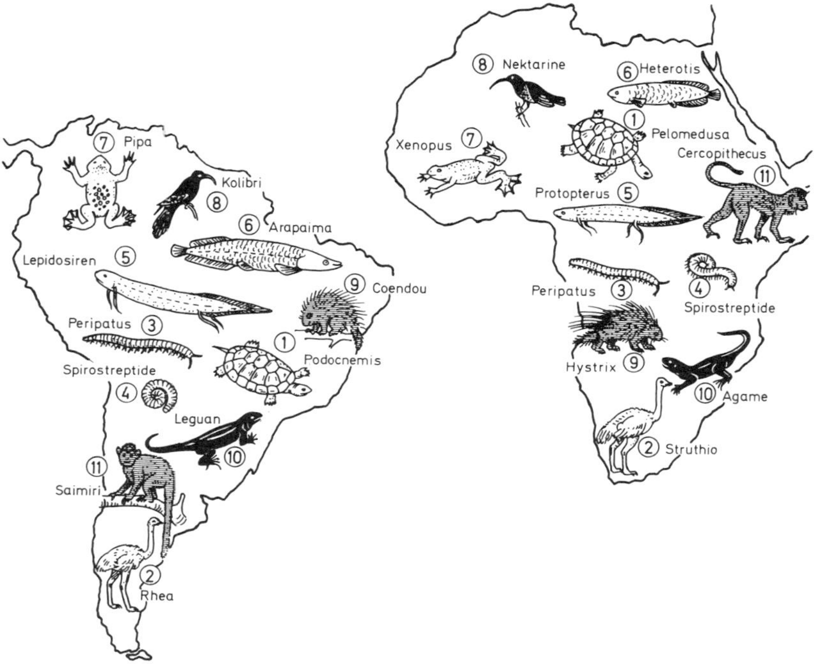

Abb. 42: „Stellenäquivalenz" in den Faunen Afrikas und Südamerikas. Infolge der Kontinentaldrift werden einander entsprechende ökologische Großnischen auf zwei Wegen gebildet: Erdgeschichtlich alte Gruppen stellen Arten aus nahverwandten oder gleichen Gattungen (hell gezeichnet), erdgeschichtlich junge Vertreter haben konvergente Formen evoluiert (dunkel gezeichnet). (Nach THENIUS 1972).

wandten Gruppen (Konvergenzen) hervorgebracht, die sich als entsprechende „Ökologische Zonen" bewährt haben (Abb. 42, 44).

b) Die „ökologische Nische" in phylogenetischer Bedeutung

Die auffällige Tatsache, daß es eine derartige „Stellenäquivalenz" in vergleichbaren Biotopen der entferntesten Kontinente gibt, zwingt dazu, die Einpassung der Organismen auch als wesentlich vom Lebensraum her bestimmt zu begreifen. Überall treffen Gegebenheiten der Umwelt und die genetisch-evolutorischen Potenzen der jeweiligen Verwandtschaftsgruppen aufeinander. Jede sich erhaltende Art findet – wenn auch für uns nicht immer gleichermaßen erkennbar – auf diese Anforderungen der Umgebung ihre

Tabelle 14: "Stellenäquivalenz" in entfernten Faunenregionen

Ökologische Zone (Großnische) / Biogeographische Region	Australische Region (Notogaea)	Südamerikanische Region (Neotropis)	Galapagos	Hawai	Madagassische Region	Äthiopische Region (Afrika südlich der Sahara)	Holarktische Region (Nördl. Eurasien u. Nordamerika)
Ameisen- und *Termitenfresser-*Zone	Ameisenigel Ameisenbeutler	Ameisenbären Gürteltiere			Ameisenschleichkatzen	Erdferkel Schuppentiere	Igel Erdspechte (Grün-, Grauspecht)
*Maulwurfs-*Zone	Beutelmull				Tanreks	Goldmulle	Maulwürfe
*Baumnager-*Zone	Kletterbeutler Beutelhörnchen Rüsselbeutler Flugbeutler	Baumstachelschweine Cuiy Greifstachler			Wieselmaki Fingertier	Baumschliefer	Eichhörnchen
*Baumaffen-*Zone	Koala Baumkänguruhs	Kapuziner, Brüll- Klammeraffen, Krallenäffchen			Lemuren	Meerkatzen Mangaben Stummelaffen	
*Erdweidegänger-*Zone	Riesen-, Bänder-, Hasenkänguruh	Tapire Guanako, Vikugna	Riesenschildkröten		keine Huftiere	Antilopen, Riedböcke, Gazellen Nashörner	Hirsche, Gemsen, Gabelantilopen
*Raubtier-*Zone	Beutelwolf Beutelmarder	Puma, Jaguar, Ozelot			Schleichkatzen: Fanaloka, Fossa Madag.-Mungo	Löwe, Leopard, Gepard, Serval, Falbkatze	Wildkatze, Luchs, Tiger, Puma, Bären
*Laufvogel-*Zone	Emu, Kasuare	Nandu			Riesenstrauße	Strauß	ausgerottet
*Nektarsauger-*Zone	Honigfresser Pinselzungenpapageien	Kolibris	Kaktusgrundfink	Honig- u. Kleidervögel		Nektarvögel	

eigene spezifische Antwort. Ein solches multidimensionales Bezugssystem zwischen einer Art und ihrer Umwelt wird *ökologische Nische* genannt. Eine ökologische Nische besteht demnach aus zwei Komponenten:

1. Autozoische Dimension: Die Prädispositionen des Lebewesens selber („Begabung der Art")
2. Ökische Dimension: Die abiotischen und biotischen Faktoren des Biotops („Adresse")

Nur das ausbalancierte Abstimmen beider kann eine ökologische Nische schaffen („Beruf der Art"). Daher kann eine ökologische Nische auch nicht unbesetzt sein, wie etwa ein Habitat im Biotop („leerstehende Wohnung"); sie kann höchstens nicht realisiert sein.

Beispiel: Wenn der Kaktus-Grundfink (*Camarhynchus pallidus*) auf den von ihm bewohnten Galapagos-Inseln solche Insekten erbeutet, die bei uns von baumlebenden Spechten aufgestöbert werden, so hat er diese Nische des Nahrungserwerbs gebildet. Die Spechtnische ist dort unabhängig von anderen Faunen neu evoluiert, und zwar im Zusammenwirken vom Nahrungsangebot und anatomischen Gegebenheiten der Grundfinkenvorfahren.

Leider wird in vielen Veröffentlichungen der Begriff „ökologische Nische" nicht im Sinne eines bipolaren Systems gebraucht, sondern verhaftet an die räumliche Primärbedeutung des Wortes „Nische" als Lücke oder leerer Bereich im Lebensraum verstanden. Damit ist aber lediglich die Hälfte des eigentlichen Phänomens angesprochen. Dann wäre der Begriff überflüssig, weil er sich mit dem Terminus „Mikrohabitat" decken würde. Nur die zweidimensionale Definition des Begriffes (nach Günther, Osche, Strenzke) ist phylogenetisch relevant.

c) Ökologische Nischen mitteleuropäischer Arten

Auch in unserer heimischen Lebewelt können wir die Existenz, bisweilen sogar die Entstehung von ökologischen Nischen aufzeigen. Allerdings entbehren sie aus zwei Gründen meist der überraschenden Auffälligkeit jener aus konkurrenzarmen Gebieten: einmal scheint an den meisten Lokalitäten der alten zusammenhängenden eurasiatischen Landmasse ökologisch-populationsgenetisch eine optimale Entfaltung und Besiedlung erreicht zu sein; und zum anderen ist uns die heimische Makroflora und -fauna in ihren Anpassungen so vertraut, daß sie uns mit ihren Wechselbeziehungen zur Umwelt nicht in das Erstaunen zu setzen vermag, wie die terrestrischen Lebewesen ozeanischer Inseln oder Inselkontinente es hervorrufen.

Am ehesten leuchten uns die Einstimmungen von autozoischen und ökischen Gegebenheiten in extremen Lebensräumen ein.

1. *Amphibische Anpassungen in bezug auf Atmung, Photosynthese, Temperaturresistenz, Fortpflanzung und Nahrungsaufnahme bei Bewohnern der Gezeitenzone (Eulitoral).*

   Elemente mariner Herkunft: Blasentang (*Fucus vesiculosus* und *Fucus platycarpus*), *Porphyra*-Arten, Meersalat (*Ulva lactuca*) u. ä., Gemeine Strandschnecke (*Litorina littorea*), Felsenstrandschnecke (*Litorina saxatilis*) lebendgebärend, Seepocke (*Balanus balanoides*) in der obersten Spritzwasserzone, Strandfloh (*Orchestia gammarellus*)

Tabelle 15: Die Nutzung unterschiedlicher ökischer Dimensionen des gleichen Biotops (mitteleuropäischer Laubwald) durch einige Vogelarten

Art / Dimension	Singdrossel	Buchfink	Waldbaumläufer	Trauerfliegenschnäpper	Pirol	Großer Buntspecht	Grünspecht	Waldkauz
Kronenschicht	Gesangsplatz Brut	Gesang Brut	Nahrung	Lauerplatz	Nahrung Balz Brut	Nahrung Balz Spechtschmiede		"Ästlinge"
Luftraum			Abstiegsraum	Beute				Balz Beute
Baumhöhlen				Brut		Brut Schlaf	Brut Schlaf	Brut
Baumstämme		Nistmaterial (Flechten)	Nahrung Brut Aufstiegsraum			Nahrung (Holzinsekten)	Balz Nahrung	Ruheplatz dicht daneben
Strauchschicht	Versteck	Nahrung		Lauerplatz				
Krautschicht	Nahrung	Nahrung		Ausweichnahrung			Nahrung (Ameisen)	Nahrung
Laubstreu und Pilzschicht	Nahrung	Nahrung Nistmaterial						

Elemente terrestrischer Herkunft: Queller (*Salicornia stricta*), Springschwanz (*Anurida maritima*), Milbe (*Molgus litoralis*), Felsenspringer (*Halomachilis maritimus*, Machilidae), Strand-Assel (*Ligia oceanica*).

2. *Halteorgane, Mundwerkzeuge, Stoffwechsel und Wirtsfindung bei*
   a) *Parasiten* auf Landwirbeltieren: Zecken (Ixodoidea), Läuse (Anoplura), Flöhe (Aphaniptera).
   b) *Parasiten auf Wasserwirbeltieren:* Kiemenläuse (Branchiura), Asseln (Isopoda), Ruderfußkrebse (Copepoda Podoplea).

Bei genauerem Hinsehen erblicken wir die Eigentümlichkeit vieler Arten, die im gleichen Biotop längere Zeit nebeneinander existieren, daß sie verschiedene ökische Dimensionen nutzen (Tab. 15). Profitieren sie jedoch von der gleichen ökischen Dimension, so vollzieht sich das in verschiedenen Kanälen (Tab. 16). Solche Überschneidungen erlauben jeder Art immer noch, die ihr gemäße ökologische Nische auszubilden. Identische ökologische Nischen werden von Arten, die im gleichen geographischen Areal zusammenleben (sympatrisch), niemals ausgebildet.

Konkurrenzausschlußprinzip:
Sympatrische Arten können nicht dieselbe ökologische Nische bilden.

Das Konkurrenzausschlußprinzip beleuchtet somit gleichzeitig die Aufteilung der Lebensräume für zahlreiche Arten und ihre Koexistenz.

Tabelle 16: Verschiedenartige Nutzung ein- und derselben ökischen Dimension (nach OSCHE)

Genutzte Gruppe / Nutzende Art bzw. Gruppe	"Kleinvögel" als ökische Dimension
Sperber	Hauptnahrung
Katze	Zusatznahrung
Turmfalke	Ausweichnahrung bei hoher Schneedecke
Dohle, Eichelhäher	Eier und Nestlinge als Zusatznahrung
Silbermöwe	Eier und Dunenjunge als Zusatznahrung
Kuckuck	Prospektive Pflegeeltern bes. Rotschwanz, Rohrsänger, Bachstelze, Wiesenpieper
Federlinge (Mallophagen)	Nahrung, Versteck, Wärmequelle
Vogelbandwürmer	Biotop, Nahrungsraum

d) Wie entstehen ökologische Nischen?

Achten wir auf jede noch so geringfügige Änderung in der Lebensweise der uns umgebenden Arten, so können wir u. U. der Entstehung neuer Nischen auf die Spur kommen.

Der Star brütet auf der baumlosen Vogel-Hallig Norderoog am Boden, andernorts gewöhnlich in Höhlen; die Silbermöwe nistet auf Helgoland an unzugänglichen Felsvorsprüngen der Westkante, während sie an der übrigen deutschen Nordseeküste mit wenigen Ausnahmen ihre Eier in hartrasigen Dünenbiotopen ablegt. Von der Misteldrossel sollen gewisse Tiere dichten Nadelwald, andere Laubwälder und offene Parklandschaften bevorzugen. Leicht zu beobachten sind die Stadt- und Waldpopulationen von Amsel und Ringeltaube.

Derartige Biotop-Eroberungen, seien sie durch Ausnutzung eben noch tragbarer extremer Lebenswohnstätten oder durch Erweiterungen bzw. Verschiebungen der ökologischen Ansprüche zustande gekommen, führen uns in der rezenten Lebewelt anschaulich vor Augen, wie rasch irgendwelche Verhaltensänderungen (Nahrungswahl, Nistplatzbevorzugung, Sozialimitation) die Bildung neuer ökologischer Nischen zur Folge haben können.

Da es der Konkurrenzdruck ist, der eine Art zu ihrer ökologischen Nische zwingt, wird jedes Ausweichen auf eine prospektive Funktion der Umgebung, die noch nicht von einer Population realisiert worden ist, selektionsbegünstigt sein. Die Evolution wird dadurch vorangetrieben, daß Populationen durch verschiedenartige Einnischung separiert werden, dementsprechend der Selektion unterschiedliche Ansatzpunkte bieten, bis schließlich distinkte genetische Einheiten auf dem Artniveau isoliert erhalten bleiben (vgl. K Entstehung der Arten).

J 5. Domestikation – Anzeiger für Wirkungsformen der Selektion

Wesentliche Züge der natürlichen Selektion herauszuarbeiten erlaubt uns ein Vergleich von domestizierten Organismen mit den entsprechenden, vom Menschen nicht direkt beeinflußten Wildformen. Ist doch die Domestikation – die Überführung von Wildpflanzen und Wildtieren in den regelmäßigen Nutzungsbereich des Menschen – einer der kulturträchtigsten Vorgänge der Menschheitsgeschichte. Der Mensch setzte seine künstliche Zuchtwahl an die Stelle der natürlichen. Die Ergebnisse dieses biologischen Großexperimentes gewähren uns zugleich Einblick in die evolutorischen Potenzen höherer Pflanzen und Tiere überhaupt.

Wie haben sich die Wildarten unter dem Züchtungsregime des Menschen verändert? (Tab. 17). Die Konzentration auf eine oder wenige Beispielgruppen dieser Tabelle ist für die Ableitung allgemeiner Domestikationsmerkmale förderlich; einige anatomische und physiologische Merkmale fügen wir bei der Zusammenfassung hinzu.

Kulturpflanzenmerkmale: Riesenwuchs (Gigas-Charakter) (vgl. K 5), Verringerung des Keimverzuges, Abnahme von Gift- und Bitterstoffen, Verlust der Verbreitungsmittel, Verlangsamung der Entwicklung.

Haustiermerkmale: Verkürzung des Gesichtsschädels, Verringerung des Hirnvolumens, Hängeohren, Holländerscheckung, Aufhellung der Hautpigmente.

Auch die Aquaristik kann unsere Ableitung durch domestikationsanaloge

Merkmale von Zierfischen bereichern. Obgleich fast alle tropischen Arten erst in diesem Jahrhundert in unseren Aquarien eine zweite Heimat fanden, erfreuen uns schon heute zahlreiche Zuchtformen, die in der freien Natur nicht erhaltungsfähig wären. Ein Maximum an Spielarten stellen einige Gattungen der Lebendgebärenden Zahnkarpfen (Guppy, Platy, Schwertträger).

Die kaum übersehbare Rassenvielfalt von Kulturpflanzen und Haustieren ist in einigen tausend Jahren, im Extremfall in einigen Jahrzehnten entstanden (Tab. 17). Dieser Formenfülle stellen wir die vergleichsweise geringe Anzahl ihrer im Wildzustand verbliebenen Stammformen an die Seite. Nach den Berechnungen von Rensch hat man für die Herausbildung einer neuen wildlebenden Säugerart ca. 100 000 bis 1 Mill. Jahre anzusetzen. Beide Unterschiede veranschaulichen wir durch zwei Dendrogramme: in einem Stammbaum skizzieren wir auf langen Vertikalen wenige Verzweigungen, daneben zeichnen wir im gleichen Zeitmaßstab kurz vor Erreichen der Jetztzeit vielfache Verzweigungen. Nun steht die relative Formenstabilität auf der einen Seite der dynamischen Formenexplosion auf der anderen gegenüber. Daraus erhellt klar, daß die Evolutionsgeschwindigkeit unter dem direkten Einfluß des Menschen ungleich stürmischer war, als sie im allgemeinen in der vom Menschen unberührten Natur ist.

Welche Faktoren heben die Phylogenesen der Haustiere und Kulturpflanzen von jener der Wildformen ab? Einmal hat der Mensch durch seine Züchtungsmethoden die Neukombination gesteigert, wobei die Natur mit ihrer genuinen Variabilität seinen nutz- und spielbestimmten Wünschen entgegenkam. Ob die Mutabilität sich unter Domestikationsbedingungen erhöht, ist trotz mancher Thesen ungewiß. Einige Befunde, so z. B. die Feststellung von sehr wandlungsfähigen (Hund, Guppy, Rose) und starren Arten (Katze, Neon, Buche) sprechen dagegen. Zum anderen gilt als sicher, daß der Mensch die natürliche Selektion radikal abgeändert hat. Nach seinem Belieben förderte er die Erhaltung und Fortpflanzung ihm zusagender Formen. Während gleichbleibende Umweltbedingungen in der freien Natur die Genotypen von ungeeigneten Mutanten daran hindern, sich in den Genpool der Population dauerhaft einzugliedern, wurden unter der Obhut des menschlichen Auswahlsystems sogar Erbanlagen für Monstrositäten oder für andere pathologische Merkmale im Genbestand mancher domestizierten Formen fixiert (Zwergbulldogge, Engl. Kröpfertaube, Fächerschwanzguppy; Panaschierter Eschenahorn, Schlitzblättrige Eiche, Bluthasel, Trauerfichte).

Aus dem obigen Vergleich läßt sich folgern: Umweltbedingungen, die über lange Zeiträume gleichförmig bleiben, üben einen konservativen Einfluß auf die Phylogenese aus; Umweltbedingungen, die sich relativ schnell und einschneidend wandeln, wirken revolutionär. Die Umwelt erteilt aber nicht unmittelbar den Anstoß, sondern sie wirkt in beiden Fällen selektiv auf das primär im Genpool ständig sich erneuernde Rohmaterial, also *indirekt*. Es ist die Selektion, welche je nach den Umweltgegebenheiten eine *stabilisierende* oder eine *dynamische Wirkung* entfaltet.

Die dynamische Wirkung der Selektion kommt nun nicht etwa nur durch Zutun des Menschen zur Geltung, sondern gleichfalls in der freien Natur, nur

Tabelle 17: Domestikation einiger Haustiere und Kulturpflanzen

Art: Domestikationsform	Art: Wildform	Ort der Domestikation	Beginn bzw. Zeitdauer der Domestikation	Züchtungsziele	Anzahl der Rassen	Domestikationsformen = Rassen	Lehrmittel
Hund *Canis lupus* f. familiaris	Wolf, nicht Schakal, nicht Coyote	Osteuropa, Asien	7500 v. Chr. Mesolithikum	Größe, Stärke, Abwehr-, Such- u. Verfolgungsvermögen, Liebhaberformen	200	Schäferhund, Windhund, Bernhardiner, Collie, Pers. Windhund, Afghane, Vorstehhund, Deutsch-Langhaar Jagdhund, Irischer Setter, Deutsch Kurzhaar, Cockerspaniel, Zillenspitz, Chow-Chow, Boxer, Zwerg-Bulldogge, Malteser, Pekinese, Foxterrier, Bedlington-Terrier, Airedale, Scotch-Terrier, Skye-Terrier, Sealyham, Deutsche Dogge, Dänische Dogge, Mops, Englische Bulldogge, Bully, Langhaar-, Kurzhaar-, Rauhhaardackel, Königspudel, Zwergpudel, Hirtenhund, Puli, Kuvasz	FWU R 815 Hunderassen 22 Bilder R 749 Mutationen bei Tier und Mensch B 11 u. 12 Schädel von Caniden EIPPER, Haustierbuch V-Dia K 22074
Pferd *Equus przewalskii* f. caballus	Przewalskypferd	Europa, Asien	3000-2000 v. Chr. Neolithikum Bronzezeit	Geschwindigkeit u. Leichtigkeit ("Vollblut"); Stärke und Zugleistung ("Kaltblut")	60	Warmblüter: Trakehner, Haflinger, Hannoveraner, Mecklenburger, Holsteiner, Ostfriese, Oldenburger, Rottaler-, Württemberger-, Zweibrücker-Warmblut Vollblut: Araber, Anglo-Araber, Berber, Lipizzaner, Haflinger, Kaltblut: Noriker, Rheinisches Kaltblut, Schleswiger K., Belgier, Clydesdale, Shetlandpony, Islandpony, Polopony	V-Dia K 22076
Rind *Bos primigenius* f. taurus	Ur=Auerochse	Südeuropa, Westasien	6500-2000 v. Chr. Neolithikum	Milchleistung, Fettgehalt der Milch, Fleisch, Zugleistung, Gesundheit, Futterverwertung, Klimaanpassung	60	Tieflandschläge: Schwarzbuntes Ostfriesisches Rind, Angelner R., Rotbuntes R., Shorthorn Höhenrind: Allgäuer Braunvieh, Rotes Höhenvieh, Höhenfleckvieh	Kosmos-Lexikon V-Dia K 22075

(Forts. Tab. 17)

Art: Domestikationsform	Art: Wildform	Ort der Domestikation	Beginn bzw. Zeitdauer der Domestikation	Züchtungsziele	Anzahl der Rassen	Domestikationsformen = Rassen	Lehrmittel
Huhn *Gallus gallus* f. domesticus	Bankivahuhn	Indien, Indochina	4500	Eiererzeugung, Gewicht, Fleischlieferant	125	Leghorn, Italiener, Langhaushuhn, Cochinchinahuhn, Wyandotten, Rhodeländer, Zwerghühner, Seidenhühner, Deutsche Indianer	R 682 R 1487 Hühnerrassen V-Dia K 22079
Taube *Columba livia*	Felsentaube	Kleinasien, Indien	prähistorisch	Flug- und Heimfindevermögen, Besonderheit in der Farbe u. Anordnung der Federn	140	Brieftaube, Karrier, Malteser, Pfauentaube, Tümmler, Strasser, Engl. Kröpfer, Deutsche Trommeltaube, Perückentaube, Möwchen, Berliner Langlatschige	
Wellensittich *Melopsittacus undulatus*		Australien	1840 n. Chr.	Gefiederfarbe	300	Farbschläge: Grün, Himmelblau, Weiß, Gelb, Schecken, Halbseiter, Harlekin, Opalin, Zimter, Falben, Graue, Violette, Grün-Gelbflügel, Blau-Weißflügel, Ino, Rundhaube	
Guppy *Poecilia reticulata* (*Lebistes reticulatus*)		Nordamerika, Europa	1908 n. Chr.	Farbenpracht, Flossenvergrößerung, Flossenmusterung	120	Rundschwanzg., Doppelschwertguppy, Schleierg., Untenschwertg., Obenschwertg., Goldguppy, Fächerschwanzg. 12 Formstandards; 6 Grundfarben	Aquarienbücher
Rose	*Rosa moschata* *Rosa chinensis* *R. damascena* *R. gallica* *R. canina*	Europa	1800 n. Chr.	Blütenfarbe "Gefüllte" Blüten, Blütenduft, Wuchsform	100	Edelrosen = Teehybriden Polyantharosen, Floribunda, Kletterrosen, Strauchrosen, Hochstammrosen, Moosrosen, Trauerrosen, Parkrosen, Topfrosen	R 957 Rosenklassen Blumenkataloge
Tulpe *Tulipa gesneriana*	Waldtulpe *Tulipa silvestris*	Kleinasien, Europa	1550 n. Chr.	Blütenfarbe, Form, Perigonblätter, Frühe Blütezeit	200	Botanische Tulpen (8) Frühe Tulpen (11) Lilienblütige Tulpen (8) Gefüllte Tulpen (6) Mendel-Tulpen (13) Papageien-Tulpen (5) Darwin-Tulpen (14)	Blumenkataloge

eben in anderem Zeitmaßstab. So wirkt sich die natürliche Auslese immer dann transformierend aus, wenn die Organismus-Umwelt-Beziehungen einem neuartigen Selektionsdruck unterworfen werden, z. B. bei rascher Veränderung dicht besiedelter Biotope, bei Einwanderung in leere Gebiete, bei klimatischen und geologischen Umwälzungen (vgl. J 4, Bildung von Nischen). Hingegen steuern die Populationen keine neuen Anpassungen an, wenn das Organismus-Umwelt-Gefüge gewahrt bleibt, weil dann „normale" Individuen gefördert, „abnorme" reproduktiv eliminiert werden. In extremen Situationen (konkurrenzarme terrestrische Biotope, Grundwasser, Flachsee, Tiefsee) können stammesgeschichtlich ursprüngliche Formen erhalten bleiben (Brückenechse, Brunnenkrebschen, Armfüßer *Lingula*, Urweichtier *Neopilina*) (vgl. „Lebende Fossilien", E 3).

So wie bei der Domestikation die stabilisierende Wirkung der Selektion meistens wegfällt, so kann auch in freier Natur ein Organ bisweilen verwahrlosen, wenn sich der Umweltbezug des betreffenden Systems verändert oder seine Primärfunktion verlorengeht. „Regressive Evolution" setzt meist mit erheblicher Variabilität ein und kann schließlich zum gänzlichen Zerfall des Organgefüges führen (vgl. C 2. Rudimentation, bes. Augen und Pigment bei Höhlentieren). Zur Demonstration geeignet: (a) Film „The cave community", echte Höhlenarten aus verschiedenen Tiergruppen. (b) Vergleich von oberirdischer Stammform und blinden unpigmentierten Höhlenformen des Salmlers *Astyanax mexicanus*, Schauaquarien, gelegentlich im Aquarienhandel (manchmal unter den alten Namen *Anoptichthys jordani*, *A.hubbsi*, *A.antrobius*, mit welchen diesen ökologischen Rassen früher – vor der Zucht fertiler Bastardgenerationen aus Höhlen- und Stammform – Artrang zuerkannt wurde).

Für Schüler ist es wichtig zu betonen, daß der Geltungsbereich beider Selektionswirkungen sich auch auf die vom Menschen unbeeinflußte Natur erstreckt; denn bei der obigen Ableitung kann die irrige Vorstellung aufkommen, die natürliche Zuchtwahl wirke ausschließlich stabilisierend, die künstliche transformierend. Wir können an der Domestikation nur die dynamische Wirkung gewissermaßen vor unseren Augen ablesen. – Gleichfalls sollte man bei einem derartigen Vergleich wiederholt darauf hinweisen, daß DARWIN eine Analogie der künstlichen zur natürlichen Zuchtwahl erkannte, keine vollständige Übereinstimmung. Der Mensch züchtet nach einem Plan, um ein bestimmtes Ziel zu erreichen, während die Natur kein vorgegebenes Ziel ansteuert, obzwar ein solches durch die Gerichtetheit der Selektion und unsere danach geprägte wissenschaftliche Ausdrucksweise vorgetäuscht wird. In beiden Bereichen entspricht die Evolution einer Forderung von außen, hier den Wünschen des Menschen, dort den Anforderungen der Umwelt. Diese Parallele darf nicht zu der Idee verleiten, für die zweckmäßige Anpassung der freilebenden Organismen sei eine bewußte Zielstrebigkeit nachgewiesen.

J 6. Ablauf und Bedeutung der Selektion (Zusammenfassung)

Die Evolution der Organismen spielt sich nicht beziehungslos im leeren Raum ab; sie besteht vielmehr in ständiger Auseinandersetzung mit der Umgebung. Für alle Populationen hält die Natur eine fortwährende Eignungsprüfung ab, das nämlich ist die Selektion.

Selektion ist kein brutaler Kampf aller gegen alle, sondern eine wenig spektakuläre Individualauslese innerhalb der Population, d. h. Formen mit gerade effektiven Genkombinationen werden in ihrem Reproduktionspotential begünstigt – statistisch gesehen – gegenüber solchen mit derzeit unbrauchbaren. Eine nicht geringe Zahl neuer Mutanten und Rekombinanten wird bereits nach ihrem ersten Auftreten von der Umwelt an der erfolgreichen Weitergabe ihrer genetischen Information gehindert. Anderen kommt evtl. nur eine geringfügig höhere Fortpflanzungschance zu, und trotzdem steuern sie einen dauerhaften Anteil zum Genpool der Population bei. Alles durch Mutation und Rekombination angelieferte Rohmaterial wird, sobald es im Phänotyp realisiert ist, entsprechend seinem jeweiligen Anpassungsgrad von der Umwelt gleichsam „bewertet". Auf diese Weise überträgt die Selektion aus der Umwelt Information auf den Organismus (Informationsspeicher).

Folgende Einzelfaktoren selegieren vor allem:

1. Unbelebte Umwelt, z. B. Temperatur, Belichtung, p_H-Wert, Konzentration anderer Ionen und Kohlenstoffverbindungen im Boden oder in Gewässern;
2. Feinde, die verschiedene Nahrungspflanzen oder Beutetiere nicht gleich häufig erreichen;
3. Wuchshemmstoffe, Krankheitserreger und Parasiten;
4. Konkurrenten, z. B. um Wasser, Licht, Raum, Nährstoffe;
5. Ausbildung des Fortpflanzungssystems, z. B. Funktionsabnormitäten der primären Fortpflanzungsorgane, Bestäubungseinrichtungen, Ausprägungsgrad des Balzverhaltens, Prachtkleider und Luxusstrukturen.

Soweit wir heute sehen, ist die Selektion die einzige Momentanphase der Evolution, welche den Organismenwandel nicht dem Zufall überläßt, sondern einen gewissen Druck entfaltet und eine bestimmte Richtung anweist. Sie trägt wesentlich dazu bei, daß sich zahlreiche kleinste Evolutionsschritte auf dem Wege zu immer vollkommeneren Anpassungen addieren (*Additive Typogenese*).

Deshalb hat man die natürliche Auslese auch eine „schöpferische Entwicklungskraft" genannt, was leicht mißverstanden werden kann. Denn die Selektion züchtet nicht zielstrebig nach einem Plan wie der Mensch; sie veranlaßt lediglich, daß mit dem im stammesgeschichtlichen Augenblick zur Verfügung stehenden Material, welches durch Mutation und Rekombination stets im Fluß gehalten wird, die wiederum momentanen „Bedürfnisse" bestmöglich befriedigt werden. So wird das gesamte Evolutionsgeschehen über Selektionsprozesse von der Umwelt *indirekt* und doch entscheidend gesteuert.

Zwei Wirkungsformen der Selektion nehmen dabei unterschiedlichen Einfluß:

a) Bleiben Umwelt und Lebensweise relativ gleichförmig, so erlaubt die natürliche Auslese nur eine beschränkte Verwertung des Genpools; d. h. die vorhandenen Anpassungsmerkmale werden nicht aufgegeben, die Evolution steht scheinbar still. Mit dieser stabilisierenden Wirkung sichert die Selektion das einmal Erworbene ab und verhindert, daß weitere Lebensformtypen neu entstehen. Der stabilisierende Anteil der natürlichen Auslese hält die Eigenschaften einer Art bzw. Population auf dem jeweiligen Optimum („Erbgesundheitspolizei“).

b) Ändern sich Umwelt und Lebensweise, so kommt die natürliche Variabilität phänotypisch in größerem Umfang zum Zuge. Der Genpool wird tiefer ausgeschöpft, günstige neue Mutationen und Rekombinationen können eher eingesetzt werden. Bei einer erdgeschichtlich langsamen Veränderung folgen die Populationen den variierten Situationen schrittweise, so daß die Phylogenese einen Trend einzuhalten scheint („Orthoselektion“ hat „Orthogenese“ zur Folge). Wird ein relativ stürmischer und einschneidender Lebensraumwechsel notwendig, so können zentrifugal mehrere Anpassungsrichtungen gleichzeitig eingeschlagen werden (*adaptive Radiation*). Mit dieser dynamischen Wirkung nutzt die Selektion neue von der Umwelt angebotene Lebensbedingungen aus und wird zu einem mächtigen Triebwerk progressiver Stammesentwicklung.

Die Selektionstheorie, welche als Basis in die moderne „Synthetische Theorie der Evolution“ eingegangen ist, war DARWINS revolutionäre Antwort auf die erregende Frage nach der Entstehung der offensichtlichen Zweckmäßigkeit in der belebten Natur. Unglücklicherweise betonte DARWIN die negativen Aspekte der Selektion. Hinzu kam, daß die Übersetzungen das Schwergewicht der DARWINschen Konzeption einseitig verlagerten. Noch heute sind in populären Schriften Superlative in bezug auf die Auslese zu finden, z. B. „der Tauglichste“, „der Tüchtigste“, „im Kampf ums Dasein wird der Schwächere ausgemerzt“. Derartige Schlagwörter sind unbedingt zu vermeiden, da sie einmal die Ergebnisse der neueren Populationsgenetik nicht unverfälscht wiedergeben können und zum anderen ihr weltanschaulicher Mißbrauch im übertragenen Sinne viel Unheil angerichtet hat. In ähnlicher Weise ist der Begriff „Darwinismus“ belastet; im biologischen Bereich gehört er der Wissenschaftsgeschichte an.

Aufgabengruppe J

Untersuchen Sie vergleichend die beiden an einer Blüte gesammelten Insekten!

a) Zeichnen und beschreiben Sie zwei Exemplare!
b) Ordnen Sie die Arten systematisch-phylogenetisch ein!
c) Wie stellen Sie sich die Lebensweise dieser Tiere vor bzw. was wissen Sie über die Lebensweise dieser Tiere? Welche Bedeutung messen Sie ihren auffälligen Merkmalen bei?
d) Versuchen Sie, Evolutionsfaktoren für die spezielle phylogenetische Herausbildung dieser Formen aufzuzeigen!

Objekte:

1. Wespenähnliche Schwebfliege *(Lasiopticus, Syrphus)*
2. Wespe *(Paravespula germanica, Dolichovespula saxonica, D. media)*.

Beide genadelt, unbeschriftet, möglichst etwas mit abgespreizten Flügeln präpariert, so daß alle Flügel der Faltenwespe und möglichst auch die Schuppen über den Schwingkölbchen der Fliege sichtbar werden.

Voraussetzungen: Etwas Insektenmorphologie, besonders Flügel, Fühler, Augen, doch wird auch ohne spezielle Kenntnisse der Unterschied durch sorgfältige Beobachtung der Präparate erkannt. Schutztracht und Verhalten, besonders Mimese und Mimikry, nicht aber Wespenmimikry. Natürlich sind an genadelten Präparaten von Schülern, die selber mit lebenden Insekten nicht vertraut sind, keine detaillierten Angaben über Verhaltensweisen zu erwarten. Immerhin kann aber die Schutzgeber-Nutznießer-Beziehung herausgefunden werden. Zu Teilaufgabe d): nur wirklich ergiebig, wenn zuvor Selektion ausführlich behandelt wurde.

Abwandlungsmöglichkeiten: Andere Objektpaare, evtl. verschiedene Präparate je nach Schwierigkeitsgrad an verschieden geübte und leistungsfähige Bearbeiter. Waffenfliege (bes. Gattung *Stratiomyia*), Rinderbremse (*Tabanus bovinus*) und Wespen, Hornissenjagdfliege (*Asilus crabroniformis*) oder Hornissenschwärmer (*Aegeria apiformis*) und Hornisse (*Vespa crabro*), Schlammfliege = „Mistbiene" (*Eristalis tenax*) und Wespen oder Honigbiene (vgl. Tab. 11).

Literatur

Belitz, H.: Die Selektionstheorie. in Heberer, G.: Die Evolution der Organismen Bd. II/1, Stuttgart 1974.

Bielz, K.: Erbliche Resistenz gegen Insektizide nach Untersuchungen an Dipteren. Ent. Mitt. Hamburg Nr. 38, Hamburg 1962.

Bresch, C. und Hausmann, R.: Klassische und molekulare Genetik. 2. Aufl., Springer Berlin–Heidelberg–New York 1970.

Dylla, K.: Das Phänomen der visuellen Anpassungen als Gegenstand des Unterrichts der Mittel- und Oberstufe. MNU *21,* 11, Bonn–Frankfurt 1968.

Herre, W. und Roehrs, M.: Domestikation und Stammesgeschichte. in Heberer, G.: Die Evolution der Organismen. 3. Aufl. Bd. II, 2 pp. 29–174, Stuttgart 1971.

Osche, G.: Die Motoren der Evolution. Biol. in unserer Zeit, *1,* 2 pp. 51–61, 1971.

Reichert, U. und Laskowski, W.: Ein Schulversuch zur Demonstration des Selektionsprinzips in der Biologie. MNU *23,* Bonn–Frankfurt 1970.

Strenzke, K.: Die ökologische Umwelt. Ergebn. Biol. Springer Verl. Berlin–Heidelberg–New York 1964.

Schlösser, K.: Spontane und induzierte Mutationen bei Bakterien. MNU *24,* 1, Bonn–Frankfurt 1971.

Schlösser, K.: Experimentelle Genetik. Biol. Arb. Bücher Bd. 8, Heidelberg 1971.

Wickler, W.: Mimikry – Nachahmung und Täuschung in der Natur. Kindler Verl. München 1973.

K. Die Entstehung neuer Arten

Wie schon eingangs bei der Formulierung des Kausalproblems hervorgehoben wurde (III G), spielt sich das phylogenetische Geschehen in zwei Hauptprozessen ab: Nichtspaltende Organisationsänderungen sind mit aufspaltenden Evolutionsschritten wechselseitig verknüpft (Abb. 36). Bei der Aufspaltung bestehender Formen in neue Rassen und Arten treten zu den Evolutionsfaktoren, welche Anpassungsmerkmale herausbilden, noch weitere hinzu, die eine evolutive Divergenz bewirken. Erst auf dem Artniveau können einmal erreichte *konstruktive Fortschritte* gesichert und *adaptive Zonen* festgehalten werden. Im folgenden wird daher unser Blick hauptsächlich auf die Neubildung von Arten (*Speziation*) gelenkt, um die Mannigfaltigkeit des Lebens auch von der Entstehung seiner Grundeinheiten her kausal zu erfassen.

K 1. Die Art – Realität oder Abstraktion?

Was eine Pflanzen- oder Tierart sei, war schon seit Beginn der bewußten Naturbegegnung ein Problem, also bevor die stammesgeschichtliche Fragestellung aktuell wurde. Nachdem nunmehr die Arten als veränderlich erwiesen sind, kann auch unser Lehrgang eine Artdefinition in Form einer Konvention nicht als endgültig vorwegnehmen. Vielmehr haben wir zu prüfen, ob es Kriterien gibt, die auch im fortlaufenden naturgeschichtlichen Wandel stabile Lebenseinheiten erkennen lassen. Dazu blenden wir zunächst einen Zeithorizont – am besten den der Gegenwart – aus dem Stammbaumgefüge heraus und betrachten ihn als Momentaufnahme für sich getrennt. Wieweit besitzt dieses Schnittbild Gültigkeit für das dynamische Geschehen der gesamten Evolution?

Der in der Biologie verwendete Artbegriff nimmt unter den systematischen Kategorien eine Sonderstellung ein. Die höheren Taxa (wie Familie, Ordnung usw.) sind Verallgemeinerungseinheiten (*Idealkategorien*). Sie werden von zuständigen Wissenschaftlern aus bester Kenntnis heraus, allerdings gleichzeitig mit einer gewissen persönlichen Beurteilung, festgelegt, wodurch es öfter zu abweichenden systematischen Auffassungen kommt.

Streng genommen ist die Art auch ein Abstraktum. Schließlich beobachten wir niemals komplette Arten beim Trinken, Laufen, Fliegen etc., sondern es existieren immer nur einzelne Individuen, die jenes tun. Trotzdem beziehen wir unsere Untersuchungsberichte meistens nicht auf das oder die Einzelwesen, denen wir realiter begegneten, sondern gleich auf viele, für uns fraglos übereinstimmende Lebewesen. Der wissenschaftliche wie der naive Naturbetrachter stoßen immer wieder auf Gruppen von übereinstimmenden Organismen, deren trennende Unterschiede zu anderen solchen Gruppen die Natur durchgehend aufrechtzuerhalten trachtet. Wir nennen diese einheitlichen Gruppen der Lebewelt Arten (*Spezies*).

Die Art ist die Grundeinheit, auf welche der Biologe seine Aussagen beziehen muß, das gilt auch für die Erforschung allgemeiner Gesetzmäßigkeiten durch die Physiologie oder Biochemie. Da eine Art uns in ihren Individuen unmittelbar entgegentritt, erleben wir den Begriffsinhalt konkret (*Realkategorie*).

K 2. Art und Rasse in phylogenetischer Sicht

Um das Problem der Artneubildung (Speziation) aufzurollen, wiederholen wir das Begriffsgerüst der biologischen Systematik und streben die Ableitung einer phylogenetisch haltbaren Definition der Art und Rasse an. Dazu benutzen wir Formen, bei denen es dem Schüler nicht ohne weiteres zu erkennen gelingt, welche als Art, Unterart oder Rasse zu betrachten sind: z. B. Küchenschelle (West- und Ostrasse) und andere Hahnenfußgewächse, Platys und Schwertträger (Gattung *Platy-*

poecilus und *Xiphophorus*), Aal (europ. und amerik.), Seefrosch und Wasserfrosch, Lemuren, Krähenvögel.

Saatkrähe, Rabenkrähe, Nebelkrähe, Kolkrabe, Dohle, Elster und andere Rabenvögel werden als Stopfpräparate, Lichtbilder oder Wandbilder gezeigt und das etwa vorhandene Wissen über sie von den Schülern zusammengetragen, die unbekannten Namen vom Lehrer hinzugefügt. Wenn nicht gerade ein bewanderter Ornithologe unter den Schülern ist, werden alle Formen, sofern sie mit gesonderten Benennungen angegeben wurden, problemlos als Arten aufgenommen. Nach dieser äußeren Kennzeichnung und systematischen Einordnung folgt dann die Mitteilung der geographischen Verbreitung von Raben- und Nebelkrähe.

Die Rabenkrähe bewohnt das westliche Europa außer Irland und dem Norden Schottlands, die Nebelkrähe das östliche Europa, Italien, Irland und den Norden Schottlands; beide Formen weichen einander fast aus mit Ausnahme einer schmalen Kontaktzone (70–100 km), die in Schottland beginnt und sich durch Dänemark, Mitteldeutschland (Elbe, Böhmerwaldkamm) und Österreich zu den südlichen Abhängen der Alpen ausdehnt und das Mittelmeer bei Genua erreicht. In dieser Zone kreuzen sich Raben- und Nebelkrähe bisweilen. Die Paarung scheint aber Zufallscharakter zu tragen; es treten alle denkbaren Kombinationen der Elternmerkmale, wie auch alle Grade von intermediär gefärbten Tieren auf. Über den Bastardgürtel hinaus wird nur gelegentlich ein Vogel angetroffen, der nicht als völlig „rein“ erscheint, im ganzen bleiben die sichtbaren Auswirkungen der Bastardierung ziemlich lokal.

Wegen der auffallenden Verschiedenheit im Gefieder kommen gerade die besten Tierkenner unter den Schülern ohne die zusätzlichen Angaben über Verbreitung und Verhalten kaum auf das eigentliche Problem: *Sind Nebel- und Rabenkrähe zwei getrennte Arten oder zwei Rassen einer Art?*

Äußerlich können wir Nebel- und Rabenkrähe besser unterscheiden als manche anderen „guten Arten“ (Waldmaus – Gelbhalsmaus, Fitislaubsänger – Weidenlaubsänger, Grasfrosch – Moorfrosch, Feld-Sandwespe *Ammophila campestris* – Dreiphasensandwespe *Ammophila pubescens*, *Drosophila persimilis* – *Drosophila pseudoobscura*). Zu unseren Erfahrungen von zwei Organismen, die wir gemeinhin zu verschiedenen Arten zu zählen gewohnt sind, paßt aber folgendes nicht:

1. Die Bastardierung in freier Natur,
2. Die übereinstimmenden Verhaltensmerkmale (Stimme, Brutverhalten)
3. Die sich bis auf die Kontaktzone ausschließende geographische Verbreitung.

Freilich gibt es auch „gute“, einander ähnliche Arten, die in verschiedenen Gebieten vorkommen (allopatrische Arten); nur leben sie dann meist in verschiedenen Klimazonen oder durch Verbreitungsschranken getrennt (Schneehase – Feldhase). Lassen wir die äußeren Merkmale außer acht, so weisen die übrigen darauf hin, daß Raben- und Nebelkrähe Repräsentanten einer Art in zwei Arealen sind. Dagegen spricht aber eindringlich die Farbdifferenz im Gefieder.

Damit sind wir mitten in der Diskussion, welche Kriterien für die Abgrenzung einer Art höher zu bewerten sind: morphologische, ökologische, ethologische oder noch andere? Das Beispiel der Krähen gibt zu denken, ob die Zuordnung zweier Formen zu verschiedenen Arten nach äußeren Merkmalen hinreichend gesichert ist.

Erinnern wir uns an Arten, die keine bekannten Rassen ausgebildet haben: Eisbär, Eisfuchs, Buchfink (Ausnahme: Kanarische Rasse), Dreistachliger Stichling, Europ. Aal, Gemeiner Seestern. Wenn wir solche Tiere bestimmen wollen, brauchen wir weder die Verbreitung noch das Verhalten mit zu berücksichtigen; wir dürfen uns auf morphologische Merkmale verlassen, um beobachtete Individuen einer Artdiagnose zuordnen zu können. Der Systematiker, der früher ausschließlich vom Bau der Lebewesen ausging, ist auch heute bei der Neubeschreibung einer Art meistens auf morphologisch-anatomische Merkmale angewiesen, weil ihm eine zahlenmäßig begrenzte Serie oder gar nur ein Exemplar fixiert vorliegen. Es galt zunächst folgende Vereinbarung:

Eine Art ist eine Gruppe von Lebewesen mit der größtmöglichen Zahl von Übereinstimmungen im Bau.

Etwas subjektiv werden dabei die Eigenschaften beurteilt, die als systematisch entscheidend anzusehen sind. Kennt man außerdem die Entwicklung und Reaktionen auf Umweltbedingungen, so läßt sich diese Übereinkunft zu einer Definition sinnvoll erweitern:

Eine Art ist die Gesamtheit aller Lebewesen, die sich in entsprechenden Entwicklungsstadien unter gleichen äußeren Bedingungen in Bau und Leistung gleichen (KÜHN).

Doch eben die Krähen lassen auch diese Erweiterung nicht als befriedigend erscheinen. Denn die zwei Formen gleichen sich im Aussehen offenbar nicht, in Leistungen wiederum doch. Was klärt diese Unsicherheit in der Einordnung?

Beziehen wir eine weitere Erfahrung an getrennten Arten mit ein. Sooft wir in ein- und demselben Areal ähnliche oder entfernt verwandte Arten antreffen, beobachten wir in freier Natur so gut wie niemals Bastarde. Wirkungsvolle Fortpflanzungsbarrieren verhindern den Genaustausch zwischen Arten. Eine reproduktive Demarkationslinie kennzeichnet demnach die fundamentale Lebenseinheit „Art" besser als alle morphologischen oder ethologisch-ökologischen Merkmale.

Eine Art besteht aus tatsächlich oder potentiell sich kreuzenden natürlichen Populationen, die von anderen reproduktiv isoliert sind (MAYR).

Und diese biologische Diskontinuität ist es schließlich, welche das Hochleistungs-Anpassungsgefüge der Organismen aufrecht erhält.

Die beiden Art-Definitionen scheinen gänzlich Verschiedenes auszudrücken. Mit der letzteren lassen sich überhaupt keine Aussagen über fixierte oder ausgestorbene Organismen treffen, ebenfalls nicht über Lebewesen, die sich ungeschlechtlich, durch Selbstung oder parthenogenetisch fortpflanzen, ferner nicht über weit entfernt vorkommende ähnliche Formen (Bison – Wisent, Wapitihirsch – Rothirsch). Die erste Definition läßt in den Fällen Fehlentscheidungen zu, wo Polymorphismus oder Geschlechtsdimorphismus innerhalb einer Fortpflanzungseinheit auftritt und wo sich trotz bestehender Fortpflanzungsbarrieren zwei Formen äußerst ähnlich sind. (Stechmücken, *Anopheles*-Arten, *Drosophila persimilis* und *Drosophila pseudoobscura)*.

Für die beiden Definitionen finden sich in der Literatur auch die recht mißverständlichen Begriffe „Morphospezies“ und „Biospezies“. Beide – sowohl die morphologisch als auch die populationsgenetische Definition – sind biologisch gemeint. Hier werden nicht verschiedene Naturkörper definiert, sondern vielmehr unterschiedliche Betrachtungsweisen und Forschungsmethoden auf ein- und dasselbe Phänomen, nämlich auf die Tatsache der Existenz einer Grundeinheit innerhalb der Lebensmannigfaltigkeit, angewendet. Es gibt keine einheitliche, in jeder Hinsicht befriedigende Art-Definition, eben wegen der Komplexität des Naturphänomens „Art.“

Beziehen wir nun das „potentiell“ der letzten Art-Definition folgerichtig auf Nebel- und Rabenkrähe, dann bilden sie eben doch die Fortpflanzungseinheit. Damit erklären wir sie als eine Art, die in zwei Untergruppen gespalten ist. Solche Gruppen einer Art, welche sich nur geringfügig, evtl. auch nur ökologisch oder ethologisch voneinander abheben, nennen wir Rassen.

Rassen sind Gruppen von Lebewesen einer Art, die sich durch eines oder wenige erbliche Merkmale von anderen Individuen derselben Art unterscheiden, aber miteinander Gene auszutauschen vermögen. Rassen schließen in ihrer geographischen Verbreitung zumeist einander aus (geographische Vikarianz).

Vergleichend-genetisch lassen sich somit Arten als geschlossene, Rassen als offene biologische Systeme charakterisieren.

Für die beiden Rassen Nebel- und Rabenkrähe wurde, nachdem alle oben angeführten Fakten bekannt geworden waren, der deutsche Artname Aaskrähe (*Corvus corone*) geprägt. Die heute lebenden Rassen heißen: Rabenkrähe (*Corvus corone corone*) und Nebelkrähe (*Corvus corone cornix*).

K 3. Artbildung durch räumliche Trennung (Allopatrische Speziation)

a) „Beginnende Arten“ und „Zwillingsarten“

Nebelkrähe und Rabenkrähe sind zwei distinkte Rassen, keine echten Arten. Diese Deklaration leuchtet uns wohl ein, doch läßt sie immer noch einen Rest zu klären übrig. Berücksichtigen wir alle bekannten biologischen Fakten, dann werden wir geradezu gedrängt, uns nach der Entstehung einer solchen Zwischensituation zu fragen.

Mit Schülern läßt sich das Problem der Aufspaltung in Rassen beantworten, indem man unsere heutigen Kenntnisse über diluviale Veränderungen der Lebensräume anführt: die alpinen und nordischen Eiskappen rückten einander bis auf 500 km nahe, zwischen ihnen breiteten sich eisige, windüber-

Tabelle 18: Nächstverwandte Formen bei Wirbeltieren. Zur Rassen- und Artbildung in jüngster erdgeschichtlicher Vergangenheit

Rassen einer Art bzw. Unterarten als "Beginnende Arten"		Arten einer Gattung z.T. Zwillingsarten als "Junge Arten"		
Europäischer Braunbär	*(Ursus arctos arctos)*	Großes Wiesel	*(Mustela erminea)*	zwei "Größenklassen"
Syrischer Bär	*(Ursus arctos syriacus)*	Mauswiesel	*(Mustela nivalis)*	eines Lebensformtyps
Tibetbär	*(Ursus arctos pruinosus)*			
Kamschatkabär	*(Ursus arctos beringianus)*	Waldmaus	*(Apodemus sylvaticus)*	am Waldrand, in Häusern
Kodiakbär	*(Ursus arctos middendorfi)*	Gelbhalsmaus	*(Apodemus flavicollis)*	im Wald
Grizzlybär	*(Ursus arctos horribilis)*	Feldhase	*(Lepus europaeus)*	fehlt in Irland
Feldhase, Mitteleuropäische Rasse	*(Lepus europaeus europaeus)*	Schneehase	*(Lepus timidus)*	in alpinen Regionen, in Irland im Feldhasenhabitat ohne Konkurrenz (Eiszeitrelikt)
Feldhase, Mittelmeerrasse	*(Lepus europaeus mediterranus)*			
Ostsee-Ringelrobbe	*(Phoca hispida annellata)*	Darwin-Finken	*(Geospizinae)*	
Arktische-Ringelrobbe	*(Phoca hispida gichigensis)*			
Eismeer-Ringelrobbe	*(Phoca hispida hispida)*	Sprosser	*(Luscinia luscinia)*	Osteuropa
Kaspi-Ringelrobbe	*(Phoca hispida caspica)*	Nachtigall	*(Luscinia megarhynchos)*	Westeuropa in der Kontaktzone ökologisch meist ausweichend
Finnische Ringelrobbe	*(Phoca hispida ladogensis)*			
Baikal-Ringelrobbe	*(Phoca hispida sibirica)*			
Saima-Ringelrobbe	*(Phoca hispida saimensis)*			
Buchfink	*(Fringilla coelebs coelebs)*	Gartenbaumläufer	*(Certhia brachydactyla)*	Mittel- u. Südeuropa
Buchfink, Kanarische Rassen	*(F. coelebs tintillon)*	Waldbaumläufer	*(Certhia familiaris)*	Ost- u. Nordeuropa weichen im sympatrischen Geb. durch verschiedene Höhenstufen einander aus
	(F. coelebs ombriosa)			
	(F. coelebs palmae)			
Madeira Rasse	*(F. coelebs maderensis)*			
Azoren Rasse	*(F. coelebs moreletti)*			
Nordafrika Rassen	*(F. coelebs africana)*	Buchfink	*(Fringilla coelebs)*	
	(F. coelebs spodiogenys)	Teydefink = Kanarischer Buchfink	*(Fringilla teydea)*	früherer Einwanderer als die Vorfahren der Kanarischen Rassen des Buchfinken
Bergmolch, Mitteleuropäischer	*(Triturus alpestris alpestris)*			
Bergmolch, Italienischer	*(Triturus alpestris apuanus)*			
Bachforelle	*(Salmo trutta fario)*	Bergfink	*(Fringilla montifringilla)*	
Seeforelle	*(Salmo trutta lacustris)*	Rotbauchunke	*(Bombina bombina)*	Tümpel im Tiefland
Lachsforelle	*(Salmo trutta trutta)*	Gelbbauchunke	*(Bombina variegata)*	Altwässer im Gebirge
		Europäische Forelle	*(Salmo trutta)*	
		Regenbogenforelle	*(Salmo gairdneri)*	
		Atlantischer Lachs	*(Salmo salar)*	

strichene Steppen aus. Das ursprünglich einheitliche Areal der Art wurde durch die Vereisung in ein südwestliches und ein südöstliches Refugium gespalten. Als sich die Bedingungen mit dem Ende der letzten Vereisung für die Aaskrähe in Mitteleuropa besserten, konnten die isolierten Populationen wieder nach Norden und aufeinander zu wandern. Inzwischen waren aber die Ost- und Westkrähen als Isolate soweit divergent evoluiert, daß sie sich nach ihrer Wiederbegegnung nicht wie ursprünglich vollständig vermischten, sondern lediglich eine Kontaktzone ausbildeten. Hier findet heute teilweise eine Bastardierung der beiden getrennten (allopatrischen) Rassen statt (*sekundäre Intergradation* n. MAYR).

Zu ähnlichen Isolierungen und Wiederbegegnungen kam es in der Tierwelt Mitteleuropas bei mehreren Formen (Tab. 18). Die „Zwillingsarten“ überlappen sich oft in ihrem heutigen Verbreitungsmuster beträchtlich, sie sind dafür aber durch Verhaltens- oder Biotopunterschiede getrennt (ethologische bzw. ökologische Isolation). Auch Höhlentiere, z. B. die Käfer der Karsthöhlen Istriens und Dalmatiens, wurden in relativ kurzer Zeit durch Separation selbst kleiner Bezirke zu Unterarten bzw. Arten differenziert. Gut erforscht ist auch die Artbildung der Rüsseltiere aus ihrer Verbreitungsänderung (Abb. 31, 43).

b) Rassenkreise polytypischer Arten

Noch eindrucksvoller können wir die geographische Separation als Artspaltungsfaktor ableiten, wenn wir uns an Beispiele aus der rezenten Tier- und Pflanzenwelt halten, bei denen sich der Trennungsvorgang über weite Räume erstreckt und gewissermaßen vor unseren Augen abrollt bzw. als „Momentaufnahme“ sichtbar wird. Die bestuntersuchten Beispiele aus der Tierwelt sind die sog. Rassenkreise der Kohlmeisen- und der Silbermöwengruppe.

Silber- und Heringsmöwe sind fast gleich groß, sie unterscheiden sich feldornithologisch in wenigen Merkmalen: Silbermöwe (*Larus argentatus argentatus*) mit hellgrauem Rücken und Flügeldecken, schwarzen Flügelspitzen, fleischfarbenen Beinen; Heringsmöwe (*Larus fuscus graellsii*) mit dunkelschleiergrauem Rücken, überstehenden gekreuzten Schwingenspitzen, gelben Beinen. Die Silbermöwe brütet meist in unmittelbarer Küstennähe, etwas früher als die Heringsmöwe (Maximum der Eiablage drei Wochen früher), sie verbringt den Winter im gleichen Areal. Die Heringsmöwe bevorzugt als Brutplatz feuchtes Grasland oder Moore weiter landeinwärts, legt ihre Eier später, zieht außerhalb der Brutzeit umher.

Verfolgt man das Vorkommen dieser Arten außerhalb Europas, so findet man von Skandinavien bis Mittelsibirien eine Form mit schwarzem Rücken (*Larus fuscus fuscus*), von Ostsibirien bis Alaska eine Form mit dunkelgrauem Rücken (*Larus argentatus vegae*), in Nordkanada eine unserer Silbermöwe ähnelnde Form mit hellgrauer Oberseite und rötlichen Beinen (*Larus argentatus smithoniatus*), und schließlich in Nordwesteuropa die bekannte Silbermöwe (*Larus argentatus argentatus*). In der angeführten Reihenfolge gibt es keine scharfen Grenzen, die benachbarten Populationen der aufgeführ-

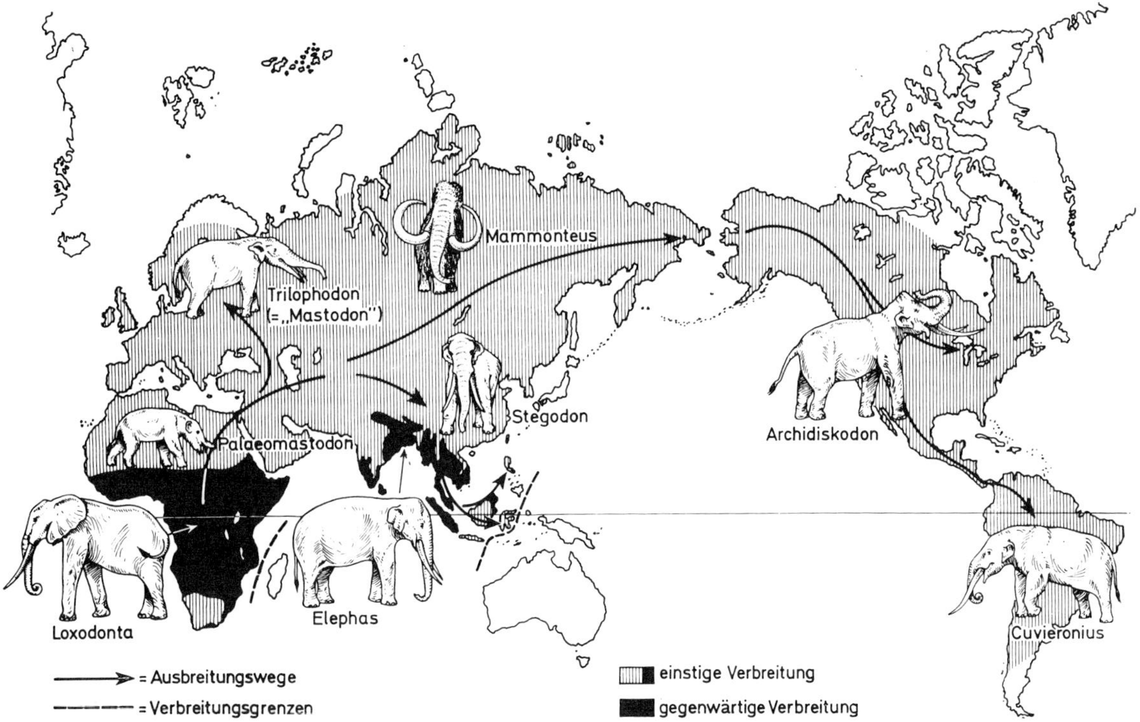

Abb. 43: Rekonstruktion der Formenausbreitung der Rüsseltiere (Proboscidea) aus ihrer einstigen und jetzigen Verbreitung. Rezente Verbreitung disjunkt in Afrika und Südasien; im Jungtertiär in Afrika, Eurasien und Nordamerika fast überall, im Pleistozän auch in Südamerika heimisch. Ausbreitungswege im Miozän bzw. Quartär über die arabische Halbinsel, Bering- und Panamabrücke (Nach THENIUS 1972).

ten Rassen kreuzen sich in Übergangszonen, mit Ausnahme des europäischen Bereiches, wo die Endglieder dieses Rassenkreises, Silbermöwe (*L. argentatus argentatus*) und Heringsmöwe (*L. fuscus graellsii*), im allgemeinen unvermischt nebeneinander leben.

Eine unmittelbare Bastardierung unserer Silber- und Heringsmöwen scheint durch ökologische und ethologische Isolationsmechanismen verhindert zu werden. Obschon kein direkter Genaustausch stattfindet, besteht letzten Endes ein Genfluß von der europäischen Heringsmöwe über die circumpolaren Zwischenformen bis zur europäischen Silbermöwe. Auf Nordwesteuropa bezogen sind Herings- und Silbermöwe „gute Arten"; global betrachtet müßten sie als zwei Rassen ein- und derselben Art klassifiziert werden. Alles spricht dafür, daß uns dieser Rassenkreis die Artaufspaltung in Form einer gewaltigen Momentaufnahme vor Augen führt. Daß die Artentrennung erst in jüngster erdgeschichtlicher Vergangenheit stattgefunden haben kann, belegen die – wenn auch äußerst seltenen – Mischpaare.

c) Adaptationsgrad und Grenzen allopatrischer Speziation

Wohlgemerkt sind die Eigenschaften, in denen sich geographische Rassen unterscheiden, z. T. adaptiv, weil die Selektionsbedingungen in verschiedenen Gebieten sicher nicht genau dieselben sind; sie sind jedoch z. a. T. zufällig, weil in getrennten Populationen ebenso andere Mutationen und Neukombinationen ablaufen und bei der Ausbreitung kleiner Populationen Gene eliminiert werden können. Theoretisch müßten diese Vorgänge getrennte Populationen um so divergenter gestalten, je länger sie voneinander isoliert oder je weiter sie voneinander getrennt sind. Doch läßt sich diese Überlegung nicht ohne weiteres verallgemeinern, weil eben das Ausmaß evolutiver Abänderungen keineswegs nur von der Zeit, sondern gleichfalls wesentlich von den jeweiligen Einzelfaktoren der Selektion abhängt (s. J 6).

Artaufspaltung durch räumliche Separation kommt nun allerdings nicht bei allen Pflanzen- und Tiergruppen gleich häufig vor. In denjenigen Lebensräumen, wo für gewisse systematische Gruppen keine echte Isolation langfristig wirken kann, ist die Artneubildung weit geringer bzw. nicht feststellbar. So ist es bei manchen Meerestieren mit planktischen Larven unsicher, ob die Mittelmeerformen von den Nordsee- (bzw. Nordatlantik-)formen als getrennte Arten zu unterscheiden sind, z. B. Miesmuscheln (*Mytilus galloprovincialis* bzw. *Mytilus edulis subsp. galloprovincialis*) und (*Mytilus edulis*), Kletterseeigel (*Psammechinus microtuberculatus*) und Strandseeigel (*Psammechinus miliaris*). Tiefseearten scheinen weltweit verbreitet zu sein, hier ist die Artaufspaltungstendenz minimal. Schließlich bilden Eisbär und Eisfuchs überhaupt keine Rassen, was durch fehlende räumliche Abtrennung infolge ihrer ständigen Poldrift verstanden werden kann (monotypische Arten).

Sowohl polytypische Arten, z. B. die Rassenkreise, deren Endglieder sich im Extremfall wie neue Arten verhalten, als auch monotypische Arten, deren Einheitlichkeit wegen fehlender Isolation gewahrt bleibt, beweisen die Richtigkeit der Vorstellungen über die Artumbildung durch räumliche Trennung (*Allopatrische Speziation*).

K 4. Die Vermehrung der Arten durch weiträumige Isolation

(Stammesgeschichtliche Ergebnisse der Pflanzen- und Tiergeographie)

Die biologischen Resultate der geographischen Abtrennung von Kontinenten und Inseln wurden in einigen Lehrbüchern als „Tatsachen aus der Verbreitung der Lebewesen“ zum Beweis der Abstammungslehre angeführt. Es waren ja auch Befunde über die abweichenden Floren- und Faunenelemente der Südkontinente, welche DARWIN den Anstoß gaben, die Deszendenztheorie wissenschaftlich zu begründen. Inzwischen hat der über hundertjährige Erkenntnisprogreß unser Frage-Interesse verlagert. Nicht ob eine Evolution stattgefunden hat, sondern wie sie im einzelnen verläuft und welche Faktoren die Umbildungsprozesse steuern, sind aktuelle Probleme. Eben diese Ursachen lassen sich teilweise aus der heutigen Verbreitung und Einpassung mancher Arten erklären.

Das Musterbeispiel einer großräumigen Absonderung durch geologische Ereignisse sind die Beuteltiere der australischen Faunenregion. Wir sollten nicht versäumen, möglichst viele der sonderbaren und doch bekannt anmutenden Gestalten uns genauer anzusehen (Film FT 810 „Im Lande der Känguruhs“; V-Dia-Reihe K 13303; GRZIMEKS Tierleben Bd. X). Damit wollen wir die verblüffende Konvergenz mit entsprechenden Lebensformtypen der plazentalen Säuger herausstellen (Abb. 44).

In dieser Faunenanalogie wird exemplarisch eine evolutorische Formenzunahme unter Einpassung in konkurrenzarme bzw. -freie Lebensräume deutlich (*adaptive Radiation*). In ähnlicher Weise läßt sich die Entstehung der eigenartigen Pflanzen- und Tierwelt von Südamerika, Madagaskar und von ozeanischen Inselgruppen wie Galapagos, Hawai, Tristan-Gough u. a. verstehen (Tab. 19). Die älteren sind reich an ausschließlich dort vorkommenden Arten (*Endemismen*), die zweifelsohne von wenigen Erstbesiedlern abstammen. Selbst die marine Küstenfauna von isolierten Inseln einschließlich ihrer Uferfische weist einen beachtlichen Anteil an Endemismen auf, der im Atlantischen Ozean von den Azoren zur Tristan-Gough-Gruppe noch zunimmt.

Derartige tier- und pflanzengeographische Besonderheiten führen uns zu folgendem Gedankengang:

1. Vorüberlegung: Es ist physiologisch verständlich, wenn sich Arten aus den Tropen von ihren nächsten Verwandten aus den gemäßigten oder polaren Zonen unterscheiden.
2. Folgerung: Es wäre demnach zu erwarten, daß in bestimmten Gebieten Südamerikas, Afrikas, Australiens und auf ozeanischen Inseln, wo gleiches Klima und gleiche ökologische Bedingungen herrschen (z. B. Regenwälder, subtropische Trockenareale), die Floren und Faunen übereinstimmen.
3. Überprüfung: Das trifft keineswegs die vorgefundene Situation. Die meisten Floren- und Faunenelemente auseinanderliegender Kontinente und Inseln (z. B. der neotropischen, äthiopischen, australischen Region) sind

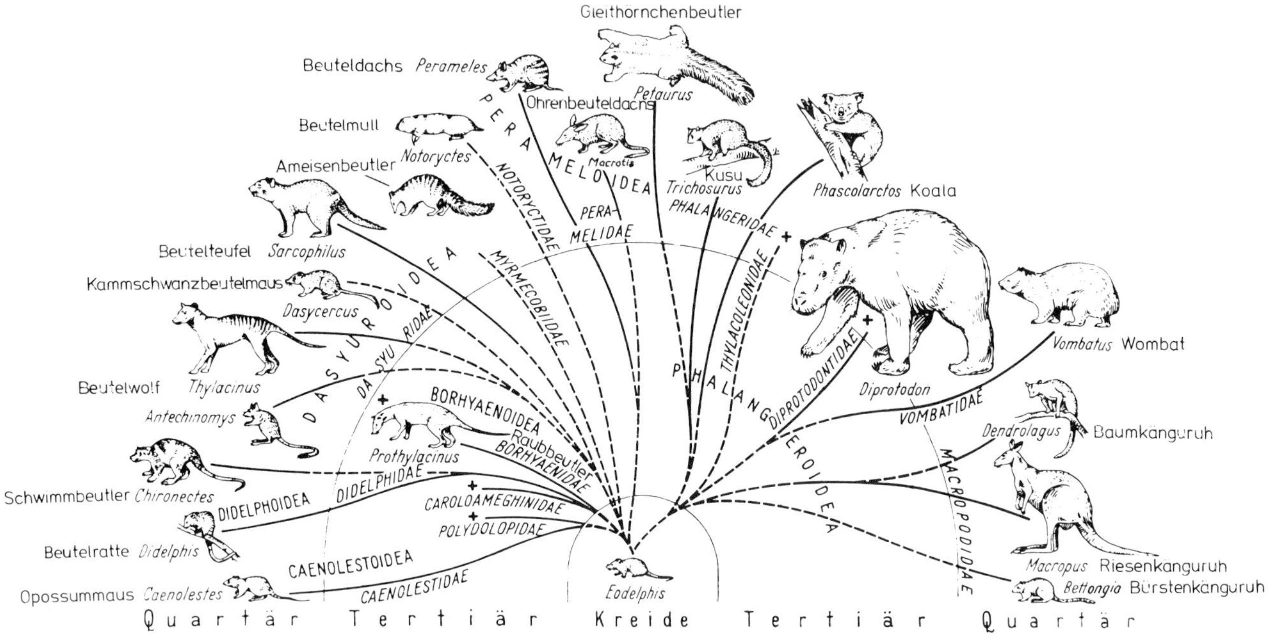

Abb. 44: Formenzunahme und Einpassung (Adaptive Radiation) bei den Säugern Australiens seit der Kreidezeit. (Nach THENIUS & HOFER 1960 aus OSCHE 1966).

grundverschieden (Tab. 14). Eher treffen wir auf demselben Kontinent in entfernten geographischen Breiten Arten naher Verwandtschaft an.

4. Folgerung aus den empirischen Befunden: Also resultiert das rezente Verteilungsmuster der Arten zur Hauptsache aus zwei Prozessen: einerseits aus Umwandlungsvorgängen, welche unabhängig voneinander in benachbarten Räumen abgelaufen sind, andererseits aus Ausbreitungsströmen auf Wegen, welche nur zu bestimmten Erdzeitaltern geöffnet waren.

Demzufolge wandern die Populationen zentripetal, solange für sie passierbare weitere Lebensräume vorhanden sind; die Populationen verbleiben stationär, wenn Barrieren eine Ausbreitung verhindern (Meeresteile, hohe Gebirgskämme, Wüstengebiete für viele terrestrische Organismen). Besonders aufschlußreich für die Analyse der jüngsten Geschichte von Arten kann eine zufällige Verfrachtung auf kleine Inseln werden (Tab. 19).

Tabelle 19: Geographische Beziehungen der Landpflanzen von Tristan-da-Cunha (Südatlantik 13°W; 37°S)

Systemat. Gruppe / vermutl. Herkunft	Artenzahl		
	gemeinsam mit		Kosmopoliten
	Südamerika	Afrika	
Blütenpflanzen	7	2	19
Farne	5	2	?
Lebermoose	30	5	?

Hat man mit Schülern ein Beispiel etwa in der vorgeschlagenen Form durchdacht, so lassen sich an ähnlichem Material echte Aufgaben stellen. Gegeben werden jeweils nur der pflanzen- bzw. tiergeographische Befund und etwa einige geologische Daten, nicht aber die phylogenetische Deutung, auch nicht geologisch-geographische Theorien, die sich evtl. aus den Verbreitungsfakten herleiten lassen (siehe Aufgabengruppe K „Lemuren“, Abb. 42 „Stellenäquivalenz“, Abb. 43 „Rüsseltiere“).

Der Nachvollzug der hier skizzierten biogeographischen Fragestellung bietet eine Erklärung für die Herausbildung neuer Gattungen, Familien, bisweilen Ordnungen. Werden diese Resultate nämlich anschließend mit den früher besprochenen Ergebnissen über die Rassen- und Artbildung durch geographische Separation verglichen, so zeigt sich die prinzipielle Übereinstimmung beider Analysenergebnisse, sowohl derjenigen über die Aufspaltung einheitlicher genetischer Systeme in Rassen und Arten, als auch über die Herausbildung neuer, höherer systematischer Taxa. Hiermit ist erwiesen, wie entscheidend die räumliche Isolation durch Verbreitungsschranken als allgemeingültiger Evolutionsfaktor zum Tragen kommt. Hauptsächlich durch sie werden stabile Barrieren gegen eine gemeinsame Reproduktion aufrechterhalten. Lediglich die Größenordnung der Lebens- wie auch der Zeiträume bestimmt den unterschiedlichen Grad der Auswirkung. Neue Gattungen, Familien,

u. U. Ordnungen entstehen im Laufe isolierter Evolution in weit voneinander gelegenen Gebieten bzw. über ganze Erdzeitalter; neue, eng verwandte Arten entstehen in benachbarten Räumen bzw. nach erdgeschichtlich kurzfristiger Isolation (Abb. 36).

Die allopatrische Speziation ist ein grundlegender Evolutionsschritt, dessen vielfältige Summation auch schließlich zu größeren Divergenzen führt.

K 5. Gibt es eine Aufspaltung in neue Arten im gleichen Areal? (Sympatrische Speziation)

Alle Individuen einer Art sind von denen jeder anderen reproduktiv isoliert. Damit aus einer Vorfahrenart zwei Nachfahrenarten entstehen können, bedarf es der Errichtung einer Fortpflanzungsbarriere (Separation). Es gilt heute als sicher, daß unüberwindbare topographische Schranken einen Genaustausch dauerhaft verhindern (vgl. K 3 und K 4). Dagegen ist noch die Frage zu klären, ob zwischen Individuen, die niemals räumlich voneinander getrennt lebten, irgendwelche Mechanismen eine Fortpflanzungsisolation bewirken können.

Die ökologischen Ansprüche eng verwandter Arten, welche langfristig sympatrisch existieren (z. B. europäische Meisenarten), weichen oft so genau einander aus, daß eine zufällige Entstehung ohne Anwesenheit des Konkurrenten angezweifelt wird. Wenn man allerdings starr daran festhält, daß die handelnde Evolutionseinheit immer und ausnahmslos die Population sein müsse, so fällt es schwer, sich für getrenntgeschlechtliche Arten vorzustellen, wie irgendeine Anfangssituation den allgemeinen Genaustausch innerhalb eines Areals abbrach. Die Hilfsannahme einer „geographischen Separation auf kleinstem Raume“ führt nur in manchen Fällen weiter. Es bleibt das Problem: Gibt es Initialprozesse, welche die allseitige gleiche Paarungswahrscheinlichkeit (Panmixie) innerhalb ein- und derselben Population einschränken oder sofort die Kreuzung gewisser Individuen unterbinden?

a) Tatsachen, welche die Annahme einer sympatrischen Speziation bei Tieren nahelegen

Die ältesten großen Binnenseen beherbergen zahlreiche nächstverwandte Arten („Artenschwärme“), die ausschließlich in dem betreffenden Gewässer vorkommen (Endemismen, Tab. 20).

Ähnlich findet man auf ozeanischen Inseln nächstverwandte Arten, die geographisch nicht separiert sind: Galapagos-Archipel mit 13 Darwinfinken-Arten, Hawai-Gruppe mit 40 Kleidervögel-Arten und 250 Drosophila-Arten.

Die sechs Formen der Stechmücke (*Anopheles maculipennis,* 1 bis 6), die sich nur ethologisch und ökologisch unterscheiden, sind reproduktiv isoliert, obwohl sie alle in europäischen Gebieten vorkommen.

Nicht zuletzt läßt die Artenfülle besonders flugtüchtiger Gruppen, für welche geographische Schranken wie Gebirge und Meeresteile nur bedingt Ausbreitungshindernisse darstellen (z. B. Möwenvögel, Watvögel, Großlibellen,

Tabelle 20: "Artenschwärme" alter Süßwasserseen

See	Verwandtschafts-gruppe	Artenzahl insgesamt	davon endemisch
Victoriasee Ostafrika Tiefe 80 m	Karpfenfische (Cyprinidae) Buntbarsche (Cichlidae)	14 77, vorwiegend Haplochromis	10 70
Tanganjikasee Ostafrika Tiefe 1470 m	Buntbarsche (Cichlidae)	122	110
Njassasee Südostafrika Tiefe 786 m 1/2 Million Jahre	Karpfenfische (Cyprinidae) Buntbarsche (Cichlidae)	22 178	14 174
Baikalsee Zentralasien Tiefe 1741 m seit Kreidezeit	Flohkrebse (Amphipoda)	240 aus 35 Gattungen; z.T. lebhaft blau, rot, gelb	Mehrzahl; Plankter und besonders Tiefenformen
	Schnecken (Baicaliidae)	34	34, darunter Benedictia, Baicalia
	Köcherfliegen (Trichoptera)	12	12
	Schwämme (Lumbormisciidae)	6	6
	Strudelwürmer (Turbellaria)	40	40
Ochridsee Balkan Tiefe 695 m	Napfschnecken (Ancylidae) Wasserasseln (Asellidae)		augen- und pigmentlose Formen in der Tiefenzone
Titicacasee Südamerika Tiefe 272 m seit Pliozän, Altiplano-Hochfläche seit Miozän	Hochlandkärpflinge (Orestiidae)	ca. 20	ca. 12

Schwärmer) ebenfalls eine gleichzeitige Artbildung ohne geographische Trennung vermuten.

b) Welche Bedingungen führen zu einer Fortpflanzungsisolation im gleichen Areal?

Als genetisch wirksame Separationsmechanismen müssen wir außer der räumlichen Sonderung alle biologischen Eigentümlichkeiten von Individuen in Betracht ziehen, die irgendwie den unvermischten Fortbestand neu entstandener Genotypen fördern oder sogleich die Kreuzung gewisser Individuen völlig verhindern.

1. Präzygote Isolationsmechanismen („premating mechanisms“)

Verhindern Befruchtung und Zygotenbildung

1.1 *Lebensraum* (Ökologische Isolation)

Die Individuen leben im gleichen Gebiet, besetzen jedoch verschiedene Biotope bzw. bilden verschiedene ökologische Nischen (z. T. echte ökologische Vikarianz).

Standortisolation, bei Pflanzen häufig: Rostrote Alpenrose (*Rhododendron ferrugineum*) auf Urgestein, behaarte Alpenrose (*Rhododendron hirsutum*) auf Kalk; Schwarzerle (*Alnus glutinosa*) feuchtigkeitsliebend, Weißerle (*A. incana*) feuchtigkeitsmeidend; Meerstrandswegerich (*Plantago maritima*) mit schmalen leicht sukkulenten Blättern, auf Salzwiesen, Spitzwegerich (*P. lanceolata*). Nahverwandte Buntbarsche der ostafrikanischen Seen bevorzugen z. T. verschiedene Wassertiefen und nutzen verschiedene Nahrungsquellen (Algenaufwuchs, Phytoplankton, Zooplankton).

Parasiten auf verschiedenen Wirten oder an verschiedenen Stellen (Habitats) desselben Wirtes: Kopflaus, Kleiderlaus; Hundebandwurm, Vogelbandwurm.

Verschiedene Aktivitätszeiten: (tagaktiv – nachtaktiv) Sumpfohreule – Waldohreule, Katta – Schwarzkopfmaki, Taubenschwänzchen – Windenschwärmer.

1.2 *Fortpflanzungszeit* (Zyklische Isolation)

Die Individuen pflanzen sich im gleichen Gebiet fort, jedoch zu verschiedenen Zeiten.

Gemeine Roßkastanie (*Aesculus hippocastanum*) blüht 14 Tage früher als die Rote Roßkastanie (*A. carnea*) (siehe Polyploidie). Sommerlinde (*Tilia platyphyllos*) blüht 14 Tage früher als die Winterlinde (*T. cordata*).

Silbermöwe brütet 3 Wochen früher als Heringsmöwe (Brit. Inseln). Seefrosch (*Rana ridibunda*) laicht einige Wochen früher als Wasserfrosch (*R. esculenta*), wenn sympatrisch.
Hering, Felchen, Frühjahrs- und Herbstlaicher.

1.3 *Paarungsverhalten* (Ethologische Isolation)

Abweichungen oder Störungen der Balzhandlungen verhindern eine Synchronisation oder bewirken eine Feindreaktion.

Verschiedenheit der akustischen, optischen oder chemischen Signale (Auslöser): Stockente – Spießente, Sumpfmeise – Weidenmeise (Abb.45), Waldbaumläufer – Gartenbaumläufer (auch mit Ökovikarianz im sympatrischen Gebiet; vgl. Tab. 18);

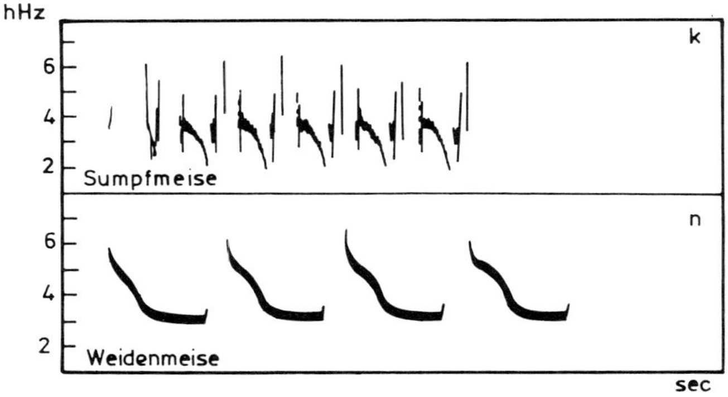

Abb. 45: Klangspektrogramme der Gesangsstrophen zweier nah verwandter Arten (Zwillingsarten). Oben: Sumpfmeise *(Parus palustris)*, unten: Weidenmeise *(Parus montanus)*. (Nach THIELCKE 1970).

Heuschrecken, Leuchtkäfer; Mutanten von Farbmustern bei Vögeln, Fischen und Tagfaltern; *Drosophila*-Arten, Tanzfliegen. Selektive Bevorzugung eines Partners zur Paarung (Homogamie) verhindert Panmixie: Gänse, Buntbarsche.

2. Paarungs-Isolationsmechanismen („mating mechanisms")

Mechanische Hindernisse

Fremdbefruchtung wird durch nicht aufeinander abgestimmte Blütenteile bzw. Kopulationsorgane eingeschränkt oder verhindert:

Verschiedene Arten der Gattung Läusekraut (*Pedicularis*), Schwalbenwurzgewächse der Tropen (*Asclepias*); ähnlich die gleichgriffeligen Individuen bei Verschiedengriffeligkeit (Heterostylie), z. B. Schlüsselblumen, Blutweiderich. Konstante Einrichtungen einer „Blume" zur Anlockung von Insekten und Vögeln.

Verschiedene Körpergröße und Feinbau der männlichen Kopulationsorgane bei Gliederfüßlern, bes. Spinnen und Tausendfüßlern, Zuckmücken.

3. Postzygote Isolationsmechanismen („postmating mechanisms")

Befruchtung und Bildung von Hybridzygoten, Fortbestand langfristig nicht gewährleistet, weil Gendisharmonie.

3.1 *Hybridensterblichkeit oder Hybridenschwäche*

Störungen nach wenigen embryonalen Teilungsvorgängen, Gastrulation besonders gefährdet,

Fadenwürmer (Nematodes), Disharmonie zwischen Embryo und Endosperm.

3.2 *Entwicklungssterilität bei Hybriden*

Gonaden abnorm oder Meiose unvollständig, Spermatogenese bzw. Teilung der Mikrosporenmutterzellen führt nicht zu reifen Gameten.

Sterile Bastarde von Rind u. Yak, Rind u. Büffel, Pferd u. Esel, Pferd u. Zebra, Stockente u. Muscovyente, *Drosophila*-Arten.

3.3 *Segregationssterilität*

Ganze Chromosomen, Chromosomensegmente oder Genkomplexe verteilen sich ungleichmäßig auf die Gameten.

Die 9 Chromosomen vom Rettich (*Raphanus sativus*) ($2n = 18$) können sich überhaupt nicht mit den 9 Chromosomen vom Kohl (*Brassica oleracea*) paaren, die 18 ungepaarten Chromosomen sind nicht imstande, sich in der Metaphasenspindel der Meiose anzuordnen, sie werden regellos auf die Pole verteilt. (Gegensatz bei amphidiploiden Bastarden, siehe unter c „Artneubildung durch Polyploidie") Ähnlich: *Primula verticillata* x *Primula floribunda*.

3.4 *F_2-Zusammenbruch*

Die F_1-Hybriden sind normal, kräftig und fertil, aber die F_2-Generation unterliegt den o. g. Störungen.

c) Artneubildung durch Polyploidie

α) Schüleraufgaben:

1. 1870 entdeckte man in Südengland eine unbekannte, zuvor an keiner anderen Stelle gefundene Art, das Reisgras (*Spartina townsendii*). Da es sich im Küstenbereich stark ausbreitete, hielt man es zur Förderung der Anlandung für geeignet und pflanzte 1927 an der schleswig-holsteinischen Küste 1200 Exemplare an. Das Experiment scheiterte, weil dieses neue Gras infolge seiner breiten ökologischen Valenz weithin das Andelgras *(Puccinellia maritima)* und den Queller *(Salicornia stricta)* verdrängte, diesen Pionier in bezug auf die Landbefestigung jedoch nicht übertraf. In Europa seit dem 13. Jahrhundert bekannt: *Spartina stricta,* 2n = 56 Chromosomen; um 1800 aus Amerika eingewandert: *Spartina alternifolia,* 2n = 70; *Spartina townsendii,* 2n = 126.

Läßt sich die vermutliche Neubildung der Art *Spartina townsendii* mit den Daten über die verwandten Arten erklären?

2. Vergleichen Sie die Chromosomengarnitur der drei Kastanienarten *Aesculus hippocastanum, A. carnea, A. pavia* nach dem Bild (Abb. 46) in bezug auf Anzahl und Größe. Welche genetische Beziehung zwischen den Arten ergibt sich als sehr wahrscheinlich?

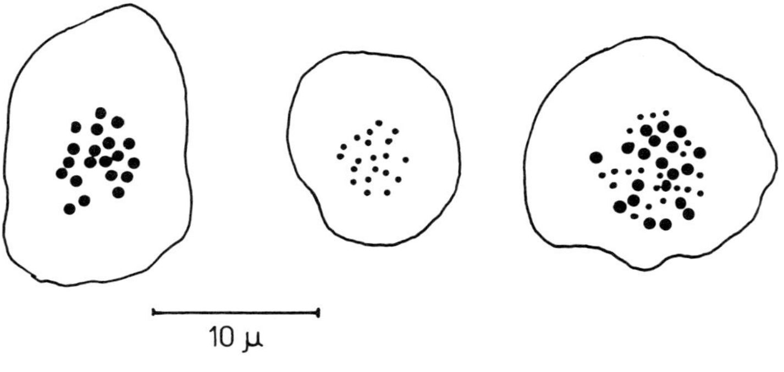

Abb. 46: Chromosomengarnitur von drei Kastanienarten. Links: *Aesculus pavia*, Mitte: Gemeine Roßkastanie *Aesculus hippocastanum*, rechts: Rote Roßkastanie *Aesculus carnea*. (Nach SKOVSTED aus SCHWANITZ 1967).

3. Bei uns in Mitteleuropa ist die durchscheinende Milchplanarie (*Dendrocoelum lacteum*) mit 2n = 16 in stehenden und ruhig fließenden Gewässern weit verbreitet, Temperaturoptimum = + 17° C. Im Alpengebiet kommt besonders im kalten Wasser von Höhlen *Dendrocoelum infernale* mit 2n = 32 vor, sie ist aus größeren und weniger Körperzellen aufgebaut als gleichgroße Exemplare von *D. lacteum,* Temperaturoptimum = + 6° C.

Strudelwürmer sind zwar Zwitter, pflanzen sich aber durch Fremdbesamung fort; andererseits weisen sie ein hohes Regenerationsvermögen auf.

Wie kann man sich die Entstehung der Höhlenplanarie vorstellen?

β) Annahmen zur Erklärung der Artneubildung

Die vorgefundenen Chromosomenzahlen sprechen dafür, daß die Rote Kastanie, das Reisgras, die alpine Höhlenplanarie durch irgendeinen Vermehrungsprozeß des Chromosomensatzes ihrer nahen Verwandten entstanden sind (Polyploidie). Das stimmt mit den bekannten cytologischen Vorgängen überein, welche den normalen Verlauf der Kernteilung mit Ausnahme der Chromosomenduplikation hemmen, so daß der Chromosomenbestand vervielfacht, nicht aber die Architektur oder der Gengehalt der einzelnen Chromosomen verändert wird (Genommutation).

Bei der Neubildung der Roten Kastanie und des Reisgrases gelangten entweder diploide Gameten zur Befruchtung oder der Chromosomensatz des F_1-Bastards verdoppelte sich. Der erste Fall ist seltener, der zweite wiederholt beobachtet. Im allgemeinen ist ein Artbastard nur dann fertil, wenn seine Zellen in der Metaphase Bivalente ausbilden können, das wiederum nur, wenn der Chromosomensatz tetraploid (amphidiploid) geworden ist. In den beiden erwähnten Fällen stammen die Chromosomen der neuen Art von zwei verschiedenen Formen ab (Allopolyploidie) (vergl. Abb. 46, 47).

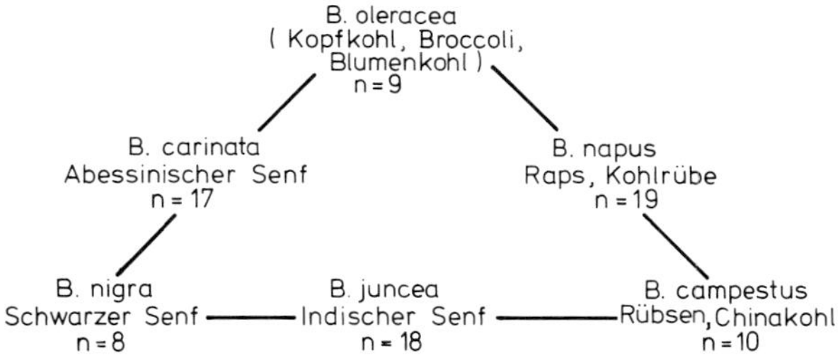

Abb. 47: Die Beziehungen im Chromosomensatz dreier diploider *Brassica*-Arten (Eckpunkte) zu den von ihnen abgeleiteten allopolyploiden Arten (Zwischenpunkte). (Nach BREWBAKER aus SCHWANITZ 1971)

Bei der Neubildung der alpinen Höhlenplanarie muß es zu einer ähnlichen Verdopplung in den Gameten, Zygoten oder somatischen Zellen nur einer Elternart gekommen sein (Autopolyploidie).

Weitere Beispiele: Weizen (Abb. 48), Baumwolle der USA (*Gossypium hirsutum*) tetraploid $2n = 52$, wahrscheinlich alloploid aus einer Altweltart mit $2n = 26$ und einer wilden Neuweltart mit $2n = 26$; ähnlich Tabak, Mais u. a. Kulturpflanzen. Goldhamster *(Mesocricetus auratus)* tetraploid, vermutlich aus Europ. Feldhamster (*Cricetus cricetus*) und Chines. Hamster (*Cricetulus griseus*); Wasserfrosch (*Rana esculenta*) teilweise triploid, auch nach Vergleich der elektrophoretischen Serumeiweißbilder wird Hybridcharakter angenommen, Bastardierung von Seefrosch (*Rana ridibunda*) und süd-östl. Grünfrosch (*Rana lessonae*); Salzkrebschen (*Artemia salina*), bisexuell u. parthenogenetisch, tetraploide Rassen vermutlich durch Autopolyploidie.

γ) Experimentelle Bestätigung des Artneubildungsmodus

1. Neuschaffung einer in der Natur nicht vorhandenen Art (Synthese)

KARPECHENKO (1926) kreuzte

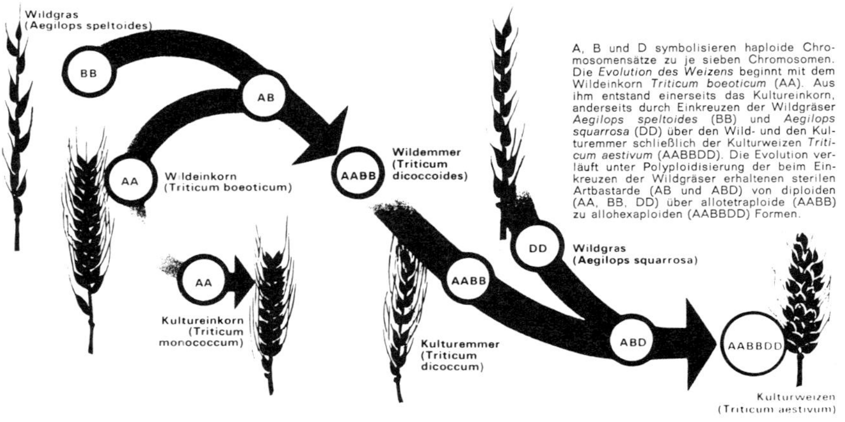

Abb. 48: Die Herauszüchtung des Kulturweizens mit zweimaliger Artbastardierung und anschließender Polyploidisierung. (Aus OSCHE 1972).

P-Generation	Gartenkohl (*Brassica oleracea*) 2n = 18	×	Rettich (*Raphanus sativus*) 2n = 18

F_1-Generation Gattungsbastarde 2n = 18, steril, weil Chromosomen verschiedener Herkunft in der Meiose nicht paarungsfähig. Trotzdem aus wenigen Gameten einige Samen

F_2-Generation Pflanzen groß und kräftig, 2n = 36, tetraploid bzw. amphidiploid, weiterhin fertil, also neue Art bzw. neue Gattung (*Raphanobrassica*).

Kreuzungsprodukte zwischen *Raphanobrassica* und den Stammeltern sind triploid mit 2n = 27 und steril.

2. Wiedererzeugung einer in der Natur vorhandenen Art (Resynthese) MÜNTZING veröffentlichte 1930 folgende Kreuzung:

Parental-generation	Weichhaariger Hohlzahn (*Galeopsis pubescens*) 2n = 16	×	Prächtiger Hohlzahn (*Galeopsis speciosa*) 2n = 16

F_1-G. Auslese einzelner Pflanzen mit 2n = 32 und Weiterzucht möglich, morphologische Übereinstimmung mit der in freier Natur existierenden Art Gemeiner Hohlzahn (*Galeopsis tetrahit*) 2n = 32, unbeschränkte Kreuzungsfähigkeit des erzeugten synthetischen *Galeopsis tetrahit* mit der natürlichen Art *Galeopsis tetrahit*.

δ) Folgerungen für die Artneubildung

Eine Genommutation baut die reproduktive Isolierung, welche für die Abspaltung einer neuen Art erforderlich ist, nahezu augenblicklich auf, wofür bei allopatrischer Speziation lange Zeiträume beansprucht werden. Arten, die sich vegetativ, parthenogenetisch oder durch Selbstung fortpflanzen, können mit einem einzelnen Individuum eine neue Population begründen. Bei Blütenpflanzen wird die Verdopplung des Chromosomensatzes eines zunächst diploiden und damit sterilen Bastards häufig Anlaß für eine neue Ausgangsform gewesen sein (Hybridenpolyploidie). Da solche neuen amphidiploiden Formen nur unter sich fertil, mit den Eltern jedoch nicht mehr kreuzungsfähig sind, stabilisieren sie sich selbst zu neuen Arten.

Polyploide Rassen bzw. Arten zeichnen sich durch größere Zellen und kräftigeren Wuchs aus (Gigas-Charakter). Sie vermögen sich infolge ihrer vermehrten Anzahl von Allelen an neue Umweltbedingungen besser anzupassen als ihre diploiden Vorfahren. So liegt der prozentuale Anteil polyploider Wildpflanzenarten in arktischen Arealen höher als in gemäßigten Breiten, in Pionier-Biotopen (Hochgebirge, Meeresküste, Schuttplätze) höher als in länger besiedelten Lebensräumen.

Die Zucht von Kulturpflanzen geht immer wieder auf eine Auslese polyploider Formen zurück, z. B. Weizen (14, 28, 42,), Kartoffel (12, 24), Tabak (24, 48), Rosen (14, 28, 42, 56, 70, 84, 112). Darüber hinaus gibt es Hinweise, daß durch Polyploidie neue Gattungen entstanden sind: Apfel, Olive, Weide, Pappel, viele Farne (vgl. J 5, Domestikation).

Aufgabengruppe K

Untersuchen Sie die phylogenetische Entwicklung der abgebildeten Tiere mit Hilfe aller gegebenen Daten!

a) Beschreiben Sie einige der auf dem Bild dargestellten Formen!
b) Wie stellen Sie sich die Lebensweise dieser Tiere (nach den knappen Zusatzangaben) vor bzw. was wissen Sie darüber?
c) Versuchen Sie, die jüngste Stammesgeschichte dieser Arten bzw. Rassen aus dem Verbreitungsmuster, dem Lebensraum und der Lebensweise, evtl. auch aus morphologischen Merkmalen, zu rekonstruieren!
d) Welche Evolutionsfaktoren sehen Sie für die Herausbildung dieser Formen als entscheidend an?

Untersuchungsmaterial:

1. Bildseite 275 aus Grzimeks Tierleben, Bd. X (Abb. 49a als Arbeitsbogen) darauf: Nr. 1 Mohrenmaki, Nr. 2 Katta, Nr. 3 Vari, Nr. 4 Schwarzkopfmaki.
2. Kartenskizze von Madagaskar (Abb. 49 b) mit dem Vorkommen der Arten 1 bis 4. (nach Grzimek Bd. X S. 290).
3. Weltatlas oder physikalische Landkarte von Madagaskar.

Zusatzangaben auf dem Aufgabenblatt: Alle abgebildeten Tiere leben ausschließlich im madagassischen Faunenbereich, und zwar in verschiedenen Gebieten, die aus der beigefügten Kartenskizze ersichtlich sind.

Zum Lebensraum und zur Lebensweise:

Nr. 1 Tag- u. Nachttier, Baumbewohner, springt bis 8 m weit, frißt hauptsächlich Früchte und Blätter, zusätzlich Insekten

Nr. 2 Tagtier, in baumlosen, steinig-felsigen Bergen, bodenlebend, frißt Früchte, zusätzlich Kleintiere

Nr. 3 Nachttier, im tropischen Regenwald, frißt Blätter u. Früchte, baut Nest als Kinderbett, bis zu drei Paar Zitzen, sehr laute Rufe

Abb. 49 a: Die Rassen- und Artenvielfalt der Lemuren auf Madagaskar. Material zur Aufgabengruppe K. (Aus GRZIMEKs Tierleben Bd. X).

Nr. 4 Tagtier, Baumbewohner

(Über den Rotbauchmaki Abb. 49a, Nr. 5, sind nur unzureichende Daten bekannt, so daß er in diese Aufgabe nicht einbezogen werden sollte.)

Gebiß aller Arten: $\frac{2 \cdot 1 \cdot 3 \cdot 3}{2 \cdot 1 \cdot 3 \cdot 3}$ untere Schneide- u. Eckzähne fast waagrecht gestellt, dafür 1. untere Praemolaren den oberen Eckzähnen ähnlich und gegenübergestellt. Zweihörniger Uterus. Auf Madagaskar leben keine echten Affen.

Voraussetzungen: Einige Kenntnisse über echte Affen, evtl. von Halbaffen, Koboldmaki oder Galagos, nicht aber die Lemuren zuvor genau behandeln. Organisationshöhe, obwohl es hier weniger auf die Stammesentwicklung der ganzen Gruppe als vielmehr auf die jüngste Radiation einiger Lemurenarten und -rassen ankommt. Geographische Separation und Isolation, ökologische Einnischung als Artbildungsprozesse, Konkurrenz, Inselfaunen, Art, Rasse, Population. Somatolyse, Sexualdimorphismus. Allopatrisches und sympatrisches Vorkommen.

Ergänzungs- und Abwandlungsmöglichkeiten: Bei Schülern, die noch nie Primaten näher studiert haben, könnte man gegebenenfalls einige Tiernamen nennen, beantwortet dabei aber u. U. Fragen über Rassen- und Artzugehörigkeit, Geschlechtsdimorphismus. Immerhin könnte ein findiger Schüler allein aus der Numerierung der Einzelbilder ohne entsprechende biologische Überlegungen Fragen beantworten.

Man kann durch weitere morphologische Angaben die Problemstellung auf den Organisationsstatus der Halbaffen schlechthin umlenken (Gehirnvolumen auch relativ zur Körpergröße gering, Retinae mit Tapetum lucidum, keine Stelle schärfsten Sehens = Fovea centralis, Gehörsinn, Nasenspiegel, Extremitätenskelett, Gebiß, Unterkieferknochen getrennt, scharf abgesetzter Knochenfortsatz am Unterkieferwinkel = Processus lemuricus, zweihörniger Uterus, Halbplazenta). Für Klassen, die Hundsaffen oder Menschenaffen gut kennen, liegt ein Vergleich mit den höheren Primaten nahe.

Für eine ausführliche tiergeographische Analyse Madagaskars bietet GRZIMEKS Tierleben Bd. X reiches Material.

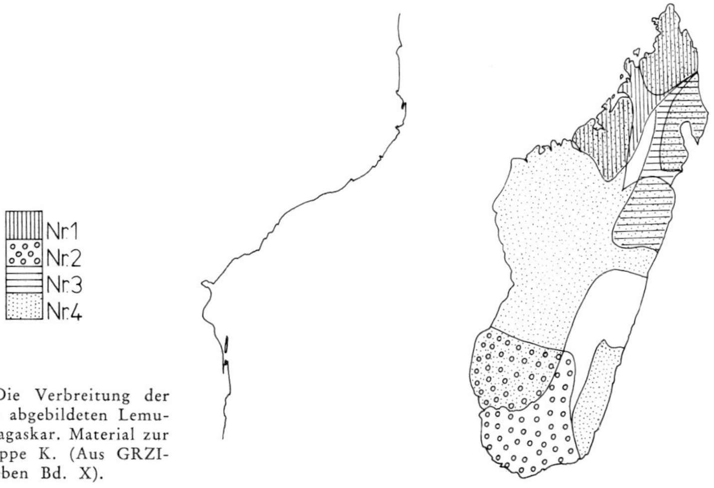

Abb. 49b: Die Verbreitung der in Abb. 49a abgebildeten Lemuren auf Madagaskar. Material zur Aufgabengruppe K. (Aus GRZIMEKs Tierleben Bd. X).

Literatur

Beer, de, G.: Bildatlas der Evolution. München 1966.

Dossenbach, H.: Galapagos, Archipel der seltsamen Tiere. Stuttgart 1974.

Duhr, B.: Die Behandlung der postglazialen Arten- und Rassenausbreitung als Beispiel für die Wirkungsweise der Evolutionsfaktoren im Unterricht der Sekundarstufe II. Praxis der Naturwiss. Biol. *22,* 3 Köln 1973.

Dylla, K. und Kattmann U.: Art oder Rasse? Eine Übung zur systematischen Einordnung von Populationen einheimischer Singvögel (Geschwisterarten und geografische Rassen) Praxis der Naturw., Biol. 2, 1979.

Eibl-Eibesfeldt, I.: Galapagos – Die Arche Noah im Pazifik. Piper, München 1964.

Heberer, G.: Theorie der additiven Typogenese. In Heberer, G.: Die Evolution der Organismen. Bd. II/1, Stuttgart 1974.

Illies, J.: Noahs Arche – Wege zum biologischen System. Kosmos-Bibliothek 261, Stuttgart 1969.

Kosswig, C.: Otto H. Schindewolfs „Über den Typus in morphologischer und phylogenetischer Biologie" nebst einigen Anmerkungen vom Gesichtspunkt des Genetikers. Z. zool. Syst. Evolut.-forsch. *9,* H. 3, pp. 224–234, Hamburg **1971.**

Kraus, O.: Mittelamerika – Bindeglied zweier Faunenreiche? Umschau 23, Frankfurt 1964.

Lange, E.: Mechanismen der Evolution. Neue Brehm-Bücherei Bd. 433, Wittenberg 1971.

Lüers, H., Sperling, K., Wolf, B.: Genetik und Evolutionsforschung bei Tieren. In Heberer, G.: Die Evolution der Organismen II/1 Stuttgart 1974.

Remane, A., Storch, V. und Welsch, U.: Evolution. dtv München 1973.

Rensch, B.: Neuere Probleme der Abstammungslehre – Die transspezifische Evolution. Stuttgart 1954.

Savage, J. M.: Evolution. München 1966.

Stebbins, G.: Evolutionsprozesse. Stuttgart 1968.

Wappler, S.: Bemerkungen zu einigen makroevolutionistischen Auffassungen. Biol. in der Schule 408, Berlin 1968.

Weninger, J. und Kattmann, U.: Genkoppelung und Selektion als Faktoren allmählicher Artaufspaltung in Kattmann et alias: Evolutionsbiologie, Köln 1978.

L. Zur sog. „Transspezifischen Evolution"

Manche Lehrbücher diskutieren in Verbindung mit der Kausalanalyse der Artumbildung auch eine sog. „Transspezifische Evolution". Da wird angeführt, daß es neben den Wandlungen auf dem Rassen- und Artniveau auch „eine davon grundsätzlich abweichende Evolution der höheren systematischen Gruppen gegeben" habe. Es muß hingegen betont werden, daß Begriffe wie Makromutation, Typensprung, Riesensprünge, aber auch Megaevolution, Mikro- und Makrophylogenese u. ä. rein spekulativ sind. Zwar haben sie die wissenschaftliche Diskussion durch heftige Kontroversen befruchtet, sie entbehren jedoch bis heute jeder sicheren phylogenetisch-empirischen Grundlage. Es ist daher besser, sie gänzlich zu vermeiden.

Für den Schulunterricht müssen wir die Tatsache, daß die Großtypen des Pflanzen- und Tierreiches stammesgeschichtlich zusammenhängen, nur anders wenden. Ohne dem Schüler Scheuklappen für Unbekanntes und Problematisches aufzwingen zu wollen, sollten wir hier alle Gedankenkonstruktionen über die Neuentstehung höherer systematischer Kategorien als andersartig verursachter Evolutionsprozesse beiseite lassen. Da wir bis heute keine Vorgänge kennen, die bedeutende Organisationsumwandlungen plötzlich bewirken – weder aus Kurzzeitexperimenten noch aus paläontologischen Untersuchungen – müssen wir für die sogenannten „transspezifischen" Wandlungen dieselben Faktoren, freilich über erheblich längere Zeiträume, verantwortlich machen, wie sie für die Rassen- und Artbildung bekannt geworden sind (Theorie der additiven Typogenese).

Die in manchen Büchern unter der Überschrift „Kausalanalyse" angeführten Kennzeichnungen verschieden intensiver Entwicklungsphasen (Typostrophenlehre nach SCHINDEWOLF) und Entwicklungsgesetze (DOLLOsches Gesetz, Zahlenreduktion, Differenzierungsgesetz, Mosaikentwicklung u.s.f.) bringen keine Erklärungen der Evolutionsursachen, sondern stellen Regelhaftigkeiten – allerdings mit manchen Einschränkungen – für den „Ablauf der Stammesgeschichte" auf. Sie sollten dementsprechend auch in jenem Abschnitt, also vor der Kausalanalyse, behandelt werden.

Diese Kritik erkennt voll an, daß es gewiß Evolutionsfaktoren geben kann, die wir z. Z. noch nicht genügend kennen. Vielleicht wird künftig die Evolutionsökologie Licht in die Probleme der Entstehung höherer systematischer Einheiten werfen. Die o. g. spekulativen Begriffe sind jedoch für den Lernenden abzulehnen, weil sie sich in ihm wie reale Vorstellungen festsetzen.

IV. Teil: Die Stammesentwicklung des Menschen

Ist die Geschichte des Menschen didaktisch als ein letztes, von den vorhergehenden abgesetztes Kapitel zu rechtfertigen? Auch die Gattung *Homo* war in den gemeinsamen Strom organismischer Evolution eingebettet. Neuere systematische Anordnungen (GREGORY, THENIUS, GRZIMEK) stellen die Primaten keineswegs als „Krone der Schöpfung“ ans Ende aller Säugerordnungen, sondern gleich in die Nachbarschaft der in vieler Hinsicht ursprünglich gebliebenen Insektenfresser. Diese Zuordnung verdeutlicht, daß die Primaten einschließlich der Hominiden im generellen Körperbau einen weit weniger spezialisierten Typ repräsentieren als etwa Landraubtiere, Wale oder die verschiedenen Huftiergruppen.

Eine derartige wissenschaftlich wohlbegründete Aufteilung sollte uns indes nicht hindern, die Geschichte der Hominiden als Abschluß zu behandeln. Zu diesem Zeitpunkt sind uns bedeutsame Erkenntnisse über Trends und Ursachen der Stammesentwicklung von Pflanzen und Tieren gegenwärtig, mit denen wir die frühen Etappen der Menschwerdung untersuchen können. Darüber hinaus hat sich die Art *Homo sapiens* in ihrer Evolution zunehmend aus dem rein biologischen Ursache-Wirkungs-Gefüge gelöst und gibt völlig neuartige Probleme auf. Der Mensch bleibt – trotz Streben nach Objektivität oder gar Abneigung gegen alle nichtwissenschaftlichen Argumente – das Wesen, von dem sich unser ureigenes Inter-esse nicht ablenken läßt. Und gerade der junge, erwachende Mensch richtet sein unruhevolles Fragen dem Selbst zu. Das delphische „Nosce te ipsum“ fügte schon LINNÉ als schlagworthaft-kurze, programmatische Differentialdiagnose dem Artnamen *Homo sapiens* hinzu.

Noch zu Anfang unseres Jahrhunderts galt die Aussage, daß auch der Mensch ein Gewordener sei, als eine ungeheuerliche Behauptung. Heute ist der Streit um die Verwurzelung des Menschen im Tierreich entschieden. Unterschwellig lebt er allerdings in einer „pseudodemokratischen Doktrin“ (LORENZ) weiter, nämlich in der mancherorts vertretenen Lehrmeinung, menschliches Verhalten hänge voll und ganz von Prozessen der Konditionierung ab, werde also von Umwelteinflüssen allein bestimmt. Entspringt diese einseitige Überbetonung eines Teils unserer Verhaltensantriebe aus unzureichender Kenntnis der phylogenetischen Wurzeln des Menschen?

M. Paläanthropologie – Synthese verschiedener Wissenschaften

Die spezifisch menschliche Daseinsart ist so komplex, daß wir uns auf der Suche nach ihren Spuren einer Skala vielseitiger Hilfsmittel bedienen müssen. Neben denjenigen Indizien, die sich zur Ermittlung pflanzlicher und tierlicher Stammeslinien bewährt haben, verdienen noch andere unsere volle Aufmerksamkeit: Lage und Erhaltungszustand von Skelettresten, Nahrungstiere und -pflanzen als Begleitfossilien, Feuerspuren, Werkzeuge und Geräte, ja Kunstschöpfungen in Fels, Stein, Knochen und Holz geben uns Kunde vom Leben unserer frühen Vorfahren. Paläontologen, Prähistoriker, Ökologen, Humangenetiker, Völkerkundler und Paläopsychologen tragen gemeinsam das Jeweilsbild unserer eigenen Stammesgeschichte und Kultur zusammen.

Als Reihenfolge der Besprechung könnte man die heute datierbare Abfolge der fossilen Urkunden zugrunde legen. Problembewußter, wohl auch spannender, führt uns ein Unterrichtsgang über die Methoden zu den Erfolgen der Paläanthropologie, wenn wir Entscheidungsfragen in den Blickpunkt rücken und ebenso den einen oder anderen Bericht über die Bergung berühmter Stücke hinzufügen.

M 1. Ein epochemachender Fund

Die Fund- und Deutungsgeschichte des Neandertalers – wie auch die manches anderen menschlichen Fossils, welches Aufsehen erregt hat – kann den passenden Einstieg bilden. Tragen oder lesen wir die Begebenheiten zunächst einmal vor, die sich um berühmte Fundstücke abgespielt haben, z. B. nach GLOWATZKI, SCHENK o. a.

Ein Beispiel: Im August 1856 fanden Steinbrucharbeiter im Lehm einer Kalkhöhle mit Namen „Feldhofer Kirchen", die in den steilen Kalkfelsen des Düsseltales südlich Mettmann lag, einige Tierknochen und warfen sie zunächst fort. Der Besitzer des Steinbruches hörte davon, hielt die Skelettstücke für Überreste von Höhlenbären und benachrichtigte daher den Elberfelder Naturkundelehrer Prof. Carl FUHLROTT, von dessen Leidenschaft für Fossilien er wußte. Der erkannte gleich, daß diese Knochen nicht von einem Höhlenbären stammten; er hielt sie für die Reste eines fossilen Menschen, obschon ein solcher nach Meinung der Fachwelt nicht existieren durfte. FUHLROTT nahm an, daß die Knochen durch die Sintflut in die Feldhofer Grotte hineingespült worden seien.

Wechselvoll waren die Deutungen dieser Skelettreste, ja gerade die füh-

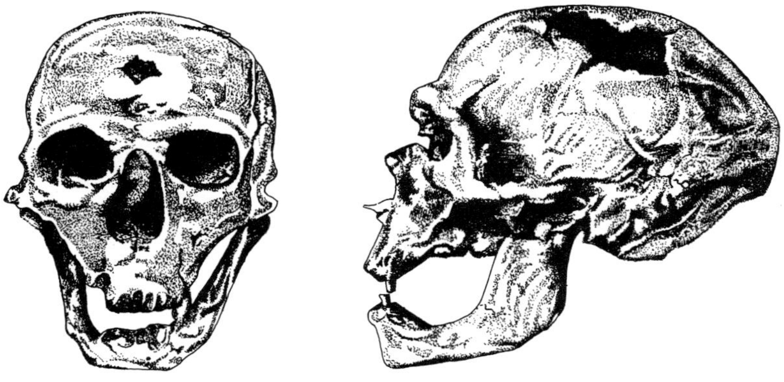

Abb. 50: Schädel eines klassischen Neandertalers (der „Alte von La Chapelle aux Saints"), gefunden als Begräbnis. (Aus HEBERER 1968).

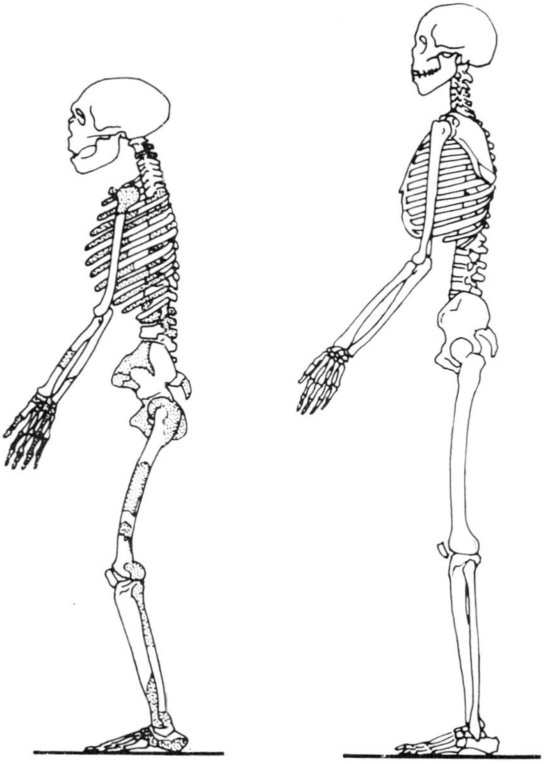

Abb. 51: Skelett des Neandertalers von La Chapelle (links) und des rezenten Menschen (rechts). (Nach BOULE aus VON KOENIGSWALD).

renden Autoritäten äußerten abwegige oder gar keine Ansichten, denn noch lastete über den meisten Biologen die These CUVIERS: „L'homme fossile n'existe pas" (Der fossile Mensch existiert nicht).

1856 SCHAAFFHAUSEN, H., Anatom in Bonn: Kalotte von hohem Alter, älter als frühe Einwohner Europas wie Kelten oder Germanen.

1856–1886 VIRCHOW, R., Pathologe in Berlin: Reste eines rachitischen Mannes, der „seine Brauen ständig vor Schmerzen gerunzelt habe, daher starke Überaugenbögen; Reiter, weil krumme Schenkel".

1859 DARWIN, CH., Begründer der wissenschaftlichen Evolutionstheorie, „Entstehung der Arten": vorerst keine Äußerung.

1863 LYELL, CH., Geologe und Anreger DARWINS, „Über das Alter des Menschengeschlechts auf der Erde und der Ursprung der Arten durch Abänderung": keine richtige Einordnung.

1863 HUXLEY, TH., bahnbrechender Evolutionsbiologe Englands, in „Zeugnisse für die Stellung des Menschen in der Natur": Der affenähnlichste menschliche Schädel, der bis jetzt entdeckt ist. In keiner Weise können die

Neandertalknochen als die Überreste eines zwischen Affe und Mensch in der Mitte stehenden menschlichen Wesens angesehen werden.

1864 King, W., England: Aufstellung einer neuen Hominiden-Art, daher Neu- bzw. Erstbeschreibung und wissenschaftliche Namengebung *Homo neanderthalensis* King 1864.

Bevor wir Namengebung, Einordnung oder gar Rekonstruktionen durch die heutige Wissenschaft darbieten, sollten wir an Bildern der Schädel-, Extremitäten- und Beckenknochenreste auch anderer Fundstellen versuchen, die Schüler zu einer selbständigen Auswertung anzuleiten (Abb. 50, 51 u. Tab. 21).

Tabelle 21: Merkmale der "klassischen Neandertaler" (*Homo neanderthalensis* KING)

Aus verfügbaren Abbildungen		Rekonstruktionen (Folgerungen aus sämtlichen Daten)
erkennbar	nicht ohne weiteres erkennbar (ergänzende Angaben)	
Schädel relativ lang und breit	Schädellänge bis 208 mm	
Hinterhaupt stark ausladend	Hirnvolumen 1350 bis 1723 cm^3 (rezenter Europäer bis 1500)	kräftige Nackenmuskulatur
Warzenfortsatz vorhanden, aber flach		
fliehende Stirn	größte Schädelbreite nicht über, sondern hinter den Ohren	
starke Überaugenwülste, durchlaufend, hohe rundliche Augenhöhlen	keine Wangengrube	grobes Gesicht
starke Nasenbeine, schwacher Nasenstachel	hohe, breite Nasenöffnung	flache, breite Nase
Kinn fehlt, schwache Vorkiefrigkeit	große, stark gerunzelte Zähne mit weiter hoher Höhle, keine Eckzahnlücke	
relativ lange Arme, Speiche gebogen	Körpergröße ca. 1,60 m	
	Wirbelsäule nicht deutlich doppelt S-förmig	leicht vorgebeugte Haltung
relativ kurze Beine, Oberschenkel gebogen	Rippen kräftig und dick; lange, waagrecht gestellte Dornfortsätze	"untersetzt"

Während es sonst im Biologie-Unterricht effektiver ist, morphologische Details an der Tafel oder mit dem Schreibprojektor Strich für Strich zu entwickeln, führt diese Methode in der Paläanthropologie selbst bei zeichnerischen Fertigkeiten des Lehrers nicht sicher zu dem beabsichtigten Erfolg. Denn bei der Schädeluntersuchung kommt es auf sehr spezielle Einzelheiten an. Feinste Winkel- und Proportionsunterschiede der Schädelknochen weisen die eine vor der anderen Form aus. Hier ist die Dia- oder Epiprojektion – möglichst mit Bildern von Originalfundstücken – vorzuziehen.

M 2. Mensch und Menschenaffen

Von 1065 anatomischen Merkmalen kommen 312 ausschließlich dem Menschen zu; 369 hingegen teilt er mit dem Schimpansen, 385 mit dem Gorilla, 354 mit dem Orang-Utan, 117 mit den Gibbons und 113 mit den übrigen Affen (KEITH). Demnach läßt sich ein Vergleich in zweierlei Zielrichtung führen. Entweder betont man die abgestuften Gemeinsamkeiten und untermauert damit den morphologisch-genealogischen Zusammenhang unserer Spezies mit den Menschenaffen (Pongiden). Oder man rückt die Unterschiede stärker in den Vordergrund und weist damit die Sonderstellung des Menschen auch innerhalb der höheren Primaten nach.

Ersteres dürfte aber heute nicht mehr unbedingt notwendig sein, obschon Chromosomenbilder, Serumreaktionen und andere biochemische Daten, Funktionselemente des Exkretions- und Fortpflanzungssystems verblüffende Gemeinsamkeiten aufdecken. Der zweite Weg sollte eine Basis zur Beurteilung hominider oder pongider Charaktere von Fossilien bieten, wenn wir die Skelettmerkmale der rezenten Menschenaffen und des heutigen Menschen zusammentragen (Tab. 22). Entscheidendes lesen wir aus Schädelmodellen oder Diapositiven ab (Abb. 52). In Zoologischen Gärten kann man durch gezielte Beobachtungsaufgaben die rezenten Pongiden studieren lassen.

Aufgaben zur Beobachtung von Affen im Tierpark:

Welche Fortbewegungsweisen führen Schimpanse, Gorilla, auch Orang und Gibbon im Käfig aus?

Wie bewegen sie ihre Hände und Füße beim Klettern, Gehen, Essen, Spielen?

Welche anatomischen Unterschiede zu den menschlichen Extremitäten lassen sich aus der Beobachtung folgern?

Wie verläuft die Behaarung an den Gliedmaßen?

Zur Tabelle müßte ergänzt werden, daß eben das Gehirn des Menschen, selbst wenn wir es gemeinhin als ein Organ bezeichnen, so viel weitergehend differenziert ist als bei Affen – wie wir nicht nur aus Abgüssen und histologischen Untersuchungen wissen, sondern an seinen einzigartigen Leistungen erkennen –, daß dieses komplexe System über die Organisationshöhe entscheidender Auskunft gibt als alle anderen (Abb. 53).

Am Beispiel der Primaten wird erneut klar, daß sich eine phylogenetische Einordnung nicht durch Auszählen möglichst vieler Merkmale bewerkstelligen läßt (wie es im Computer-Zeitalter erneut vergeblich versucht wurde). Jede systematisch-phylogenetische Eingliederung beruht auf Wertung und Beurteilung verschiedenartiger Merkmale. Und gerade innerhalb der Primaten bleibt der *Homo sapiens* eben doch der Bezugsmittelpunkt.

Betrachten wir zusammenfassend die angeführten Merkmale der „Großprimaten“, so finden wir in ihrem jeweiligen Ausprägungsgrad Beschleunigungen wie auch Verzögerungen. Überwiegend sind das Prozesse, die in mehr oder minder starkem Grad sich auf die gesamte höhere Primatengruppe erstrecken. Nicht der Mensch allein ist durch ontogenetisch-phylogenetische

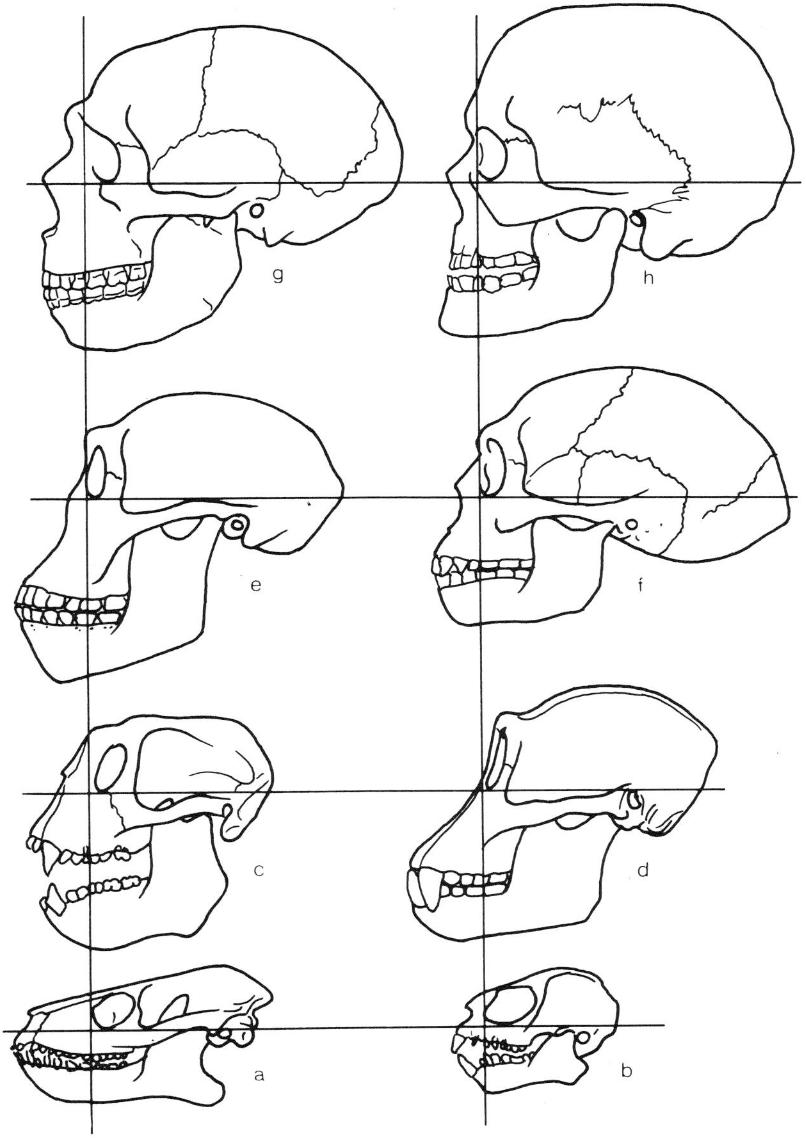

Abb. 52: Schädel verschiedenartiger Primaten. a) *Notharctus*, ein Lemur aus dem Eozän, b) *Tetonius*, ein Verwandter des Gespenstmakis aus dem Eozän, c) *Mesopithecus*, ein Altweltaffe aus dem Pliozän, d) *Pan troglodytes*, heutzeitlicher Schimpanse, e) *Australopithecus africanus*, Südafrika, Pleistozän, f) *Homo erectus erectus (Pithecanthropus)*, Südasien, Pleistozän, g) *Homo sapiens neanderthalensis* (Neandertaler), Europa, Würmvereisung, h) *Homo sapiens sapiens*, (Cro-Magnon-Mensch), Europa, vor ca. 25 000 Jahren. (Nach COLBERT 1965).

Tabelle 22: Körpermerkmale von Menschenaffen und rezentem Menschen

	Menschenaffen (Pongidae)	Mensch
Haltung	waagrecht, kurzzeitig aufrecht	aufrecht, im ersten Lebensjahr noch nicht aufgerichtet
Unterstützungsfläche	groß, Last auf 4 Gliedmaßen	klein, Last wird vom Becken auf Lendenwirbel übertragen
Rumpfskelett		
Wirbelsäule	einfach S-förmig bis gerade	doppelt S-förmig, federnd
Brustkorb	vorne erhaben	breit und flach, Schulterblätter hinten
	Brustbein mehrteilig	Brustbein einteilig
Becken	länglich	breit, schüsselförmiger Ring, großflächige Darmbeinschaufel
Extremitäten	Arme länger oder gleich lang wie Beine	Beine länger als Arme
Beine	Kletterlaufbeine, Knie nach außen	Standsäulenbeine
Fuß	Großzehe opponierbar, Fersenbein klein, Fußwurzelknochen kurz, Zehen lang	Großzehe liegt den übrigen Zehen an, starkes Fersenbein, Fußwurzelknochen lang, Zehen kurz, "Fußgewölbe"
Arme	Fortbewegungsorgane Unterarmdrehung gering	weite seitliche Auslenkung Unterarmdrehung groß
Hand	Daumen klein, übrige Finger lang und gekrümmt	Daumen groß und opponierbar, Zeigefinger frei beweglich, "Werkzeughand"
Schädel		
Proportionen	Gesichtsschädel größer als Gehirnschädel	Gehirnschädel größer als Gesichtsschädel
Gehirnvolumina	Gorilla 350 - 685 cm^3 Orang-Utan 295 - 575 cm^3 Schimpanse 320 - 480 cm^3	1350 - 1500 cm^3
Scheitelkamm	bei Gorilla ♂ vorhanden, selten bei Gorilla ♀ und Orang ♂ ; Unterkiefermuskeln können auf dem Scheitel zusammentreffen	nicht vorhanden
Naseneingang	flach	Nasenstachel
Überaugenwulst	durchlaufend, in der Schläfenregion Einschnürung	meist nicht vorhanden, oder mindestens unterbrochen
Schläfenbein	kein Warzenfortsatz (nicht mit Griffelfortsatz verwechseln!)	Warzenfortsatz (Ansatz der Kopfwendemuskeln) vorhanden
Hinterhaupt	mit Querwulst, Nackenband hält den Kopf mit	gerundet, Nackenmuskeln schwach
Hinterhauptsloch	nach hinten gerichtet, am Hinterende des Kopfes	nach unten gerichtet, Kopf wird nahe am Schwerpunkt unterstützt
Stirn	niedrig und fliehend	steil (rassisch verschieden)

Verzögerungen (Retardationen) gekennzeichnet (BOLKsche Fetalisationstheorie). Pongiden und Hominiden tendieren insgesamt in die gleiche Richtung. Nur in wenigen auffallenden Strukturen ist der Mensch deutlich ursprüng-

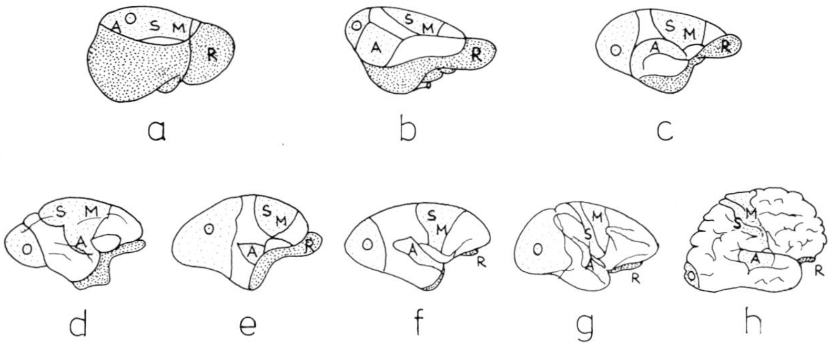

Abb. 53 Verteilung wichtiger Areale der Großhirnrinde (schematisch). a) Igel, b) Fahnenschwanzspitzhörnchen *(Ptilocercus)*, c) Mausmaki *(Microcebus)*, d) Lemur, e) Gespenstmaki *(Tarsius)*, f) Pinseläffchen *(Callithrix)*, g) Meerkatze *(Cercopithecus)*, h) Mensch. R = Riechhirn, M = motorisches Rindenfeld, S = sensorisches Rindenfeld, O = Sehzentrum, A = Hörzentrum, hell = Assoziationsareale. Alle Gehirne auf gleiche Länge gebracht, Vorderpol rechts. (Nach STARCK 1965 aus VOGEL 1974).

licher (Hand, Fuß, Zahnform) (Abb. 58) und läß sich hierin leichter an die bei niederen Primaten ausgebildeten Formen anschließen. Offenbar betrifft diese Divergenz gerade jene Eigentümlichkeiten, welche bei den heutigen Schwinghanglern extreme Anpassungszustände erreicht haben.

Es müssen hier Bedenken gegen die Vorstellungen mancher Paläanthropologen erhoben werden, unsere eigene Vorfahrenlinie sei unmittelbar von frühtertiären Primaten ausgegangen. Geologisch sind Hominiden erst seit der Grenze Pliozän-Pleistozän bekannt. Nach dem Prinzip des Funktionswechsels ist es durchaus möglich, daß der aufrechte Gang der Hominiden sich von pongidenähnlichen Formen ableitet, zumal sowohl Gorilla als auch Schimpanse und Gibbon die Fähigkeit zu kurzzeitig aufrechtem Gang besitzen. Berücksichtigt man unsere Kenntnisse über Evolutionstrends im gesamten Organismenreich, dann läßt sich ein Greifkletterer-Stadium als Vorfahrenform der Hominiden solange nicht ausschließen, bevor sehr viel mehr Extremitätenreste fossiler Formen aufgefunden werden, welche diese Möglichkeit widerlegen. Wer die Umfunktionierung als phylogenetischen Prozeß im Tier- und Pflanzenreich kennt, steht dem „Spezialisationsdenken" kritisch gegenüber. (FRANZEN, REMANE)

Mit allem hätten wir nun doch beiden Vergleichsrichtungen Genüge getan, einmal die gemeinsame phyletische Wurzel sichergestellt, andererseits unterschiedliche Differenzierungsgrade einzelner Bauelemente abgegrenzt. Nur lassen sich hiermit noch nicht die engeren stammesgeschichtlichen Verknüpfungen innerhalb der Hominoiden aufdecken (wie das in manchen Pflanzen-

und Tiergruppen möglich ist). Gerade bei Aufklärung der Evolution unserer eigenen Großspezies und ihrer Verwandten bedarf es unbedingt auch fossiler Hilfen, selbst wenn sie an entscheidenden Punkten individuenmäßig noch recht spärlich vorliegen.

M 3. Australopithecinen – Tiere oder Menschen?

Seit 1924 wurden an verschiedenen Stellen Südafrikas und in den letzten Jahrzehnten auch in Ostafrika Zähne, Schädel und Teile anderer Skelettelemente von Primaten geborgen, die durch ihre merkwürdige Mischung menschlicher und äffischer Eigenschaften erhebliche Schwierigkeiten bei der Ausdeutung bereiteten. Aber gerade ihre eigenartige Zwischenstellung ermöglicht uns, im Unterricht exemplarisch eine Auswertung nachzuvollziehen, von der das Ergebnis nicht von vornherein feststeht. Die Arbeit mit diesem Fundmaterial gestattet es, nicht nur Fakten zu bieten, sondern auch die Methoden der Paläanthropologie lebendig werden zu lassen.

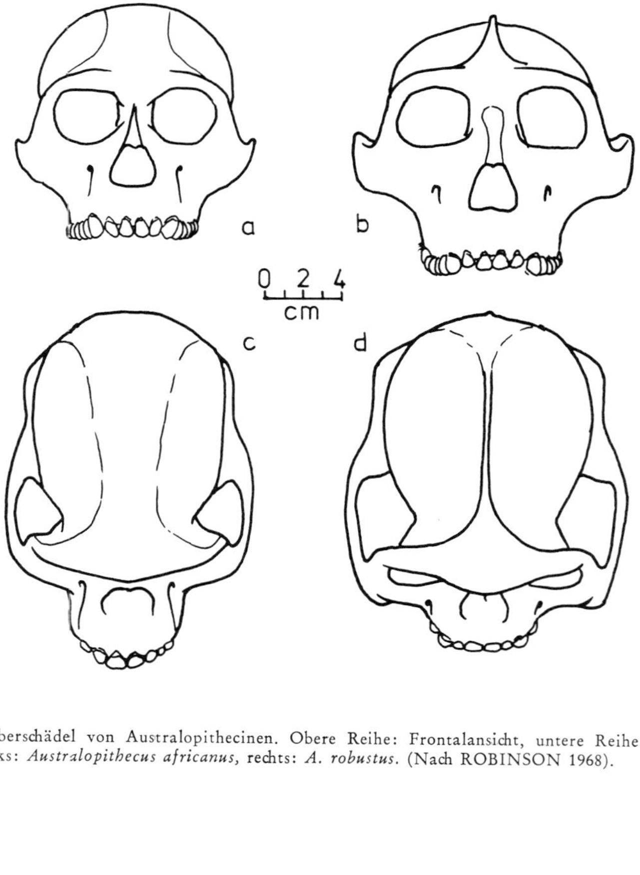

Abb. 54: Oberschädel von Australopithecinen. Obere Reihe: Frontalansicht, untere Reihe: Scheitelansicht. Links: *Australopithecus africanus,* rechts: *A. robustus.* (Nach ROBINSON 1968).

a) Erste Fundauswertung

Betrachten wir irgendein Bild eines Fundes (z. B. Abb. 52e und 54 links oder Profilbilder aus HEBERER, VON KOENIGSWALD, VOGEL) als Dia oder Arbeitsabzug, vorläufig ohne Größenangabe, so ergibt sich die Notwendigkeit, die gegebenen Kopfskelette mit solchen von Affen zu vergleichen. Man zeigt am besten einen Schädel vom Schimpansen (als Modell oder Lichtbild), nicht etwa vom Gorillamann. Am unbekannten Schädel fällt jetzt auf:

Überaugenwülste schwach ausgebildet bzw. gänzlich fehlend, Naseneingang affenähnlich, keine überragenden Eckzähne und keine Affenzahnlücke, Hinterhauptswulst schwach ausgebildet.

Gegebenenfalls kann die Vermutung, das Hinterhauptsloch sei nicht nach hinten gerichtet, schon bestätigt werden. Tatsächlich liegt es weiter nach vorn als bei den Menschenaffen und seine Ausgangsrichtung weist mehr nach unten.

Bei der Betrachtung eines Gebisses in Vorderansicht (Abb. 54) oder Aufsicht (Abb. 55) fallen wichtige Merkmale auf:

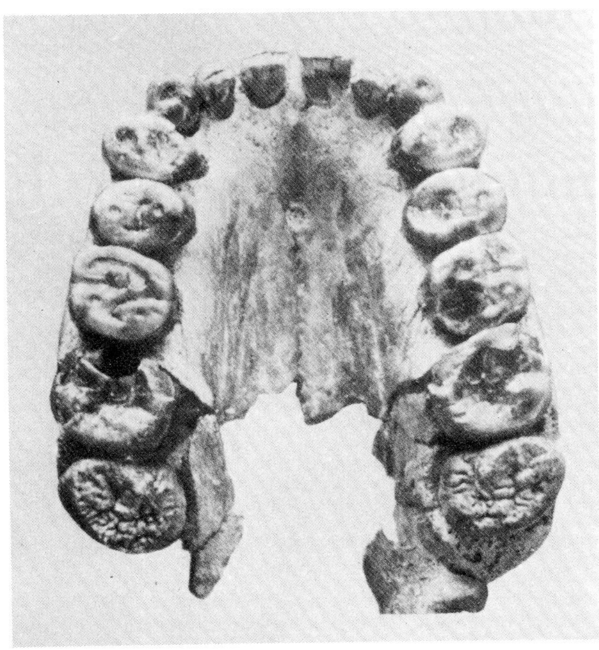

Abb. 55: Gebiß im Oberkiefer von *Australopithecus boisei (Zinjanthropus boisei)*. Oldoway-Schlucht, Ostafrika. (Aus HEBERER 1968).

Zahnbogen gerundet parabolisch, Schneidezähne relativ und absolut klein und schmal, Praemolaren und Molaren breit, mit Höckern, die flach abgeschliffen werden.

Wir ergänzen noch Einzelheiten, die nicht sicher oder gar nicht aus den Bildern abzulesen sind:

Zweiter oberer Molar meist größer als der erste ($M^1 < M^2$),
Vorderer Praemolar stets kleiner als der hintere ($P^3 < P^4$),
Unterer hinterer Praemolar zweiwurzelig,
Gehirnvolumen um 500 cm³, geschätzte Variationsbreite 390–760 cm³,
Körpergröße etwa 1,30 m.

Erstaunlich bleibt, je näher wir uns mit diesem Material beschäftigen, daß dieser als Australopithecinen (*Australopithecus* = Südaffe) bezeichnete Formenkreis im Körperbau ein Mosaik sowohl menschenäffischer (pongider) als auch menschlicher (hominider) Charaktere vereint.

b) Lebensweise

Können wir überhaupt ein Bild von der äußeren Gestalt und vom Verhalten eines ausgestorbenen Lebewesens entwerfen? Dieses grundsätzliche Methodenproblem spürt der Lernende hier wie immer dann besonders brennend, wenn es um Dokumente zur Geschichte unserer eigenen frühen Vorfahren geht. Am Beispiel der Australopithecinen können auch die Grenzen des aktualistischen Prinzips verständlich werden.

Aus dem mittlerweile stark angewachsenen südafrikanischen Fundmaterial schälen sich deutlich zwei Typen heraus: dem oben gekennzeichneten kleinen, grazilen Vertreter (*Australopithecus africanus* DART, Abb. 52 e und 54 links) steht eine größere und gröbere Form mit Scheitelkamm und stärkeren Backenzähnen gegenüber (*Australopithecus robustus* BROOM, Abb. 54 rechts). Da sich ihre Gebisse in Feinheiten unterscheiden, ist man gerade durch diesen Vergleich darauf gekommen, sich ihre Ernährung vorzustellen. *A. robustus* läßt ein Abkaumuster der Backenzähne sowie eine weit molarisierte („ultrahominide“) Ausprägung des ersten unteren Milchmolaren erkennen (Abb. 55). Demzufolge habe *A. robustus* pflanzliche Nahrung, ja sandiges Gras und feste Wurzeln verspeist. Das etwas feinere Gebiß des *A. africanus* wurde gedeutet als das eines Fleisch- oder Allesessers, ohne Anpassungen zur Abwehr. Andere Spezialisten meinen jedoch, daß die unterschiedliche funktionelle Auffassung der Bezahnung und damit der ökologischen Einnischung eigentlich nur auf den Verschiedenheiten des unteren Eckzahnes erstellt wurde, einer reichlich schmalen Beweis-Basis. Die winzige Ausbildung der Schneidezähne spreche eher dafür, daß die Nahrung mit der Hand zum Mund geführt wurde.

Ein Skelett aus Sterkfontein, von dem zwei Drittel der Brustwirbelsäule mit Rippen, die fast vollständig erhaltene Becken- und Lendenregion sowie Teile der Oberschenkelknochen aus der hartverbackenen Kalkmasse (Breccie) herauspräpariert werden konnten, läßt zudem die menschenartigen Krümmungen der Wirbelsäule erkennen. Wenn wir die Lage und Richtung des Hinterhauptsloches und die Ansatzstellen für Nacken- und Gesäßmuskulatur uns vergegenwärtigen, müssen wir schließen, daß dieses Wesen zweifüßig und aufrecht gegangen ist. Vielleicht vermochten die Australopithecinen noch nicht richtig zu schreiten; aufrechte Haltung und Fortbewegung war ihnen mit Sicherheit eigen. Die Bipedie war offenbar schon erreicht, bevor die enorme Hirnrevolution der echten Hominiden einsetzte.

Kritische Geister wenden bisweilen ein, daß hier weder der menschliche noch der äffische Zustand vorliege. Interessant ist auch eine Diskussion mit denjenigen, die meinen, *Australopithecus* habe sich halb übergebeugt und nur kurzzeitig aufrecht gehalten.

Zur Terminologie: Da durch die bewundernswerte Aktivität der afrikanischen Ausgräber nun schon eine außergewöhnlich hohe Zahl von Skelettresten zutage gefördert worden ist, gelang es hier, alle Funde zwei Formen zuzuordnen. HEBERER bezeichnete sie als zwei Typen – sicherlich, um einer endgültigen Art- oder Gattungsdiagnose nicht den Rang zu verbauen. Doch liegt gerade im Terminus „Typ" wieder jenes Typen-Denken inbegriffen, welches die moderne Evolutionsbiologie, auch in der Paläanthropologie, durch ein Denken in Populationen zu ersetzen sucht. Man sollte daher die Artnamen *Australopithecus africanus* und *A. robustus* bevorzugen.

c) Kulturstatus

Haben die Australopithecinen das Tier-Mensch-Übergangsfeld (HEBERER) bereits überschritten?

Im Fundkomplex von Makapansgat förderte DART, der Erstbeschreiber des Kindes von Taungs, neben den Australopithecinen eine große Anzahl nichtmenschlicher Knochenreste zutage, vor allem Oberarmknochen, einige Oberschenkelknochen, Gehörne und Kiefer von Antilopen. Eine umfassende Analyse der prozentualen Verteilung verschiedener Skelettelemente und vermuteter Abnutzungsspuren an ihnen, sowie vorwiegend an der linken Seite eingeschlagene Pavianschädel führten DART zu erstaunlichen Schlußfolgerungen. Er deutet diese Tierknochenreste als Keulen, Dolche, Sägen usf. und erstellt auf diesem Material seine Hypothese einer „Knochen-Zahn-Horn-Kultur" des *Australopithecus*.

Dagegen erhebt sich eine Reihe von Bedenken:

1. Ist eine Primatenform mit dem geringen Hirnvolumen von 480 bis 530 ccm (Gorilla-Variationsbreite 350 bis 752 ccm) in der Lage, ein derartiges Geräte-Arsenal zu schaffen?
2. Warum gab es im frühen Pleistocän (vor ca. 2 Mill. Jahren) nicht erst eine einfache Steinkultur, wie man sie lange vor den sich immer nur auf wenige Gerätetypen beschränkenden bekannten paläolithischen Kulturen erwarten sollte?
3. In der gleichen Fundschicht mit den Knochenanhäufungen von Makapan finden sich Kotsteine (Koprolithen) von Hyänen, nicht aber deren Skelette. Von rezenten Hyänen weiß man, daß sie sozial auf Huftiere (Zebras, Gnus, Antilopen) Jagd machen und nach Verzehren der Weichteile von Langknochen (bes. Humerus) regelmäßig den oberen fettreicheren (weil spongiöseren) Teil abbeissen. Haben etwa Hyänen die Knochenansammlungen zusammengetragen?

Bei der Diskussion über mutmaßliche Artefakte sollte man genau zwischen Werkzeug und Gerät unterscheiden (HEBERER):

Ein Gerät ist ein bewußt ausgelesener Gegenstand, der zweckbestimmt zugerichtet und wiederholt verwendet wird.

Ein Werkzeug ist jedes Materialstück, das im natürlichen Zustand – vielleicht nur einmalig – benutzt wird.

Um sich selber ein Urteil zu bilden, kann man an Hand von Texten namhafter Anthropologen die wissenschaftliche Kontroverse über die Gerätenatur der Knochen-Zahn-Horn-Fragmente miterleben, indem man Thesen für und wider die Hypothese gegenüberstellt, vielleicht auch die Darstellungsform der Autoren vergleicht.

HEBERER, Homo 1968, S. 62 bis 65.

„Dagegen kann es, – besonders für den Kenner des Originalmaterials – keinen Zweifel mehr daran geben, daß die mit den Resten von Australopithecinen in Makapansgat im zentralen Transvaal zusammen gefundene typenreiche Knochengerätekultur von diesen auch hergestellt worden ist. Mit einem etwas zungenbrecherischen Wort hat ihr Entdecker R. A. DART diese Kultur als „osteodontokeratische“ (= Knochenzahnhorn-)Kultur bezeichnet, weil ihre Geräte aus Knochenfragmenten, Zahnresten und Hornzapfen von Antilopen bestehen. Die Statistiken der vielen Tausende von Knochenfragmenttypen rechtfertigen keinen ernsthaften Zweifel daran, daß diese Fragmente von einem Hominiden angesammelt, gebraucht und teilweise zu Geräten umgearbeitet worden sind. Die Forschung hat ergeben, daß Hyänen solche Fragmentanhäufungen nicht verursacht haben können. Einen besonders eindrucksvollen Beleg für die Gerätenatur der Fragmente bildet das in Bild 45 links dargestellte Stück. Hier ist in einem Mittelhandknochen in den Spalt zwischen den Gelenkrollen für die Zehen (Ansatz der Zehen: Paarhufer) eine scharfe Knochenscherbe fest eingefügt. Drei solcher Stücke liegen bisher vor. Auch andere Funde zeigen in verschiedener Weise ihre Gerätenatur. DART hatte erst harte Widerstände gegen seine Deutungen zu überwinden, doch seine Zähigkeit und das unverdrossene Beibringen immer neuer Argumente führten schließlich zum Erfolg. Heute ist bei den Experten eine ernsthafte Opposition kaum noch spürbar. Die Australopithecinen-Fundstätte von Makapansgat ist einwandfrei als das Lager australopitheciner Jäger erkannt worden. Ein Besuch an Ort und Stelle ist sehr eindrucksvoll und eine Analyse der riesigen Sammlungen DARTS in Johannesburg überzeugend. Neuerdings sind von diesem Fundort auch primitive Steingeräte beschrieben worden. Mindestens ist die Herstellung von Geräten durch die Australopithecinen erwiesen.“

V. KOENIGSWALD, Die Geschichte des Menschen S. 69

„Schwieriger ist die Frage des Werkzeuggebrauchs zu diskutieren. Wie man die merkwürdigen Einschläge auf Pavianschädeln auch erklären will, von den angeblichen Knochenkeulen, die DART abgebildet hat, stammen sie sicher nicht. DART hat nämlich eine Reihe merkwürdig gleichartig beschädigter Oberarmknochen als Schlagwerkzeuge deuten wollen. Wie ZAPFE gezeigt hat, pflegen Hyänen regelmäßig den oberen spongiöseren und daher fettreicheren Teil der Oberarmknochen abzubeißen und lassen den unteren Teil liegen. Durch das Abkauen haben sich kleine Splitter gelöst, die leicht einen Gebrauch vortäuschen können. Da in Makapan auch Hyänen vorkommen und die Abbildung entsprechender Stücke von DART als auch von ZAPFE eine vollständige Übereinstimmung zeigen, läßt sich eine künstliche, durch Gebrauch hervorgebrachte Beschädigung dieser Knochenstücke nicht länger verteidigen. Wenn DART weitere Knochenstücke als Werkzeuge und Antilopenunterkiefer selbst als eine Art Säge deuten will, geht er hierin sicher zu weit. Wir erinnern an die Diskussion über zerbrochene Knochen von Chou-Kou-Tien, in denen eine Autorität wie BREUIL eine absichtliche Beschädigung durch den Pekingmenschen beweisen wollte, eine „Knochenkultur“, während sein Mitarbeiter PEI sich, und unserer Ansicht nach mit Recht, auf den Standpunkt stellt, daß alle diese Knochenbrüche entweder zufällig oder durch Tierfraß zu erklären seien."

Nicht wenige Wissenschaftler (bes. ROBINSON, THENIUS, VON KOENIGSWALD, OAKLEY, LE CROS CLARK) sind bei ihrer Beurteilung skeptisch und erkennen den Australopithecinen keine eigenständige Gerätekultur zu. Man räumt allenfalls ein, daß die Australopithecinen vielleicht gerade das, was ihnen bequem in die Hände gelangte, wie etwa Stöcke, Knochen, Steine, als Werkzeuge benutzten, u. U. häufiger als die rezenten Menschenaffen.

Im ganzen läßt sich der Kulturstatus eines ausgestorbenen Wesens – ob schon menschlich oder eben noch nicht – im Detail schwer nachzeichnen. Und doch hat VON EICKSTEDT mit wissenschaftlicher Phantasie ein paläopsychologisches Bild zu entwerfen gewagt, das die paläoontologischen Daten mit Kenntnissen aus der vergleichenden Völkerkunde und der Entwicklungspsychologie des Kindes zu vereinigen sucht. Da eine derart kühne Synthese wissenschaftsmethodisch katalytisch und inhaltlich bestürzend wirkt, sollten wir sie uns nicht vorenthalten.

„So ergibt sich folgender Gesamteindruck: Fluchtwesen und daher Furchtwesen, das Denken voll eidetisch, das Erleben tief fühlhaft, keine eigentliche Sprache, erste Neigungen domestikativer Behaglichkeit und als einzig eindeutig hominider Kortikalgewinn nur – der *Kannibalismus*. Er ist aber nämlich als Genuß mit Gewohnheit *ohne* Not und Zwang – wirklich echt und nur hominid, denn kein Tier tötet den Artgenossen ohne Zwang. Die Hominiden aber, wie sie enger und enger rücken, beschränken sich dann gesittet auf Krieg und Rechtspflege, und es geht auch gar nicht anders, oder sie sublimieren kultiviert in Verleumdung und Bosheit, alles schamhaft verschwiegen und scham*los* betrieben.

Und damit ist andeutend und vermutend, aber doch wenigstens in greifbaren Grenzen die phylogenetische Stellung der Australopithecinen umrissen. Sie sind noch beim Durchwaten des jahrmillionenbreiten Rubicon, sind auf eine blind endende Furt geraten und auf einer arteigenen Sandbank steckengeblieben, von der ihnen auch der echt hominide Mordtrieb nicht mehr herunterhelfen kann. Die durchgehende Furt läuft anderswo."

Aus VON EICKSTEDT: Stammesgeschichte des Seelischen (Paläo-Psychologie). In HEBERER: Evolution der Organismen II, 1959

M 4. Zum Problem der Hominisation

Um zu entscheiden, ob eine Primatenform die „humane Phase" erreicht hat oder nicht, müssen wir uns nach Maßstäben umsehen, die das Dasein des Menschen von dem der Tiere trennen. Es hat hier wenig Sinn, eine solche „differentia specifica" nach den Ansichten von Autoritäten unter Naturforschern, Philosophen oder Theologen zu referieren, um dann mit derartigen „Bestimmungsmerkmalen" die fraglichen Formen einzuordnen. Wir können uns die Kriterien, welche eine realhistorische Anthropologie verlangt, im Zuge der Auswertung paläontologischer Daten selber zusammenstellen. Dazu fordern gerade die Australopithecinen heraus.

Angesichts des absonderlichen Merkmalsmosaiks der Australopithecinen ist jedoch in Frage zu stellen, ob überhaupt im rein Gestaltlichen sichere und eindeutige Kriterien für die Unterscheidung von Mensch und Tier vorhanden sind. Nach den morphologischen Befunden hat es den Anschein, als ob der Paläanthropologe gerade diese brennende Frage an Skelettelementen allein nicht entscheiden kann. Zusätzlich muß das Verhalten, wie es sich in Begleitfunden und speziellen Fundumständen widerspiegelt, rekonstruiert und in die Beurteilung mit einbezogen werden.

a) Kannibalismus

Töten und Verzehren von Artgenossen ist von einigen Frühmenschenformen und rezenten Völkerschaften bekannt, und zwar nicht von Sammler- und Jägerstämmen, sondern immer nur von seßhaften Feldbestellern. Dieser Kannibalismus darf nicht als Ausdruck primitiver Grausamkeit angesehen werden; er ist durch magisch-kultische Vorstellungen motiviert, etwa bei Kopfjägern als Verlangen, mit dem Verspeisen des Gehirns vom nachbarlichen Gegner Verfügungsgewalt über dessen Kräfte und Schutz vor der Rache seiner Geister zu erlangen.

Ein Tier tötet seinen Artgenossen in freier Wildbahn nicht. Diese zweifellos richtige Feststellung kann nicht zu einer unumwundenen Regel ohne Ausnahme erhoben werden. Denn wie die neuere Verhaltensforschung gezeigt hat, bestehen bei höheren Wirbeltieren bisweilen nur geringe und leicht störbare Tötungshemmungen gegenüber Mitgliedern desselben Artverbandes. Es ist ungewiß, ob solche Störungen schon vor Durchmessen des „Tier-Mensch-Übergangsfeldes" oder erst bei voller Wirksamkeit domestikationsanaloger Bedingungen sich zu gruppentypischem Verhalten ausweiteten.

Fossile Schädel mit eröffneten Hinterhauptslöchern sind vom Pekingmenschen, Steinheimer, Neandertaler und anderen Vertretern der Gattung *Homo* bekannt geworden. Für die kopfzahlenmäßig schwachen Populationen der frühen Hominiden hätte ein permanenter Kannibalismus sicher einen negativen Selektionswert gehabt.

Der Kannibalismus kann – sofern er überhaupt für ausgestorbene Großprimaten sicher zu belegen ist – schwerlich als entscheidendes Grenzmerkmal für den echt hominiden Status gewertet werden.

b) Feuergebrauch

Ist die Prometheus-Tat eine echt menschliche? Wenn wir uns vergegenwärtigen, welche Panik das Feuer bei der zur Flucht eingestellten höheren Tierwelt erregt, dann müssen wir zugeben, daß etwas Besonderes dazu gehört, um dieses Naturereignis zu bannen und mit ihm umzugehen. Ausgeprägtes Neugierverhalten und innere Beherrschung („Mut") sind erforderlich, um sich mit dem zerstörenden Feuer einzulassen und es als Hilfe bei der Zubereitung der Nahrung, als Wärmespender oder gar bei der Fertigung von Gerätschaften einzusetzen. Es hat sicherlich sehr lange gedauert, bis die instinktive Scheu dem technisch-explorativen Drang bei einzelnen Individuen wich und sie zu Feuerbewahrern oder Feuererzeugern wurden (Abb. 56). Regelmäßiger Feuergebrauch, sogar mit Herdstellen und Aschenschichten aus verbrannten Tierknochen, läßt sich zum ersten Male beim Peking-Menschen *(Homo erectus pekinensis)* eindeutig belegen. Die Beherrschung des Feuers für die eigenen Ziele darf wohl als Fähigkeit angesehen werden, die nur einem echten Hominiden zukommt.

Abb. 56: Lebensbild von *Homo erectus pekinensis (Pithecanthropus)* am Eingang der Höhle von Chou-kou-tien. Darstellung von M. WILSON im British Museum (Natural History).

c) Geräteherstellung

Zweifellos ist die selbständige Anfertigung von Geräten (Abb. 57), die uns günstigenfalls in ganzen Produktions-Serien („Industrien“) überliefert sind, eine so bedeutende manuell-geistige Aktivität, daß sie als menschliche Potenz wohl kaum in Frage gestellt wird. Wenn von einer Primatenpopulation immer die gleichen Stücke aufgelesen und für bestimmte Zwecke verwendet werden, spricht das bereits für Tradition von Erfahrungen und Kenntnissen. Wie erhält aber das ge-fundene Werkzeug eine stärker subjektbezogene, neuartige Bedeutung, d. h. wodurch wird es als Gerät er-funden?

Zunächst gehört zu geringfügiger Abänderung eines Rohmaterials eine situationsgekoppelte Einsicht, der wir auch bei heutigen Menschenaffen begegnen. Wird der aufgefundene Naturgegenstand im Hinblick auf wiederholbare Verwendung tiefergreifend abgewandelt, so ist dazu die gedankliche Verknüpfung gegebener Bedingungen mit einem eigenen Erfahrungsschatz erforderlich, d. h. ein die konkrete Situation übersteigendes Verstehen von Zusammenhängen. Neben das Außenerlebnis tritt die innere Aktivität. Dem erfolgsbewußten Handeln liegt ein zeitgedehntes Willensziel zugrunde, das nur von einem Wesen angesteuert werden kann, welches wir gemeinhin „zu uns“ stellen.

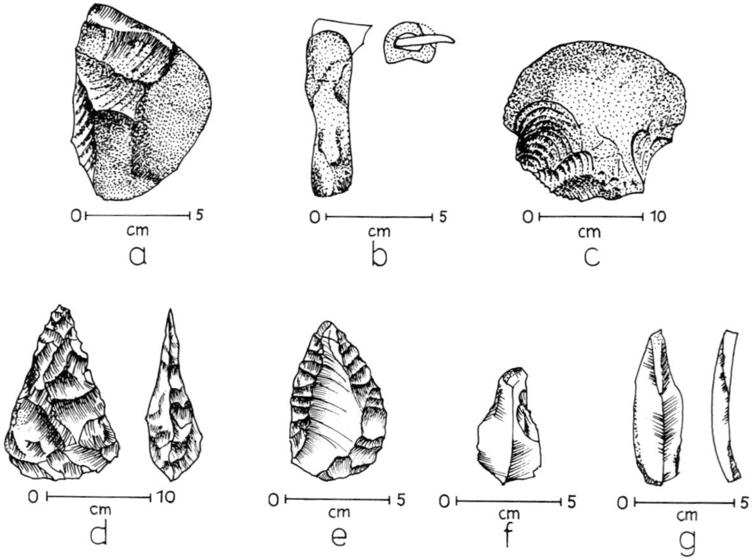

Abb. 57: Gerätetypen aus dem Palaeolithikum. a) Oldowan-„pebble“, b) Zusammengesetztes Knochengerät von Makapansgat („Knochen-Zahn-Horn“-Kultur nach DART, HEBERER), c) „Chopper“ von Choukoutien, d) Acheuléen-Faustkeil, e) „Moustier“-Spitze, f) Aurignacien-Stichel, g) Magdalénien-Stichel. (Aus VOGEL 1974).

d) Sprache

Mit dem manuell-geistigen Beziehung-Anknüpfen ist die Fähigkeit eng gekoppelt, Vorstellungen, denen im Augenblick kein wahrzunehmender Gegenstand beigeordnet werden kann, an andere Individuen zu übermitteln. Wie sehr die Sprache aus dem gegenständlichen Denken geboren wurde, geht u. a. aus dem Primärsinn vieler übertragener Bedeutungen hervor (Vor-mittag, über-legen, Gegen-stand, Über-mut).

Sprechen erleichterte der Population, Erfahrungen auszutauschen, zu korrigieren, zu speichern, überhaupt die Kommunikation zu intensivieren. Vermutlich hatten bereits einfachste Lautsymbole erheblichen positiven Selektionswert für einen jagenden Verband. Ja, man kann in der hierbei nützlichen bzw. sogar erforderlichen raschen Verständigung einen evolutorischen Motor für die Herausbildung der Sprache sehen. Noch heute führt unsere eigene Kindheitsentwicklung vom unbenannten Denken – bei Vögeln, Säugern und Kleinkindern als „Erfassen von Anzahlen“ experimentell nachgewiesen (durch Simultan- und Sukzessivtests*) – in eine echte Begriffswelt.

* Vgl. DYLLA, K., Verhaltensforschung Biol. Arb. B. 5.

Erst damit wurde der Weg frei für symbolische Verhaltensweisen und für geschichtliches Bewußtsein.

e) Wo liegt der Grenzübergang vom Tier zum Menschen?

Feuer, Werkzeuge und Geräte, dazu die Sprache, erweiterten die Macht über die außermenschliche Natur und lockerten den Zwang angeborenen Verhaltens, vielleicht begründeten sie den Eigentumsbegriff und das Ich-Bewußtsein. Mit dem modifizierbaren Handeln nahm der Teil unseres menschlichen Seins, den wir stolz oder kritisch einschränkend als Willensfreiheit empfinden, seinen Anfang.

Wann und wo vollzog sich die Menschwerdung? lautet die immer wieder gestellte Frage. In der Vergangenheit wurde sie oft mit Entschiedenheit und je nach der Ausgangsposition des Antwortenden unterschiedlich, bisweilen mit genauen Orts- und Zeitangaben erörtert.

Von unserer empiriokritischen Warte müssen wir alle verfügbaren Daten aus der Paläanthropologie, der Völkerkunde, der Psychologie, d. h. einer Humanwissenschaft im weitesten Sinne, heranziehen. Dabei verschwimmt das anvisierte Ereignis zu einem langwährenden Prozeß. So können wir uns die Entstehung der Gerätekulturen nicht anders als in fließenden Phasen vorstellen: Werkzeugfund – Werkzeugsuche – Werkzeugbewahrung – Veränderung eines gefundenen Objektes – bedeutende Abwandlung – schöpferische Gestaltung.

Eine punktuelle Hominisation (wie sie immer wieder für Bereiche, die der empirischen Forschung nicht direkt zugänglich sind, postuliert wurde) ist für den zur Einsichtnahme Bereitwilligen nicht denkbar. Der Weg von der Umwelteinpassung frühester Primaten bis zur Umweltbeherrschung der Hominiden war ein sehr weiter; ja, man möchte fast meinen, bis zur humanen Umweltmeisterung sei er noch zurückzulegen.

Für eine weiterführende Diskussion bietet sich an:
LORENZ, K., Psychologie und Stammesgeschichte 1959, daraus das Kapitel: „Von den Voraussetzungen der Menschwerdung."

M 5. Populationsstruktur und Evolutionsprozesse bei Hominiden

Manche älteren Schriften, die über die Stammesgeschichte des Menschen informieren, verwirren uns mit einer enormen Vielzahl zusammenhangloser Namen. Bei den gewaltigen technischen und persönlichen Anstrengungen, die ein ausgrabender Paläanthropologe auf sich nehmen muß, bis er einige bescheidene Bruchstücke unserer Vorfahren bergen kann, ist es menschlich verständlich, wenn er geneigt ist, die von ihm gefundenen Reste (Zähne, Schädelbruchstücke etc.) überzubewerten und neue Namen aus der Taufe zu heben. Oftmals ist eine Verknüpfung mit anderen Funden allein wegen der Spärlichkeit des Materials gar nicht möglich. Und doch sind die real geborgenen und beschriebenen Stücke keine anatomischen Typen, sondern eher winzige Stichproben aus Populationen, weit verstreut in Raum und Zeit. Immerhin überblicken wir heute das inzwischen beträchtlich angewachsene Material schon soweit, daß wir es nach den Prinzipien der systematischen Biologie zu ordnen versuchen (Tab. 23).

a) Populationen und Arten

Im frühen Pleistozän existierten zunächst drei Formen: der kleine, feingliedrige *Australopithecus africanus*, der kräftigere *Australopithecus robustus* (= *Paranthropus robustus)* und der umstrittene *A. (sive Homo) habilis.* Alle drei unterscheiden sich morphologisch wie auch ökologisch so stark, daß sie zu verschiedenen Arten gestellt werden. Die jüngeren echten Hominiden (Javamensch, Pekingmensch u. a.) benennen wir heute anders als geraume Zeit nach ihrer Entdeckung (Tab. 23).

Tabelle 23: Taxonomische Gliederung der "Großprimaten" (Hominoidea) aus dem Tertiär und Quartär (zusammengestellt nach HEBERER, KURTH, SIMPSON, STARCK)

Familie	Gattung	Art bzw. Fundbezeichnung		Zeitalter
Hylobatidae	Limnopithecus		Ostafrika	Miozän
	Aeolopithecus			Oligozän
	Pliopithecus		Europa	Miozän
	Hylobates	Weißhand-, Schopfgibbon	Hinterindien	Holozän
	Symphalangus	Siamang, Zwergsiamang	Sumatra	
Pongidae	Aegyptopithecus		Nordafrika	Oligozän
	Parapithecus		Nordafrika	Oligozän
	Dryopithecus		Eurasien, Afr.	Miozän/Pliozän
	Proconsul		Ostafrika	Miozän
	Pongo	Orang-Utan	Gr.Sundainseln	Holozän
	Pan	Schimpanse, Bonobo	Mittelafrika	
	Gorilla	Gorilla	Mittelafrika	
Oreopithecidae	Apidium		Nordafrika	Oligozän
	Oreopithecus	O.bambolii	Europa	Pliozän
Hominidae	Ramapithecus		Indien	Pliozän
	Australopithecus	A. africanus (A.prometheus) Afrika		Pleistozän
		A. robustus (Paranthropus robustus) Afrika		
		A. bosei (Zinjanthropus bosei) Ostafrika		
		A. habilis (sive Homo habilis) Ostafrika		
	Homo	H. habilis	(sive Australopithecus h.)	Pleistozän
		H. erectus	H.e.erectus (Pithecanthropus)	Pleistozän
			H.e.modjokertensis Java	
			H.e.pekinensis (Sinanthropus)	
			H.e.mapaensis Südchina	
			H.e.lantianensis Shansi	
			H.e.soloensis Java	
			H.e.leakeyi Ostafrika	
			H.e.capensis (Telanthropus)	
			H.e.heidelbergensis Europa	
			H.e.mauretanicus Nordafrika	
			H.e.rhodesiensis Ost- u. Südafr.	
		H.sapiens	H.s.steinheimensis Europa	Pleistozän
			H.s.praeneanderthalensis	
			H.s.neanderthalensis Europa	
			H.s.sapiens weltweit	Holozän

Da der rezente Mensch einem einzigen interkommunizierenden Genpool angehört und wie die meisten Säugetiere eine polytypische Spezies ist, darf man annehmen, die fossilen Hominiden bildeten ebenfalls polytypische Arten. Möglicherweise war der intraspezifische Genfluß bei den altpleistozänen

Australopithecinen und Homo-erectus-Rassen noch so gering, daß ihre allopatrischen Populationen stärker voneinander abwichen als die „Unterarten" des rezenten Menschen. Vielleicht besaßen manche geographischen Isolate der Hominiden anfangs sogar Spezies-Rang. Infolge zunehmender Wander- und Ausbreitungstendenz kamen vordem getrennte Populationen miteinander in Berührung. Einige löschten ihre Nachbarn gänzlich aus, andere verschmolzen miteinander zu größeren Volksgruppen (durch Intergradation, Assimilation u. ä.). Wo sich kopfreiche Gemeinschaften wieder in kleinere Familiengruppen aufsplitterten, erwuchsen keine neuen Kreuzungsbarrieren.

Alle Kulturschöpfungen (z. B. Geräte, Bekleidung, Feuer, Sprache, Kulte) beeinflußten nicht nur die außermenschliche Natur, sondern auch die eigene Weiterentwicklung der Gattung *Homo* („Selbstdomestikation"). Daher kamen die für alle anderen Lebewesen wirksamen Evolutionsfaktoren nicht mehr vollständig und ausnahmslos zum Zuge. Diese wurden überlagert von den Bedingungen der rasant zunehmenden Kulturevolution. Sie trug dazu bei, daß vom mittleren Pleistozän an eine tieranaloge Artenaufspaltung bei den Hominiden ausblieb.

b) Welchen Selektionswert haben die neuen Merkmalskonfigurationen für ihre Träger?

Es wäre einseitig zu behaupten, unsere Vorfahrenlinie sei ausschließlich einer Kulturevolution unterworfen gewesen. Letzten Endes sind ja die menschliche Gesellschaft und Kultur das Resultat einer biologischen Evolution. Entscheidende Abwandlungsprozesse zum Menschen hin lassen sich größtenteils schon unter dem Wirkaspekt der Auslese zwischen verschiedenen Bevölkerungsgruppen (Interpopulationsauslese) verstehen: „Aufrichtung", Verfeinerung der Hand, Hirnvergrößerung, „Vereinheitlichung" der Zähne usw.

Sobald die ursprünglichen Baumprimaten erstmalig den Boden als Nahrungs- und Verweilraum vorübergehend aufsuchten, dürfte eine Aufrichtung in ebenem Gelände (Savanne), je häufiger und regelmäßiger, desto nachhaltiger für Beobachtungen und Manipulationen zur Nahrungsgewinnung und Feindvermeidung von erheblichem Vorteil gewesen sein. Erst am Boden war die Hand zum Werkzeuggebrauch von eminentem Wert, hier konnte sie zum Präzisionsorgan verfeinert werden. Freilich war sie dafür schon prädisponiert („Präadaption" mißverständlich!), weil sie im dreidimensionalen Baumästegewirr beim gezielten Anspringen und Festhalten als Greiforgan fungiert hatte (Abb. 58). Die neue ökische Dimension erlaubte gleichfalls einen Nahrungswechsel bzw. eine Nahrungserweiterung, mit dem die Verkleinerung der Eck- und Mahlzähne und die Aus- und Angleichung ihrer Oberflächen (Molarisation) korreliert waren.

Der weitaus stärkste Selektionsdruck lastete auf der Fortentwicklung von Intelligenzzentren im Zentralnervensystem (Abb. 53). Vielschichtige Anforderungen stürmten auf den erwachenden Menschen von außen ein; er selbst weitete sein neu erobertes Betätigungsfeld ständig weiter aus (von der Werkzeugbenutzung zur Geräteherstellung, von der Feuerüberwindung zur Feuer-

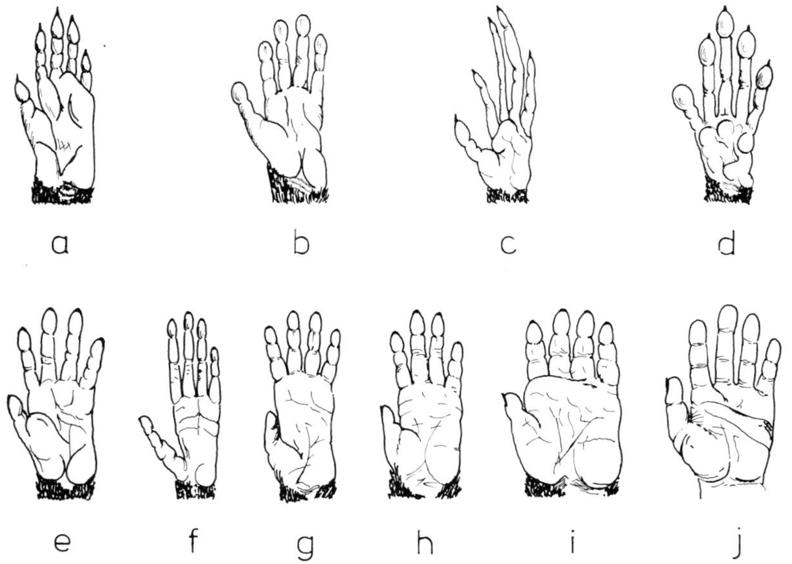

Abb. 58: Handformen bei Primaten. a) Spitzschwanzhörnchen *(Tupaia)*, b) Lemur, c) Fingertier *(Daubentonia)*, d) Gespenstmaki *(Tarsius)*, e) Makak, f) Gibbon, g) Orang-Utan, h) Schimpanse, i) Gorilla, j) Mensch. (Nach A. H. Schultz 1956 aus VOGEL 1974).

beherrschung); die frühe Einwortsprache wurde zu einem echten Kommunikationsmittel vervollkommnet; mit ansteigender Bevölkerungsdichte zwangen ihn Probleme seiner Sozietäten zur Transposition mancher angeborenen Verhaltensweisen, denn schließlich wurde zum einzigen ernsthaften Feind der Menschheit der *Homo sapiens sapiens* selber. All das konnte nur mit einer ungewöhnlichen Steigerung von Volumen und Differenzierungsgrad des Gehirns einhergehen, einer außerordentlich dynamischen Wirkung der Selektion (vgl. J 5).

Demgegenüber wurden andere anatomische Merkmale, nachdem die kulturelle Evolution einmal ins Rollen gekommen war, von der Selektion nicht mehr verändert, sondern eher stabilisiert. Während in der Tierwelt nach Erreichen einer neuen adaptiven Zone meistens bald weitere Arten abgespalten werden, ist das in der Gattung *Homo* nicht der Fall. Körperliche Differenzierungen waren nicht mehr notwendig, weil der Zwang zur Einnischung durch das Vermögen zu aktiver Bewältigung unterschiedlichster Umweltbedingungen abgelöst wurde. Der Mensch ist ein ganz neuartiger Lebensformtyp.

Aufgabengruppe M

Werten Sie die gegebene Abbildung eines fossilen Kopfskelettes und die Funddaten aus, um die phylogenetische Position dieses Wesens zu ermitteln!

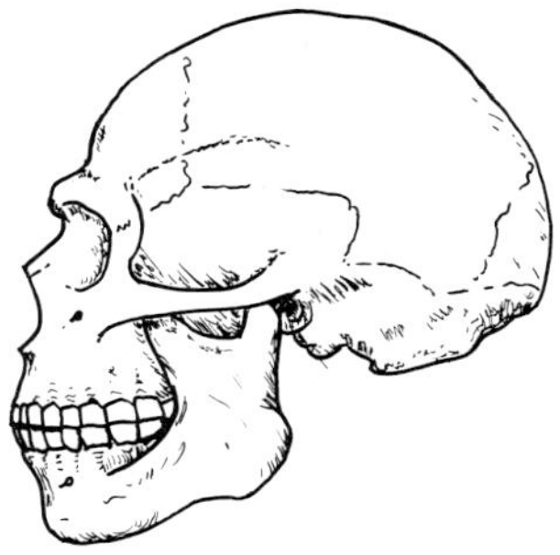

Abb. 59: Zusammengesetzter Schädel von Mugharet es-Skhul („Skhul V"). (Nach SNOW aus GIESELER 1974).

a) Beschreiben Sie den Schädel und versuchen Sie dabei auch, nicht erhaltene bzw. im Bild nicht erkennbare Einzelheiten zu rekonstruieren!

b) Beurteilen Sie die Organisationshöhe dieser Form und gliedern Sie den Fund in einen Stammbaum zusammen mit Ihnen bekannten fossilen Primaten ein!

c) Können Sie nach allen Ihnen zugänglichen Fakten ein Lebensbild dieses Wesens entwerfen?

Untersuchungsmaterial: Vervielfältigte Zeichnung oder Lichtbilder eines zusammengesetzten Schädels „Skhul V ♂" (Abb. 59) oder nach GIESELER, RÜHLE, VOGEL.

Funddaten:

Das Profilbild gibt eine Zusammensetzung fast vollständig geborgener Teile eines männlichen Kopfskelettes wieder, die gemeinsam mit anderen isolierten Skelettresten von etwa 10 Individuen in einer kleinen Höhle des Karmelgebirges lagen.

Maße für die rekonstruierbaren Skelette dieser Population:
Schädellängen = 192 bis 206 mm
Gehirnvolumina um 1500 ccm
Körpergrößen zwischen 1,74 m und 1,78 m

Die Höhle liegt südlich Haifa 3,5 km von der heutigen Mittelmeerküste entfernt. Vor ihr erstreckt sich eine Kalkterrasse, über ihren Eingang breitet sich ein Felsendach. Die Fundschicht stammt wahrscheinlich vom Ende der letzten Zwischeneiszeit (bzw. Zwischenregenzeit) oder vom Beginn der Würmeiszeit. An anderen Stellen Kleinasiens wurden in der gleichen Schicht Handspitzen und Schmalklingen gefunden.

Voraussetzungen: Behandlung der Methoden der Paläanthropologie, Einübung von Beschreibung und Auswertung an Lichtbildern oder Zeichnungen zuvor unbekannter Funde, Kenntnis einiger Gruppen wie Neandertaler, Steinheimer, Cro Magnon, evtl. Australopithecinen; Ermittlung der Organisationshöhe, Aufstellen eines Stammbaumes.

Abwandlungsmöglichkeiten: Andere fossile Schädel mit Zwischencharakteren, z. B. „Tabunfrau" (allerdings schwieriger einzuordnen), Rhodesier von Broken Hill oder andere tropische Neandertaler, evtl. Präneandertaler.

Ähnlich geeignet, wenn zuvor ausführlich Australopithecinen behandelt wurden, ist *Zinjanthropus bosei* = *Australopithecus robustus,* Abbildungen etwa nach HEBERER 1968.

Dazu etwa folgende Zusammenstellung der Funddaten:

Vorliegende Bilder zeigen Fundstücke aus der untersten Schicht (bed I) einer tief erodierten Gabelstelle der Oldoway-Schlucht, zwischen Serengeti-Steppe und Ngorongoro-Krater, Ostafrika. Der in verschiedenen Ansichten abgebildete Schädel wurde aus seinen dicht beieinander liegenden Teilen zusammengesetzt. Außerdem wurden Reste eines Fußskelettes geborgen, das auf einen Standfuß hindeutet. Nach der Begleitfauna stammt das Sediment aus dem Unterpleistozän, mit der K/Ar-Methode wurde das Alter zu 1,75 Mill. Jahren bestimmt.

Literatur

Von überschaubaren Werken für den Gebrauch des interessierten Anfängers scheinen mir weniger solche geeignet zu sein, die allzu sehr in polemischer Diskussion stehen, obwohl vom wissenschaftlichen Standpunkt jede Auseinandersetzung fördernd wirken mag. Dem Lernenden sind für tieferes Eindringen eher sachlich ausgewogene Darstellungen zu empfehlen, z. B. Glowatzki (leicht verständlich), Von Koenigswald (unmittelbar aus der Forschung), Overhage (umfassende Orientierung), Schenk (vielseitig und reich illustriert), Vogel (knapp im Text, aber sehr gehaltvoll).

Adams, F.: Der Weg zum Homo sapiens, Frankfurt 1971.

Ankel, F.: Über die Fortbewegung bei Primaten. Natur und Museum *102,* pp. 150 bis 160, Frankfurt 1972.

Campbell, B. G.: Entwicklung zum Menschen. Stuttgart 1972.

Eibl-Eibesfeldt, I. u. Lorenz, K.: Die stammesgeschichtlichen Grundlagen menschlichen Verhaltens. In Heberer, G.: Die Evolution der Organismen. 3. Aufl. Bd. III, Stuttgart 1974.

Franzen, J.: Wie kam es zum aufrechten Gang des Menschen? Natur und Museum *102,* pp. 161–172, Frankfurt 1972.

Gieseler, W.: Die Fossilgeschichte des Menschen. In Heberer, G.: Die Evolution des Menschen Bd. III, 3. Aufl. Stuttgart 1974.

Glowatzki, G.: Tausend Jahre wie ein Hauch. Kosmos-Bibliothek Bd. 259, Stuttgart 1968.

Glowatzki, G.: Die Rassen des Menschen. Kosmos-Bibliothek Bd. 290, Stuttgart 1976.

Grund, H.: Die Entwicklung des Gesichtsschädels als Beispiel für die Stammesgeschichte des Menschen. Schriftenreihe Biol. Heft 5, Salle Frankfurt 1964.

Heberer, G.: Homo – unsere Ab- und Zukunft. pp. 120, DVA Stuttgart 1968.

Kleemann, G.: Die peinlichen Verwandten. Kosmos-Bibliothek Bd. 249, Stuttgart 1966.

Koenigswald, v., G.: Die Geschichte des Menschen. Verständl. Wiss. Bd. 74, 2. Aufl. Springer Verl., Berlin–Göttingen–Heidelberg 1968.

Koenigswald, v., G.: Was ist Ramapithecus? Natur und Museum *102,* pp. 173–183, Frankfurt 1972.

Koenigswald, G. v.: Über die Plastizität des Hirnschädels früher Hominiden. Natur u. Museum 108(10), Frankfurt 1978.

Overhage, P.: Menschenformen im Eiszeitalter. Umwelten – Gestalten – Entwicklungen. pp. 456, Frankfurt 1969.

Starck, D.: Die Stellung der Hominiden im Rahmen der Säugetiere. In Heberer, G.: Die Evolution der Organismen. 3. Aufl. Bd. III, Stuttgart 1974.

Vogel, C.: Humanbiologie – Menschliche Stammesgeschichte – Populationsdifferenzierung. Biol. in Stichworten Bd. V, Kiel 1974.

Lehrmittelverzeichnis

Präparate

Abgüsse bzw. Modelle von Primaten-Schädeln: Mensch, Schimpanse, Orang, Gorilla

PHYWE, Göttingen
SOMSO, Marcus Sommer, Postfach 680, 8630 Coburg

Abgüsse und Prägedrucke bedeutender Fossilien

KRANTZ, Rheinisches Mineralienkontor, Fraunhoferstr. 7, 5300 Bonn
WEIGERT, Postfach 54, 8858 Neuburg-Donau

Lebendes Tier- und Pflanzenmaterial

Versand von Einzeller-Kulturen und anderen Mikroorganismen

BIOLAB GmbH, Landgrabenweg 65, 5300 Bonn 1

Meerestiere und -pflanzen

BIOLOGISCHE ANSTALT HELGOLAND, Meeresstation Abt. Versand, Postfach, 2192 Helgoland

Wandkarten

THENIUS-ZERRITSCH, Die Geschichte des Lebens auf der Erde, 10 Tafeln
Universitas-Hippolyt GmbH, München
Die Entwicklung des Lebens
Lehrmittel-Verlag C. Jaeger, Hannover

HEINTZ-STÖRMER, Der Stammbusch des Tierreichs
Vertrieb C. Schlüter 7057 Winnenden

LIPS, Baupläne des Tierreichs, Verlag Gerh. Gambke, Berlin

TEN NEUES, Arbeitstafeln Vergleichende Anatomie der Wirbeltiere, Blutkreislauf, Urogenitalsystem, Gehirntypen, Schädelentwicklung
Klett-Verlag, Stuttgart

RÜHLE, Menschenformen des Eiszeitalters, Verlag Hagemann, Düsseldorf

RÜHMER, 1. Süßwasserfische, 2. Seefische, Germanen-Verlag, Ebenhausen bei München

JUNG-KOCH-QUENTELL, Biologische Lehrtafeln
W. Hagemann, Lehrmittelverlag, Karlstraße 20, 4000 Düsseldorf

Filme

Institut für Film und Bild in Wissenschaft und Unterricht, München FWU

FT 593 Auf den Spuren Darwins
FT 810 Im Lande der Känguruhs
FT 488 Kaiserpinguine

Institut für den wissenschaftlichen Film, Nonnenstieg 72, 3400 Göttingen IWF

C 264 Schutztracht bei Insekten

Rank Film Library, 1 Aintree Road, Perivale, Greenford, Middlesex, England

The Cave Community

Klett-Verlag, Stuttgart

Klett-Arbeitsstreifen:
99435 Bergmannsche Regel
99438 Allensche Regel

Lichtbilder

Museum Hauff, Holzmaden, Württemberg

Versteinerungen aus den Posidonienschiefern

Museum Maxberg, Solnhofen, Bayern

Versteinerungen aus dem Jura bei Solnhofen und Eichstätt

Institut für Film und Bild in Wissenschaft und Unterricht, München FWU

FWU R 207 Tarnung im Tierreich, 17 Bilder, schwarz-weiß
FWU R 237 Aus der Stammesgeschichte der Vögel, 11 Bilder
FWU R 749 (= V-Dia K 25010) Mutationen bei Tier und Mensch
FWU R 815 Hunderassen, 22 Farbbilder
FWU R 957 Rosenklassen
FWU R 726 Tiere auf Galapagos

Jünger-Verlag, Eppsteiner Str. 36, 6000 Frankfurt/Main

1220 Entwicklung der Pflanzen und Tiere, 50 Farbdias mit Textheft
1221 Die Entwicklung des Menschen, 50 Farbdias mit Textheft

V-Dia-Verlag, Postfach 1912, 6900 Heidelberg 1

K 13303 Australien III, Tierwelt, 14 Bilder
K 22070 Tarnung-Warnung-Mimikry, 24 Bilder
K 25010 (= FWU R 749) Mutationen bei Mensch und Tier, 12 Bilder
K 28001/2 Paläobotanik
K 25009 Entwicklung des Frosches, 14 Bilder
K 71017 Solnhofen – Plattengewinnung und Fossilien, 18 Bilder
K 22074 Der Haushund, 24 Bilder
K 22084 Stachelhäuter
K 25011 Mutationen im Pflanzenreich
K 22076 Das Pferd

Dia-Verlag H. Krumnack, 3070 Nienburg/Weser

352 Warnung, Tarnung, Mimikry

Verlag Ch. Jaeger & Co., Hannover
Rassehunde I und II

Lieder Dia-Verlag, Solitudeallee 59, 7140 Ludwigsburg
990 Entstehung des Lebens und Mechanismen der Evolution
880 Abstammung I. Körperbau und Abstammung der Tiere
885 Abstammung II. Keimesentwicklung und Abstammung der Tiere

Arbeitstransparente

Jünger Verlag, Eppsteiner Str. 36, 6000 Frankfurt/Main
Entwicklung der Pflanzen und Tiere
5611 Die ersten Spuren des Lebens
5612 Die Entwicklung der Wirbeltiere im Meer
5613 Die Wirbeltiere erobern das Land
5614 Die Entwicklung der Reptilien
5615 Die Kopffüßler
5616 Die Entwicklung der Vögel
5617 Die Entwicklung der Säugetiere
5618 Die Entwicklung der Pflanzen I
5619 Die Entwicklung der Pflanzen II
5620 Gesamtübersicht: Die Entwicklung des Lebens auf der Erde

Hagemann Lehrmittelverlag, Karlsstr. 20, 4000 Düsseldorf
Entwicklung und Abstammung Nr. 172001 bis 172004

Klett-Verlag, Stuttgart
Arbeitstransparente zum Blütenbau und Generationswechsel,
Nr. 99802 bis 99814

Literaturverzeichnis

Hinweise zu Einzelthemen am Schluß der betreffenden Kapitel

A. Arbeiten mit vorwiegend pädagogischer Zielsetzung

Becker, R.: Ein „Modellsystem" für den Biologieunterricht. MNU *25*, p. 47, Bonn – Frankfurt 1972.
Biologieunterricht, Der: Paläontologie und Deszendenzlehre. *4*, 2 Stuttgart 1968.
Dylla, K. und Krätzner, G.: Das biologische Gleichgewicht. Heidelberg 1972.
Eschenhagen, D.: Evolution. Unterricht Biol., Heft 3, Seelze 1976.
Häfner, P. und Querner, J.: Arbeitsunterricht zur Einführung in die Evolution. MNU *25*, 3 Bonn– Frankfurt 1972.

KNODEL, H., BÄSSLER, U., HAURY, A.: Biologie-Praktikum. Metzler Stuttgart 1973.
MATTAUCH, F.: Phylogenie und Palaeontologie. in Handbuch d. prakt. u. experiment. Schulbiologie Bd. 4/II, Köln 1974.
MOSTLER, G., KRUMWIEDE, D., MEYER, G.: Methodik und Didaktik des Biologieunterrichts. Heidelberg 1975.
SCHULZ, W.: Evolution. 15. Studienbrief, Deutsches Institut für Fernstudien. Tübingen 1974.
STEINECKE, F.: Methodik des biologischen Unterrichts an höheren Lehranstalten. Heidelberg 1951.
SIEDENTOP, W.: Methodik und Didaktik des Biologieunterrichts. Heidelberg 1972.

B. Bücher und zusammenfassende Darstellungen mit überwiegend wissenschaftlichem Inhalt

BAVINK, B.: Weltschöpfung in Mythos, Philosophie und Naturwissenschaft, Basel 1952.
BEER, DE, G.: Bildatlas der Evolution. München 1966.
BRIGGS, D. und WALTERS, M.: Die Abstammung der Pflanzen. Frankfurt 1973.
COLBERT, E.: Die Evolution der Wirbeltiere. Stuttgart 1965.
DOBSHANSKY, T.: Die Entwicklung zum Menschen. Hamburg–Berlin 1958.
DZWILLO, M.: Prinzipien der Evolution. Stuttgart 1978.
GRANT, V.: Artbildung bei Pflanzen. Hamburg—Berlin 1976.
GRZIMEK, B. (Herausgeber): Grzimeks Tierleben. 13 Bände, Zürich ab 1967
GRZIMEK, B. (Herausg.): Grzimeks Buch der Evolution. zugl. Ergänzungsband zur Tierenzyklopädie. Zürich 1972.
GÜNTHER, K.: Zur Geschichte der Abstammungslehre. In HEBERER, G.: Die Evolution der Organismen. Bd. I, Stuttgart 1967.
HEBERER, G. und SCHWANITZ, F. (Herausg.): Hundert Jahre Evolutionsforschung – das wissenschaftliche Vermächtnis Charles Darwins. Stuttgart 1960.
HEBERER, G. (Herausg.): Die Evolution der Organismen. Bd. I–III 3. Aufl., Stuttgart 1967–1974.
HENNIG, W.: Grundzüge einer Theorie der phylogenetischen Systematik. Berlin 1950.
KÄLIN, J.: Zur Frage der Kausalität in der Makroevolution. Die Naturwissenschaften, *46*, 1959.
KAPLAN, R.: Probleme der Lebensentstehung und der frühesten Evolution. In HEBERER, G.: Die Evolution der Organismen. Bd. I 3. Aufl., Stuttgart 1967.
KATTMANN, U., WAHLERT, G. v. und WENINGER, J.: Evolutionsbiologie. Wissenschaftliche und unterrichtliche Probleme. Köln 1978.
KRAUS, O. (Herausgeber): Coevolution. Sonderbd. Naturw. Ver. Hamb. Hamburg—Berlin 1978.
KURTH, H. (Herausgeber): Evolution und Hominisation. Stuttgart 1968.
LORENZ, K.: Gestaltwahrnehmung als Quelle wissenschaftlicher Erkenntnis, Z. exp. angew. Psychologie *4*, 1959.
LORENZ, K.: Darwin hat recht gesehen. opuscula *20*, Pfullingen 1965.
MAYR, E.: Artbegriff und Evolution. Hamburg–Berlin 1967.
MAYR, E.: Zufall oder Plan, das Paradox der Evolution. In KURTH, G.: Evolution und Hominisation. Stuttgart 1968.
OSCHE, G.: Grundzüge der allgemeinen Phylogenetik. In Handbuch der Biologie Bd. III, 2 Frankfurt 1966.

OSCHE, G.: Evolution. Grundlagen – Erkenntnisse – Entwicklungen der Abstammungslehre. Freiburg–Basel–Wien 1972.
REMANE, A.: Die Grundlagen des natürlichen Systems, der vergleichenden Anatomie und der Phylogenetik. 2. Aufl. Leipzig 1956, Nachdruck O. Koeltz, Königstein 1971.
REMANE, A., STORCH, V. und WELSCH, U.: Kurzes Lehrbuch der Zoologie. Stuttgart 1972.
RENSCH, B.: Vom Tier zum Halbgott. Göttingen 1959.
RENSCH, B.: Biophilosophie. Stuttgart 1968.
RIEDL, R.: Die Strategie der Genesis. Naturgeschichte der realen Welt. München 1976.
RÖHRS, M.: Bemerkungen zur Bedeutung der BERGMANN'schen Regel. In KURTH, G.: Evolution und Hominisation. Stuttgart 1968.
SCHINDEWOLF, O.: Über den „Typus" in morphologischer und phylogenetischer Biologie. Akadem. Wiss. Mainz 4, 1969.
SCHWANITZ, F.: Die Evolution der Kulturpflanzen. München–Basel–Wien 1967
SCHWANITZ, F.: Entstehung der Nutzpflanzen als Modell für die Entstehung der gesamten Pflanzenwelt. In HEBERER, G.: Die Evolution der Organismen. Bd. II/2 Stuttgart 1971.
SCHWANITZ, F.: Genetik und Evolutionsforschung bei Pflanzen. In HEBERER, G.: Die Evolution der Organismen. Bd. II/1 Stuttgart 1974.
SIEWING, R. (Herausg.): Methoden der Phylogenetik. Symposium, Erlanger Forschg. Reihe B *4*, Erlangen 1971.
SIMPSON, G.: Auf den Spuren des Lebens; die Bedeutung der Evolution. Berlin 1957.
SIMPSON, G.: Leben der Vorzeit. Stuttgart 1972.
THENIUS, E. und HOFER, H.: Stammesgeschichte der Säugetiere. Berlin–Göttingen Heidelberg 1960.
THENIUS, E.: Stammesgeschichte der Säugetiere (einschließlich Hominiden). In: Handbuch der Zoologie, *8,* 2. Berlin 1969.
THENIUS, E.: Versteinerte Urkunden. 2. Aufl. Berlin–Göttingen–Heidelberg 1972.
TSCHULOK, S.: Die Deszendenzlehre. Jena 1922.
VOGELLEHNER, D.: Paläontologie. Freiburg–Basel–Wien 1972.
WAHLERT, G. von: Latimeria und die Geschichte der Wirbeltiere. Stuttgart 1968.
WAHLERT, G. v.: Das Schädelkabinett. Eine erklärende Naturgeschichte. Basel 1972.
WAHLERT, G. v.: Phylogenie als ökologischer Prozeß. Naturwiss. Rundschau 26, 1973.
WAHLERT, G. und H. v.: Was Darwin noch nicht wissen konnte. Die Naturgeschichte der Biosphäre. Stuttgart 1977.
WALLACE, B. und SRB, A.: Leben und Überleben – Die Anpassung der Organismen. Stuttgart 1966.
WICKLER, W.: Vergleichende Verhaltensforschung und Phylogenetik. In HEBERER, G.: Die Evolution der Organismen Bd. I 3. Aufl. Stuttgart 1967.
ZIMMERMANN, W.: Die Phylogenie der Pflanzen. 2. Aufl. Stuttgart 1959.
ZIMMERMANN, W.: Evolution. Die Geschichte ihrer Probleme und Erkenntnisse. Freiburg–München 1953.
ZIMMERMANN, W.: Methoden der Evolutionswissenschaft. In HEBERER, G.: Die Evolution der Organismen Bd. I 3. Aufl. Stuttgart 1967.
Zeitschrift für zoologische Systematik und Evolutionsforschung. Parey-Verlag Hamburg–Berlin, jährlich 1 Band mit mehreren Heften.

Sachregister

Seitenzahl **halbfett**: Definition
Seitenzahl *kursiv*: Abbildung bzw. Tabelle